贵州省教育科学规划课题“陈鹤琴教育思想在贵州省农村幼儿园应用路径探索研究”
（毕节幼专课题组编写）

乡村幼儿园“活教育”指导手册

主编　孙王

西南交通大学出版社
·成　都·

图书在版编目（CIP）数据

乡村幼儿园"活教育"指导手册 / 孙王主编. —成都：西南交通大学出版社，2023.6
ISBN 978-7-5643-9233-8

Ⅰ. ①乡… Ⅱ. ①孙… Ⅲ. ①陈鹤琴（1892-1982）－教育思想②幼儿园－教育管理－手册 Ⅳ. ①G40-092.7②G617-62

中国国家版本馆 CIP 数据核字（2023）第 099927 号

Xiangcun Youeryuan "Huojiaoyu" Zhidao Shouce
乡村幼儿园"活教育"指导手册

主编 孙 王

责任编辑	邵莘越
封面设计	原创动力
出版发行	西南交通大学出版社 （四川省成都市金牛区二环路北一段 111 号 西南交通大学创新大厦 21 楼）
发行部电话	028-87600564 028-87600533
邮政编码	610031
网址	http://www.xnjdcbs.com
印刷	四川森林印务有限责任公司
成品尺寸	170 mm × 240 mm
印张	14.5
字数	260 千
版次	2023 年 6 月第 1 版
印次	2023 年 6 月第 1 次
书号	ISBN 978-7-5643-9233-8
定价	48.00 元

课件咨询电话：028-81435775
图书如有印装质量问题 本社负责退换

乡村幼儿园“活教育”指导手册

贵州省教育科学规划课题

“陈鹤琴教育思想在贵州省农村幼儿园应用路径探索研究”

毕节幼专课题组编写

课题主持人：赵昌伦

主　　　编：孙　王

编写成员：孙王　何琼芳　张媛媛　陈海莉　马文燕

前言

陈鹤琴（1892—1982）先生是我国著名的教育家、儿童心理学家和儿童教育专家，是中国幼儿教育的奠基人[①]，是中国八大原创型教育家之一[②]。

1923 年陈鹤琴创办了中国第一所幼稚教育实验中心——南京鼓楼实验幼稚园，开启了学前教育的中国化探索和实践。1927 年 11 月，晓庄幼稚师范院的第一所中心幼稚园——燕子矶幼稚园成立，依托这个平台，陈鹤琴学前教育思想的探索实践深入了农村。陈鹤琴对学前教育目标和原则的设置、教学法的探索、课程建设、玩教具设计、幼儿园环境布置以及游戏对婴幼儿身心发展的重要意义等做了系统的阐述。陈鹤琴终其一生致力于教育事业，他提出学前教育要符合中国儿童实际需要，要把理论的根牢牢地扎在中国的土壤里，应从研究中国的学前教育和实践出发来构筑自己的理论框架，奠定了中国学前教育的基石。他的教育思想对我国学前教育的发展具有深远的影响，在我国现代学前教育中仍然具有鲜活的生命力。

近年来，我国学前教育快速发展，“入园难”“入园贵”的问题基本得到解决。但因欠账多，底子薄，我国学前教育仍然是整个教育体系发展的短板，学前教育资源不足的问题在城乡存在较大差异。[③]

---

① 陈虹．陈鹤琴与活教育[M]．长春：东北师范大学出版社，2010：1-2．

② 王伦信．教育家陈鹤琴研究[M]．济南：山东人民出版社，2015：12．

③ 姜勇，李芳，庞丽娟．普惠性学前教育的内涵辨析与发展路径创新[J]．学前教育研究，2019（11）．

为缩小乡村地区与城镇学前教育的差距，促进教育公平，实现资源均衡分配，提升农村地区学前教育质量，以教育为基点做好乡村振兴，我们对贵州省西部地区乡村幼儿园的建设情况、存在的问题进行了充分的调研，收集了园长、保教主任、教师等幼教工作者关于幼儿园建设的需求，归纳起来有以下几方面：幼儿卫生保健、幼儿园环境创设、幼儿园课程建设、幼儿游戏组织与指导、幼儿园管理、家园共育、教研和科研等。根据幼教工作者的需求，以陈鹤琴幼儿教育思想为指导，结合乡村幼儿园的实际，制定《乡村幼儿园“活教育”指导手册》，使该手册成为因地制宜、科学保教的“活教材”。手册资源库中的材料，教师们可以直接下载使用，也可以根据本园实际修订后使用。

目 录

第一模块

幼儿卫生保健

幼儿园是幼儿集体生活、学习的地方，人员数量多，且幼儿身体各系统发育尚不完善，抵抗力弱，易感染各种疾病。因此，幼儿的卫生保健是幼儿园中极其重要的工作，科学保育和教育是幼儿教育工作者必备的基本能力，是保证幼儿健康成长的要求，幼儿教师和卫生保健人员都要熟练掌握。

陈鹤琴先生十分注重幼儿卫生保健工作，他在“幼稚教育之原则”中强调，幼稚教师于养护幼儿上比任何教师都来得重要。幼稚生是娇嫩的，经不起什么波折，所以平日保护方面应该十分注意。幼儿教师要有医生态度——镇静谨慎。幼儿教师需有医药上的普通知识，如止血、蚊虫叮咬的处理等预防和简单处理等相关知识①，为科学保育打下基础。

无论是幼儿教师，还是幼儿家长，都应掌握基本的卫生保健专业知识和传染病预防方法。基于此，陈鹤琴在《家庭教育》一书中详细阐述了卫生上的习惯，指导幼儿教师和家长科学保育。

卫生上的习惯——二十五条原则②

原则一：小孩子不肯穿衣服，我们最好用诱导的方法去叫他穿。

原则二：小孩子应当天天刷牙齿。

原则三：小孩子洗面刷牙，应当在一定的地方做，不应当在任何地方洗刷。

---

① 陈秀云，陈一飞．陈鹤琴全集（第二卷）[M]．南京：江苏教育出版社，2011：25-26．

② 陈秀云，陈一飞．陈鹤琴全集（第二卷）[M]．南京：江苏教育出版社，2011：548-570．

原则四：小孩子洗面的手巾，应当独自一条。

原则五：小孩子洗面需注意到耳鼻和眼睛。

原则六：小孩子未穿衣洗面刷牙以前，不宜吃东西。

原则七：小孩子吃东西以前需洗手，吃后需揩手。

原则八：小孩子吃饭的时候，应当有适当的盘匙。

原则九：小孩子吃饭时，应当要有适当的桌椅。

原则十：小孩子吃饭的时候，需要有围巾。

原则十一：小孩子小食的分量不宜太多，而且要有定时。

原则十二：应当叫小孩子独自先吃饭。

原则十三：对于食物不准小孩子自己随便乱拿。

原则十四：做父母的不应当因为小孩子要偷食物，就把食物随便乱藏。

原则十五：做父母的不宜将食物随便乱摊。

原则十六：小孩子吃午饭后，最好安睡一点中觉。

原则十七：小孩子晚上未睡以前，应该有适当的娱乐。

原则十八：小孩子夜里睡眠的时候，应当穿睡衣。

原则十九：小孩子不应当有人抱了睡。

原则二十：不准小孩子点灯而睡。

原则二十一：小孩子最好独睡一床，独睡一室。

原则二十二：小孩子便溺需有定所。

原则二十三：小孩子大便需一日一次，而且要有定时。

原则二十四：小孩子不应当终日感受外界的浓厚刺激。

原则二十五：小孩子不应当终日抱在手里。

陈鹤琴用通俗的语言拟写卫生习惯，指导幼儿教师和家长在日常生活中应多引导儿童自己去洗脸、刷牙、吃饭、如厕等，让儿童在做中求进步。

总之，强健的身体是儿童快乐的源泉，幼儿教师和父母应该引导儿童养成良好的卫生习惯，促进儿童身心健康发展。乡村幼儿园因人力资源有限，硬件设备与园所环境的资金投入与城市幼儿园相比相对较少。课题组在前期调研中了解到，乡村幼儿园的卫生保健工作薄弱，幼儿教师、父母对幼儿的卫生保健意识有待进一步增强，卫生保健能力亟待提升。此外，幼儿的健康成长除了身体的保健，还应该注意心理的保健，以促进幼儿身心健康成长。

【内容导览】

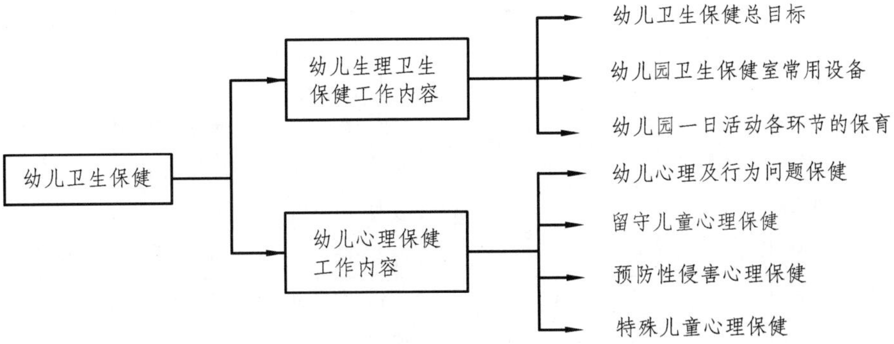

第一节　幼儿生理卫生保健工作内容

一、幼儿卫生保健总目标

（1）培养幼儿基本的生活能力，养成良好的生活习惯。

（2）为幼教工作者提供科学的卫生保健知识。

（3）促进幼儿心理的健康发展。

二、幼儿园卫生保健室常用设备

幼儿园为了保障幼儿身心健康，预防和减少疾病，卫生保健室要准备一些常用设备，如表 1-1 所示。

表 1-1　幼儿园卫生保健常用设备

设备类型	设备名称
常规设备	桌椅、药箱、药柜、诊查床等
体检设备	视力表、体重计、身高测量仪等
消毒设备	常用消毒液、消毒用品、空气消毒机等
消毒医疗器械	一次性压舌板、体温计、手电筒、软皮筋、听诊器、血压计、镊子等

三、幼儿园一日活动各环节的保育

（一）幼儿园一日活动安排

幼儿园一般在上周五做好一日活动安排，经年级组织审核后实施，如表 1-2 所示。

表 1-2 幼儿园一日活动流程

时间	项目	常规要求	教师工作职责
7:30—8:10（乡村幼儿园冬季入园时间根据需要推至 8:50）	入园	入园接待准备工作	1. 开门开窗透气；整理幼儿毛巾和杯子；接待幼儿，做好特殊事宜记录；晨间检查；组织幼儿晨间活动；检查教具教材是否到位。 2. 微笑、半蹲与小朋友打招呼
	晨检	常规检查	1. 准备强光电筒、体温计、压舌板或棉签。 2. 保健医生坐在园门口：一摸、二看、三问、四查。有异常情况及时记录
8:10—8:30	早餐	餐前提醒幼儿洗手、如厕，餐后擦嘴、漱口	1. 用餐礼仪：细嚼慢咽、安静用餐。爱惜粮食，不挑食、不剩饭。 2. 用餐环境：播放轻音乐，让幼儿愉快进餐
8:30—9:00	自由活动	提供活动材料	观察，适时提供支持
9:00—9:30	教学活动	活动材料准备	1. 桌椅、教具等提前准备。 2. 课前精心准备，课堂充分呈现；机会均等，关注个别差异；留意小朋友对每一步教学活动的反应；课后公正评测与总结，发现问题，找出原因及解决方案，为以后的教学积累经验
9:30—10:15	区角游戏活动	1. 提前布置环境，投放材料。 2. 有序进区（活动后提醒盥洗、如厕）	教师适时参与互动或指导
10:15—10:25	间点	不挑食、不浪费	轻音乐、愉快进食
10:25—11:25	户外活动	安全防护、运动适量（要求运动后盥洗、如厕）	1. 检查器械物品的安全隐患；运动适量，出汗适中。 2. 视情况为幼儿增减衣物
11:25—11:40	自由交流	不喧哗，不吵闹	以组为单位，自由交流；轻音乐，为午餐营造温馨的氛围

续表

时间	项目	常规要求	教师工作职责
11:40—12:10	午餐	1. 餐前提醒幼儿洗手、如厕。 2. 餐后擦嘴、漱口	1. 用餐礼仪：细嚼慢咽、安静用餐。爱惜粮食，不挑食、不剩饭。 2. 用餐环境：播放轻音乐，让幼儿愉快进餐
12:10—12:20	餐后散步	速度和情绪	漫步；舒缓情绪，为午睡做准备
12:20—14:20	午睡	午睡准备、午检（午睡前提醒幼儿如厕）	指导幼儿穿脱衣服；检查幼儿有无精神状态异常，未带玩具或其他物品上床；巡视幼儿午睡
14:20—14:35	午点	不挑食、不浪费	轻音乐，愉快进食
14:35—14:55	设计活动（其中有手工、唱歌、谈话、表演等）	活动材料准备	桌椅、教具等提前准备。 教师观察或适时指导
14:55—16:10	户外活动	安全防护、运动适量（提醒运动前如厕；运动后盥洗）	检查器械物品的安全隐患；运动适量，出汗适中
16:10—16:40	午点	用餐礼仪（餐后提醒幼儿洗手、如厕）	用餐礼仪：细嚼慢咽、安静用餐。爱惜粮食，不挑食、不剩饭。 餐后漱口，擦嘴
16:40—16:50	离园前整理	物品整理、情绪调整	自我检查衣服、鞋子等；以谈话方式分享当天的收获。1分钟安全教育
16:50—17:50	离园	安全、有序	组织幼儿有序离园；简单与家长交流幼儿在园情况

（二）幼儿园一日活动主要环节的具体要求

一日活动保育包括入园、如厕、进餐、饮水、盥洗、睡眠、离园等各环节的内容。

1. 晨检

1）环境准备

（1）保证入园通道通畅和安全。

（2）园门口给家长和教师交接幼儿留足够的空间，保证幼儿交接有序进行。

2）晨检前

（1）值班行政领导、保健医生提前到达园门口，准备好晨检所需器具，做好晨检准备。

（2）安保人员把好出入关，防止幼儿私自离园和外来人员随意进入园所。

（3）幼儿入园前，教师要提前检查室内、室外场地的设施设备，预防各类安全隐患，如室外有无玻璃碴、滑梯螺丝是否松动等。

3）晨检中

（1）与家长、幼儿互相问好。

（2）保健医生观察幼儿的身体状况，做好一摸、二看、三问、四查等常规工作，并做好记录。

（3）保健医生关注生病幼儿和体弱幼儿来园的身体状况。对需要在园服药的幼儿，要求家长提供医院处方，做好药品的交接、登记和存放工作。对患有传染病的幼儿要求其休养痊愈之后方可入园。

4）晨检后

（1）教师或家长把幼儿带进活动室，对独自去活动室的幼儿，要确保幼儿在视线范围内。

（2）对身体欠佳的幼儿，保健医生应及时与班级教师交流。

2. 如厕

（1）幼儿有如厕需求时，可以随时如厕，不应限制其便溺次数。教师应勤提醒幼儿如厕。（排尿应定时，及时提醒幼儿排尿，但不能频繁提醒其小便以免引起尿频，小便时间应控制在 5 分钟内。）

备注：班级内配备有卫生间，幼儿如厕无须拉“小火车”统一组织，他们可以根据自己的生理需要自主如厕。乡村园所若教室与厕所分离，或使用旱厕的，教师每隔一段时间组织幼儿如厕。

（2）幼儿如厕时，保育员应该在旁边观察，以便及时帮助年龄偏小或自理能力差的幼儿脱、提裤子。

（3）耐心教幼儿擦屁股的方法，特别是女生，应该由会阴部往肛门处擦，以免细菌感染。正确指导幼儿便后擦屁股的方法：① 教幼儿学习折叠卫生纸。擦屁股前先教幼儿如何折叠卫生纸，卫生纸须折叠足够厚，擦屁股时手指才不会弄脏。② 给幼儿准备玩具娃娃进行模拟训练。把米糊涂在玩具娃娃屁股上，让幼儿叠好卫生纸后再擦，指导幼儿从前往后擦，不要太用力。擦一次折一次纸巾，如果折叠纸巾 2～3 次后还不干净，就换新的卫生纸继续擦。[①]

（4）耐心对待尿裤子或大便弄脏裤子的幼儿，应帮助其擦干净屁股，更换裤子。

（5）如厕后，引导其冲厕所，用流动水洗手。（乡村园所若没有流动水，应该用干净的盆盛水洗手。）

（6）幼儿与成人厕所分开。每班有幼儿蹲便器 4 个，小便槽 4 个（宽不大于 0.3 米，高不大于 0.15 米），盥洗台 4～6 个，污水池 1 个，毛巾架挂钩每名幼儿 1 个（毛巾架最低距地面 0.5～0.6 米，最上一排距地不大于 1.2 米）。

备注：乡村旱厕槽宽约 0.16～0.2 米。每次如厕后，教师应引导幼儿舀水冲洗厕所，让幼儿养成良好的卫生习惯。

3. 洗手

（1）幼儿餐前、便后，使用颜料、橡皮泥、油画棒等，玩沙、玩泥，或参加户外活动后要洗手。

（2）盥洗池的高度为 0.5～0.55 米，宽度为 0.4～0.45 米，水龙头间距为 0.35～0.4 米。

（3）用流动水洗手（乡村园所若无流动水，用盆盛水洗手时，洗完第一遍后，要再次换水清洗一遍）。

4. 穿衣

（1）幼儿要穿宽松且容易穿脱的棉布衣服。应根据季节的变化和室内外温度的变化增减衣服。男生不穿有前拉链的裤子，以免弄伤生殖器。

（2）培养幼儿自己穿脱衣服的能力。小班幼儿在教师的协助下穿脱衣服、鞋袜；中、大班幼儿由自己穿脱衣服和鞋袜。

（3）保育员要与家长沟通，预留 1 件（套）衣服在书包里，便于汗湿、尿湿时更换。

（4）小男孩和小女孩都应穿上小内裤、内衣，方便午睡时脱掉外裤，保护幼儿的隐私部位。

5. 进餐

（1）餐前引导幼儿洗手。餐前、餐后 10～15 分钟内不能做剧烈运动。餐桌要擦扫干净。

---

① 潘建明，蒋晓明，任江维. 幼儿照护职业技能教材（中级）[M]. 长沙：湖南科学技术出版社，2020：113-114.

（2）用餐过程中放一些轻音乐，引导幼儿安静用餐。用餐时不打闹、不喧哗、不大笑，以免食物进入食道。

（3）用餐时不训斥、责骂幼儿，保持愉快的情绪。

（4）保育员要帮助幼儿盛、添饭菜、汤。引导幼儿自己取餐，或者分组轮流值日，为他人服务取餐，培养幼儿的服务意识。

（5）用餐过程中，保育员要仔细观察幼儿的需求，引导幼儿细嚼慢咽，不催促幼儿，进餐时间不少于 20 分钟。吃饭慢的幼儿不应让他们站着吃或端着碗去外面吃。

（6）准备好餐后收放碗、盘和盛食物残渣的容器。食物残渣与碗、盘不能混杂在一块，应该分类盛饭，以便厨房清洗。

（7）餐后散步不宜进行剧烈运动。

6. 饮水

（1）每班教室内有水杯架，每名幼儿有专用的水杯，水杯保持清洁，煮沸消毒。

（2）保育员要备好足量的温热水，保温桶要盖盖、上锁，保证饮水安全。

（3）教师要经常提醒幼儿饮水。小班幼儿在老师或保育员协助下接水，中、大班幼儿在老师或保育员看护下自己接水。水温控制在 25 ~ 30 °C 为宜。

（4）幼儿每天要保证一定的饮水量。每日上、下午各 1 ~ 2 次集中饮水，1 ~ 3 岁幼儿饮水量 50 ~ 100 毫升/次，除去饮食摄入的水量，每日直饮水约为 600 毫升；3 ~ 6 岁幼儿饮水量 100 ~ 150 毫升/次，除去饮食摄入的水量，每日直饮水约为 720 毫升。

7. 睡眠

幼儿睡眠很重要，睡眠应充足。3 ~ 6 岁幼儿午睡时间根据季节以 2 ~ 2.5 小时为宜，3 岁以下幼儿日间睡眠时间可适当延长。夜间睡眠约 10 小时。

1）睡前准备

（1）为幼儿布置一个温馨、舒适的睡眠环境。幼儿就寝环境应做到通风好，光线柔和（有遮挡光线的帘子），室内温度和湿度适宜。

（2）睡前不宜让幼儿喝太多水、刺激性饮料；睡前排一次尿。午饭不宜吃得过饱。

（3）指导幼儿脱去外衣裤，先脱上衣，再解鞋带、脱鞋袜，把衣服放在固定的地方，不应放在头下枕着。

（4）幼儿睡觉前，保育员要检查幼儿是否带玩具或其他物品到床上；同时，检查幼儿口中有无残留食物。

（5）幼儿睡眠要保证一人一床，床上用品大小适宜，被褥厚薄根据季节变化调换。

2）睡中照料

（1）睡觉时，幼儿不宜穿得太多或太少，保育员伸手摸幼儿后背，不凉或无汗即可。

（2）幼儿睡觉时，保育员要巡视，便于及时处理异常情况。例如发现幼儿翻来覆去无法入睡，要了解其原因。

（3）若幼儿有遗尿、摆弄被褥、玩弄生殖器等行为时，要及时帮助和引导。

3）睡后照料

（1）幼儿起床后，保育员帮助并指导小班幼儿穿好衣服、整理被褥。指导中、大班幼儿自己穿好衣服后叠被子。

备注：幼儿起床后，开窗通风 30 分钟后叠被子。

（2）保育员再次检查床上是否有异物，检查被褥、枕头是否被汗湿或被咬破等。

备注：乡村园所如果不具备午睡条件，如无床和被褥等，不能硬性要求幼儿午睡。幼儿可以推迟 1 ~ 1.5 个小时入园，提前 1 小时放学，中午可让幼儿自由活动 1 小时。切勿让幼儿趴在桌上午睡，长此以往将导致幼儿脊椎变形，影响幼儿脊椎正常发育。

8. 离园

1）环境准备

（1）确保园所环境干净整洁。

（2）准备舒缓的音乐或一些安静的团体活动，做好幼儿的离园准备。

2）离园前

（1）教师和保育员合理分工，照看幼儿、接待家长、整理班级环境等。

（2）安保人员和教师严格把好幼儿以及家长的出入关。避免错接、漏接等事件发生。

（3）提醒幼儿收拾、整理好班级和自己的物品。

（4）引导或帮助幼儿做好个人的清洁工作，如洗手、洗脸、梳头等。

3）离园过程中

（1）确认接送家长的身份，与家长做好交接工作。

（2）主动与家长和幼儿道别。

（3）与家长简单交流幼儿在园的情况。若需要与家长深度交流幼儿的情况，必须等大部分幼儿离园后另约时间交流。

4）离园后

（1）值班行政人员检查全园公共区设备的安全性、清洁度，电源是否关闭。

（2）教师做好第二天的教学活动准备工作。

9. 室内外活动注意事项

（1）制定科学的一日活动计划。室内外活动应以幼儿自由游戏为主，应本着幼儿乐于参与、自由参与的原则。

（2）控制集体教学活动和看电视的时间，根据《3—6 岁儿童学习与发展指南》要求，幼儿连续看电视等电子产品时间，小班不超过 15 分钟，中班不超过 20 分钟，大班不超过 30 分钟。

（3）室外活动时间不少于 2 小时，暴晒、大风、大雨、大雪或寒冷的天气可适当缩短室外活动时间。

（三）营养膳食管理

1. 膳食管理

（1）分管后勤的园长、保教主任和厨房工作人员要定期计算幼儿伙食的营养量，制定科学合理的月计划、周计划食谱。

（2）进餐时间要遵照《幼儿园工作规程》的规定，两餐间隔时间不能少于 3.5 小时。

（3）幼儿伙食账目与职工伙食账目分开，幼儿伙食费专款专用，定期向家长公布幼儿伙食账目。

2. 食品卫生管理

（1）炊事员、管理员要持证上岗。食堂工作人员要衣着整洁，工作期间穿工作服、佩戴口罩和工作帽，头发不能露出帽外。勤剪指甲，不佩戴戒指工作。如厕前脱工作服，便后勤洗手。

（2）食堂环境整洁，干燥通风。垃圾桶盖盖，当天清除所有垃圾，消除蟑螂、老鼠、苍蝇滋生的条件。台面、地面、屋顶洁净，无油污、积水、蜘蛛网。

3. 膳食营养

（1）科学配餐。编制食谱要预算出幼儿每人每天各类食品的用量，计算幼儿每天需要的蛋白质、脂肪、热量、钙、铁等微量元素。

早餐以馒头、包子、粉、面等主食为主，辅以优质蛋白和青菜。中餐除主食外，应该有蔬菜、优质蛋白等食材。优质蛋白食材有鸡蛋、精瘦肉、奶类、牛肉、鱼等；蔬菜应选用时令蔬菜。

（2）维生素食材的建议。菠菜、南瓜、胡萝卜、动物肝脏等富含维生素 A，深色绿叶蔬菜、番茄、草莓、柑橘、苹果等富含维生素 C，动物肝、豆制品、鱼、虾、蛋类有丰富的维生素 D。

（3）幼儿离园后饮食建议。不吃小卖铺中的“三无”零食，以及用色素和甜蜜素等调制而成的饮料；不把果汁饮品代替白开水或者牛奶；少吃糖果或含糖过高的食品。

（四）园所各类器物的卫生消毒

卫生消毒工作是幼儿园卫生保健工作的重点，它能有效切断病毒的传染源，园所各类器物的卫生消毒如表 1-3 所示。

表 1-3　幼儿园物品清洁消毒

类型	消毒方法
卧具	每周清洗或晾晒一次被褥，清洗液应该用中性、无磷的产品。每天用清洁的湿布（消毒 10 分钟）擦拭婴儿床
家具	擦桌子时，桌面需要擦拭 2～3 遍。首先对折抹布，第一遍用清水洗净毛巾擦拭，擦半张桌子翻面对折擦拭；第二遍用消毒水浸泡的毛巾擦拭；第三遍再用清水洗净毛巾擦拭
餐具	1. 煮沸消毒。准备专用的不锈钢煮锅，将洗净的餐具放进锅内，加水，使水没过餐具。盖上锅盖煮沸煮 15～20 分钟。 2. 消毒柜消毒。把洗净的碗筷滤干水后放进消毒柜消毒

1. 室内、生活用品、玩教具卫生和消毒

（1）幼儿入园前教室开窗通风至少 30 分钟，冬季开窗时间视天气情况做相应的调整。每天开窗通风不少于 4 次，室内紫外线灯消毒不少于 1 小时。（紫外线灯应等幼儿和教职工离园后打开。紫外线灯关闭 30 分钟后方可进入室内。同时注意紫外线灯的使用寿命，一般使用 1 000 小时后更换。）

（2）餐具一餐一消毒。先清洗干净餐具，再用消毒柜或者煮沸消毒 15 ~ 20 分钟。

（3）玩具、图书一周消毒一次。能浸泡的玩具用《次氯酸钠类消毒剂卫生质量技术规范》规定的消毒产品（如 84 消毒液）稀释后清洗干净，通风晾晒，暴晒时间不少于 6 小时。不能浸泡的玩具和书本把表面擦干净后，暴晒时间不少于 6 小时。

（4）毛巾、被罩和床单的消毒。用洗涤剂浸泡清洗之后，暴晒时间不少于 6 小时。每月家长带被罩和床单回去清洗。

（5）桌面、水龙头、门把、扶梯等物体表面消毒。用 84 消毒液按照 1∶200 的比例稀释后用抹布擦拭 10 ~ 30 分钟，做预防性常规消毒。最后用清水将残留消毒液擦净。出现传染病时可适当提高消毒液浓度。

2. 个人日常卫生管理

（1）教师、保育员着装整洁。不留长指甲，不化浓妆，不穿高跟鞋、拖鞋进入园所；饭前、便后洗手，给幼儿做榜样。

（2）提醒幼儿餐前、便后洗手。进行户外运动或玩泥、沙、颜料等手工材料后要用洗手液，并按照 7 步洗手法清洗。

（3）勤剪指甲，勤换衣服，勤洗澡、洗头（洗头要注意频率，一般一周 2 ~ 3 次，特殊情况除外）。

（4）不用手、衣袖擦鼻涕。鼻涕和口水用纸包好后丢进垃圾桶（擤鼻涕应单侧擤，不能双侧同时擤，以免发生中耳炎）。

（5）吃东西后，引导幼儿漱口，把牙缝里的残渣冲洗干净，建议 3 岁以上幼儿用儿童牙刷和牙膏刷牙，防止龋齿。

（五）传染病防控

1. 常见的传染病

手足口病、猩红热、水痘、麻疹、流行性腮腺炎、风疹、流脑等。

2. 传染病防控原则

（1）传染病应科学预防，按时间和相关要求接种。

（2）做好晨检，留心观察，发现病源，及时隔离。

（3）流感高发季节，少扎堆聚集，避免交叉感染。

3. 传染病的接种

传染病预防接种是国家计划免疫的要求。目前有两种类型，一类是国家计划预防接种，包括乙肝疫苗、百白破疫苗（百日咳、白喉、破伤风）、脊髓灰质炎疫苗、麻疹疫苗等几种，父母要在规定的时间带孩子接种。

另一类是收费接种，家长可以自愿购买。这类疫苗有水痘疫苗、流感疫苗、甲肝疫苗等。

4. 传染病的预防方法

（1）注重晨检，并加强与家长沟通，做到早发现、早隔离、早治疗。

（2）勤洗手，不随地吐痰，打喷嚏用手捂住口鼻，再洗手。

（3）室内开窗通风，保持室内空气流通。

（4）少去人员密集的地区，如游乐场、游戏厅等。

（5）避免接触患病人员，不去传染病区。

（6）积极参加户外锻炼，呼吸新鲜空气，增强体质。

（7）教师加强学习，夯实传染病预防基本知识，提高传染病判别和预防的能力。

（六）意外伤害与急救

幼儿安全意识和自我防范能力弱，所以在幼儿园易发生意外伤害事故。幼儿教师应掌握幼儿园常见意外事故急救法。

1. 心肺复苏

心肺复苏操作方法如表 1-4 所示。

表 1-4　心肺复苏操作方法

操作项目		操作方法	备注
环境观察	幼儿	呼叫无应答	
		呼吸微弱，无颈动脉搏动	
	环境	疏散围观人员	
	救护者	未戴饰物	
	物品	一次性呼吸膜	
目的		正确实施心肺复苏技术，使幼儿脉搏、呼吸恢复正常	
实施	观察情况	1. 对光反射存在，颈动脉搏动恢复，恢复呼吸，口唇恢复红润	
		2. 判断颈动脉搏动和有无呼吸	
	体位	将幼儿置于坚实的平面上，双手放于两侧，身体无扭曲	

续表

操作项目		操作方法	备注
实施	胸外按压	打开衣服，暴露幼儿胸部	
		按压部位：两乳头连线中点胸骨正中	
		按压深度：胸壁前后径三分之一或约4～5 cm	
		按压频率：100～120 次/分钟	
		手部姿势：单手掌跟按压，手指翘起不接触胸壁	
		身体姿势：手臂在手掌的正上方，肩肘腕在一条直线上，垂直向下按压，如图 1-1 所示。  图 1-1　心肺复苏（双手垂直按压）	1 岁以内的婴儿可以用单手，如图 1-2 所示。1 岁以上的建议用双手。 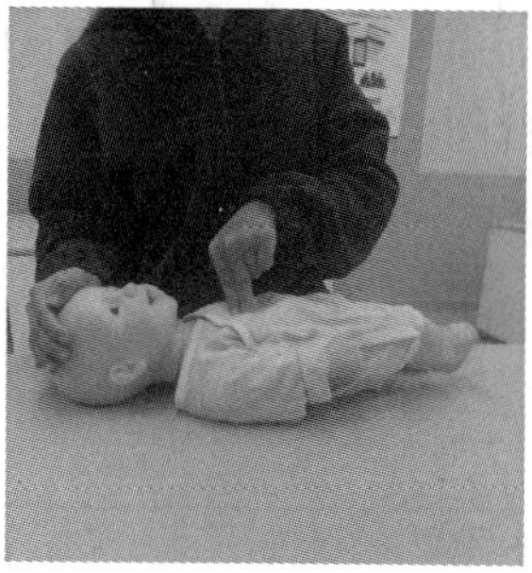 图 1-2　1 岁以内婴儿心肺复苏
	开放气道	清理呼吸道：将头轻轻偏向一侧，小心清除口腔内分泌物、呕吐物或者异物	
		开放气道：（无颈椎损伤者）取仰头举颏法，儿童下颌角与耳垂的连线与地面成 60 度	不要过度上举下颏，以免造成口腔闭合
	人工呼吸	用按于前额一手的拇指与食指捏闭患儿的鼻孔，深吸气后张口用双唇紧紧包住幼儿口唇，吹气 1～2 秒/次，吹气间隙放开鼻翼，吹气连续 2 次，眼睛观察患者胸廓起伏情况	

续表

操作项目		操作方法	备注
实施	人工呼吸	平静呼吸后给予人工通气 2 次，若再次开放气道后人工呼吸仍不能使胸廓抬起，应考虑可能有异物堵塞气道，要进行相应处理，排除异物	
	按压：呼吸	单人胸外按压与人工呼吸之比为 30∶2；双人复苏为 15∶2，完成 5 个循环或者 2 分钟操作后评估	
	评估复苏有效	有呼吸、有脉搏、自主循环恢复、瞳孔缩小（瞳孔直径约 3 毫米）、有唇色	
	整理记录	整理用物，进行复苏护理	
		洗手	
		记录抢救时间及过程	

2. 海姆立克急救法

海姆立克急救操作方法如表 1-5 所示。

表 1-5　海姆立克急救操作方法

操作项目		操作方法	备注
环境观察	幼儿	生命体征、意识状态	
		心理情况：有无惊恐、焦虑	
	环境	环境安全适宜急救	
	救护者	未戴饰物	
	物品	用物准备齐全	
目的		幼儿气管异物排出、呼吸恢复正常	
实施	观察情况	1. 检查气管异物状况	
		2. 检查气管异物种类、大小、发生情况	
	急救处理	1. 抢救者站在幼儿背后，用双手臂环绕幼儿腰部，如图 1-3 所示。	3 岁以下婴幼儿海姆立克法急救如图 1-4 所示。

续表

操作项目		操作方法	备注
实施	急救处理	 图 1-3　3 岁以上幼儿急救法	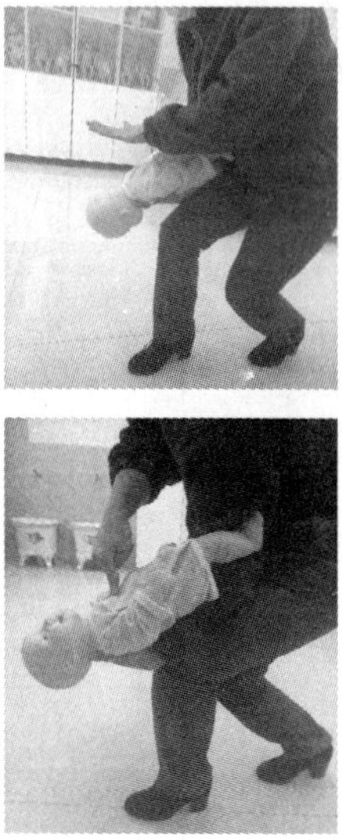 图 1-4　3 岁以下婴幼儿急救法
		2. 一手握空心拳，将拇指侧顶住幼儿腹部正中线肚脐上方两横指处、剑突下方	
		3. 用另一只手包住拳头	
		4. 快速向内、向上、向后冲击幼儿的上腹部，约一秒一次	
		5. 重复上述步骤，直至异物排出或幼儿失去（窒息）反应	
整理记录		整理用物	
		洗手	
		记录抢救时间及过程	

3. 幼儿园其他常见意外事故及其处理方法

1）常见幼儿意外事故

皮外伤（割伤、跌伤、压伤、扎伤等）、异物入体（鼻腔、气管、外耳道、眼睛）、烧烫伤、骨折、头部受伤等。

2）幼儿意外事故预防和简单处理的方法

（1）教师预测园所室内外可能出现的安全问题，并做好预防措施（如紧固螺丝）。

（2）多开展安全知识活动，增强幼儿意外伤害安全防范意识。

（3）幼儿活动时，教师应在旁边观察，及时干预幼儿可能会发生意外事故的行为。

（4）提供的玩教具应根据幼儿年龄特点投放。颗粒小的豆、珠子不宜投放在小班。中、大班幼儿应该在老师可观察的时候投放。

（5）幼儿园常备用于意外事故处理的医药材料。

（6）乡村园内幼儿数量少，不具备配备保健医生的条件。老师应该加强学习，掌握意外事故处理的方法。

（七）幼儿园卫生保健常用记录表

1. 幼儿入园（所）健康检查表

表 1-6　幼儿入园（所）健康检查表

<table>
<tr><td>姓名</td><td></td><td>性别</td><td></td><td>年龄</td><td></td><td>出生年月</td><td colspan="2">年　月　日</td></tr>
<tr><td>既往病史</td><td colspan="8">1. 先天性心脏病　2. 癫痫　3. 哮喘　4. 精神病　5. 结核病　6. 其他</td></tr>
<tr><td>过敏史</td><td colspan="4"></td><td colspan="2">幼儿家长签名</td><td colspan="2"></td></tr>
<tr><td></td><td>体重</td><td>kg</td><td>评价</td><td></td><td>身长（高）</td><td>cm</td><td>评价</td><td></td></tr>
<tr><td rowspan="4">体格检查</td><td rowspan="2">眼</td><td>左</td><td></td><td rowspan="2">视力</td><td>左</td><td rowspan="2">耳</td><td>左</td><td></td></tr>
<tr><td>右</td><td></td><td>右</td><td>右</td><td></td></tr>
<tr><td>头颅</td><td></td><td>胸廓</td><td></td><td>脊柱四肢</td><td></td><td>咽部</td><td></td></tr>
<tr><td>心肺</td><td></td><td>肝脾</td><td></td><td>外生殖器</td><td></td><td>其他</td><td></td></tr>
<tr><td>其他检查</td><td colspan="2">血红蛋白（Hb）</td><td></td><td></td><td colspan="2">丙氨酸基转移酶（ALT）</td><td></td><td></td></tr>
<tr><td>检查结果</td><td colspan="4"></td><td>医生意见</td><td colspan="3"></td></tr>
<tr><td colspan="9">医生签名　　　　　　　　　　检查单位（盖章）:
体检日期</td></tr>
</table>

2. 幼儿园常见传染病登记表

表 1-7 幼儿园常见传染病登记表

序号	姓名	班级	年龄	发病日期	名称											诊断单位	诊断时间	处理
					水痘	手足口病	流行性腮腺炎	猩红热	麻疹	风疹	传染性肝炎	流感	肺结核	菌痢	其他			
1																		
2																		
3																		
4																		
5																		
6																		
7																		
8																		
9																		
10																		
11																		
12																		
13																		
14																		
15																		
16																		
17																		

3. 意外伤害登记表

表 1-8 意外伤害登记表

姓名		性别		年龄		班级	
发生地点				参与的活动			
发生时间				损伤的部位			
当日带班教师				当日值班教师			
事故发生经过（简述）							
医院诊断和治疗意见							
其他							
院领导意见							

4. 幼儿出勤统计表

表 1-9　幼儿出勤统计表

年月日	在册幼儿数	应出勤日数	出勤情况			缺勤原因及相关信息					
			应出勤人数	实出勤人数	出勤率	缺勤幼儿数	缺勤幼儿姓名	因病	因事	与家长对接	其他

5. 班级消毒记录表

表 1-10　班级消毒记录表

年月日	班级	开窗通风	门把	桌椅	卧具	玩具	餐具	被褥	图书	厕所	水龙头

6. 幼儿一日活动常规评价表

表 1-11 幼儿一日活动常规评价表

幼儿姓名____________ 时间________

项目内容	评价标准 优等参照标准	评价等级 优	良	一般	评分	分项得分
入园	1. 有礼貌地向教师和小朋友问早	1	0.5	0		
	2. 将自带衣物整齐地叠放在固定的地方	1	0.5	0		
	3. 愉快地参加力所能及的晨间劳动	1	0.5	0		
	4. 自取玩具轻拿轻放，游戏结束后将玩具整理好送回原处	1	0.5	0		
盥洗	1. 按顺序认真把手洗干净，水甩在池内，使用自己的毛巾将手擦干	2	1	0.5		
	2. 依次盥洗，保持衣物、地面整洁	2	1	0.5		
	3. 遵守盥洗室纪律，不在室内大闹或影响他人	2	1	0.5		
	4. 不浪费水和肥皂	2	1	0.5		
	5. 离开前检查水龙头是否关好	2	1	0.5		
进餐	1. 正确使用餐具，会干稀饭菜搭配吃	2	1	0.5		
	2. 吃东西时不随便讲话，细嚼慢咽，不咂嘴	2	1	0.5		
	3. 不挑食，不剩饭，保持衣物、桌面、地面整洁	2	1	0.5		
	4. 饭后把餐具有规律地放在指定地点	2	1	0.5		
	5. 饭后漱口，擦嘴，保持漱口桶（池）前地面整洁	2	1	0.5		
	6. 成人帮助分添饭菜后要道谢	2	1	0.5		
	7. 值日生认真做好餐桌卫生，整齐发放餐具	2	1	0.5		
如厕	1. 大小便解在池内，大便纸扔在篓内，保持地面整洁	2	1	0.5		
	2. 不往便池内扔异物，不在厕所内打逗，便后冲水后离开	2	1	0.5		
	3. 便后洗手	2	1	0.5		
喝水	1. 按自然顺序取放水杯，不挤、不抢，保持桌面、地面整洁	2	1	0.5		
	2. 使用自己的水杯喝水，喝净后把杯放回原处	2	1	0.5		

续表

项目内容	评价标准	评价等级			评分	分项得分
	优等参照标准	优	良	一般		
睡眠	1. 按顺序穿脱衣服，衣服脱下后放在指定的地方	4	2	1		
	2. 遵守睡眠室纪律，轻声走路和上下床，不大声说笑影响他人睡眠	4	2	1		
	3. 睡觉不蒙头，不玩东西	2	1	0.5		
	4. 起床后迅速穿衣，整理床铺离开睡眠室	4	2	1		
教育活动	1. 坐姿端正，双脚并放椅前，双手自然放腿上	2	1	0.5		
	2. 注意听别人讲话，不插嘴，不打断别人讲话	2	1	0.5		
	3. 遵守集体活动纪律	4	2	1		
	4. 学习用品使用后放回原处，摆放整齐	2	1	0.5		
	5. 参与集体活动时专注聆听，眼睛不可以东张西望，左顾右盼	4	2	1		
游戏活动	1. 取放玩具动作要轻，游戏后把玩具送回原处，摆放整齐	2	1	0.5		
	2. 能与同伴友好游戏，不争抢玩具	2	1	0.5		
	3. 遵守各种游戏规则，不在室内大声喊叫影响他人	2	1	0.5		
	4. 离开活动室外出活动时，把桌椅摆放整齐	2	2	0.5		
户外活动	1. 玩具、器械用后放在指定地点	2	1	0.5		
	2. 不远离老师、小朋友，游戏时不做危险（不安全）的事	2	1	0.5		
	3. 根据天气变化穿脱衣服，脱下的衣服折叠整齐放在指定的地方	2	1	0.5		
离园	1. 玩具、物品整理好放回原处	2	1	0.5		
	2. 带好自己的衣物，有礼貌地向老师、小朋友告别说“再见”	2	1	0.5		
总分						

注：按照此表在幼儿刚入园 2 个月内每周评价一次。每次评价后教师应针对每一幼儿的情况制定常规培养计划。

7. 幼儿园保教工作评价表

表 1-12　幼儿园保教工作评价表

幼儿园＿＿＿＿＿＿＿＿＿＿　　　　　　　　　　　　评价时间＿＿＿＿

目标项目	目标指标	分数标准	自评分数	考核分数
传染病	年发病率 10%以下；肝炎、痢疾无续发			
常见病	年发病率较低			
预防接种	接种率 100%			
身高、体重	增长率 100%；个体增长达标率：身高 90%以上，体重 50%以上			
驱蛔	服药率 100%			
沙眼、龋齿、贫血	矫治率 100%			
近、远视，弱、斜视	矫治率 100%			
体弱、偏食、肥胖	管理率 100%			
进餐照顾	符合要求达 95%			
户外活动	达标率达 98%（2 小时/日）			
卫生	达标率达 98%（98 分以上）			
防病宣传	每月一期专栏或板报，随时口头宣传			
晨、午检	完成率 100%			
事故	发生率 0.5%以下			
照明	150 勒克斯以上			
桌椅配套	配套率达 100%			

第二节　幼儿心理保健工作内容

一、幼儿心理及行为问题保健

（一）幼儿心理及行为问题内涵

幼儿心理及行为问题是指幼儿经常表现出来的既影响他人，又影响自身发展的偏离社会正常要求或个人正常发展的行为和情绪异常问题。心理及行为问题也称心理及行为偏异或偏常。主要发生于儿童期，常表现为行为不足、行为过度或不恰当行为。[①]

(二) 幼儿常见的心理及行为问题矫治

1. 幼儿常见心理及行为问题的类型

自闭、多动、焦虑过度、攻击性、遗尿、啃手指、咬指甲等。

2. 幼儿心理及行为问题防治

(1) 正确认识幼儿心理及行为问题的本质。既不过分夸大幼儿心理及行为问题的严重性，将其视为只有医院或药物才能治疗的疾病，也不要缩小幼儿心理及行为问题的严重性，不以为然，认为随着幼儿年龄的增长其心理及行为问题会自然消失。对待出现心理及行为问题的幼儿，家长和照护者要科学照护。[②]

(2) 早发现，早防治。

(3) 给予心理异常行为患儿更多关爱，满足其被爱与被关怀的心理需求。

(4) 用温和的语气、心平气和的态度对待患儿，使其与周围的环境和人建立安全感。

(5) 制造轻松、自由的环境，让患儿身心放松。

3. 幼儿常见心理及行为问题矫治方法

幼儿心理及行为问题的矫治方法，较有影响的有行为疗法和游戏干预疗法。游戏干预疗法是按照行为塑造和系统脱敏的原理使幼儿心理及行为问题逐步消退，得到矫正。[③]当然，幼儿心理及行为问题矫治应视其轻重程度，严重的需要遵照医嘱进行药物治疗。

1) 幼儿自闭行为矫治

针对有语言和沟通障碍或者有其他异常行为的幼儿，应尽早带其去专业医院进行诊断。确诊后应尽早进行治疗。作为幼儿照护人员应尽全力配合治疗师和家长照护好幼儿。

(1) 药物治疗。适当的药物治疗能将行为问题降低 80%～90%，药物治疗

---

① 关少化，刘振民，叶平枝，等．关于对幼儿心理及行为问题实施游戏矫正的研究报告[J]．学前教育研究，2002 (3).

② 关少化，刘振民，叶平枝，等．关于对幼儿心理及行为问题实施游戏矫正的研究报告[J]．学前教育研究，2002 (3).

③ 关少化，刘振民，叶平枝，等．关于对幼儿心理及行为问题实施游戏矫正的研究报告[J]．学前教育研究，2002 (3).

能减轻症状，但效果有限。[①]还需要照护者引导幼儿按时吃药。

（2）开展身体语言训练。根据行为矫治原理，制定行为训练计划，帮助患儿学习身体语言，例如点头、鼓掌、摇头等。照护者示范，鼓励患儿模仿，每次模仿照护者都应及时表扬，并引导其反复训练，达到真正理解为止。

（3）指导家长训练的方法。家长是患儿的主要照护者。在治疗过程中，帮助家长了解该病产生的可能原因，认识它的性质，掌握基本的训练方法，可以减少家长的焦虑和急躁，积极配合治疗师一起教育和训练患儿。

2）幼儿多动行为矫治

幼儿多动行为有注意力不集中等表现，若家长或照护者不清楚该行为的本质，往往采取谩骂、罚站、殴打等消极的处罚方式控制其行为。如果家长或照护者能采取正确的矫治方法，将有利于该行为的矫治。如果经过医学界定幼儿患有多动症，应该遵照医嘱服用药物，并制定治疗计划进行矫治，多动症幼儿管教方法如表 1-13 所示。

表 1-13　多动症幼儿管教方法[②]

孩子的行为	家长和照护者的反应	
	有效的	有建设性的
发脾气	采用“平静中断”并走开	当幼儿冷静下来时，用适合他年龄的方式讨论这件事
过度激动	用另一种活动转移他的注意	当幼儿冷静下来时，用适合他年龄的方式讨论这件事
打人或撕咬	立即让他离开现场，或让他消除这种想法	用适合他年龄的方式，讨论他行为对自己和他人造成的后果。得到简短的回应后，采用“平静中断”，让他冷静一会儿
注意力不集中	进行眼神交流，吸引他的注意力	确保你的期望对幼儿的发展水平来说是合理的（如他听了 3 分钟故事，而不是 10 分钟），不要强制他在整个教学活动中都坐着
拒绝收拾玩具	除非他完成这项工作，否则不让他玩耍	向他示范怎样完成这项任务，并帮助他一起完成。当他完成任务后表扬他

① 潘建明，蒋晓明，任江维．幼儿照护职业技能教材（中级）[M]．长沙：湖南科学技术出版社，2020：185．

② 潘建明，蒋晓明，任江维．幼儿照护职业技能教材（中级）[M]．长沙：湖南科学技术出版社，2020：186．

3）幼儿吮吸手指矫治

（1）调查幼儿吮吸手指的原因，是因为无聊、害怕等，还是口欲期欲望没有得到满足。我们要创造环境，转移其注意力。

（2）幼儿吮吸手指时，家长或照护者切勿采取讥讽、嘲笑、打手或捆绑双臂等粗暴的方式命令其立刻停止该行为，应该善意地提醒他，然后通过观看相关的短视频或阅读绘本等方式引导幼儿认识吮吸手指不但不卫生，还会引起手指发炎、疼痛等疾病。

（3）多带幼儿参加户外运动、同伴游戏活动等，转移幼儿的注意力。同时，培养幼儿的兴趣和爱好，保持愉快的情绪。

4）幼儿攻击性行为矫治

（1）创造非攻击性环境。家长或照护者为幼儿创设安全、稳定的环境，如不提供攻击性玩具；不让幼儿观看暴力的电视、电影等；不在幼儿面前说攻击性语言或展现攻击性行为。

（2）培养幼儿的移情能力。能够正确识别情绪是移情的基础。家长或照护者可以引导幼儿观察他人的情绪反应，或者通过表情图识别、表情推测和表情模仿游戏活动等方式提升幼儿的移情能力。问幼儿，当攻击别人时，对方会很难过、痛苦，如果别人打你或咬你，你将会有怎样的感觉呢？让幼儿从内心逐渐消除攻击性行为。

（3）榜样示范。幼儿好模仿，家长或照护者应在日常生活中给幼儿树立好榜样。同时，还可以通过讲故事、播放视频等方式正面引导幼儿。

二、留守儿童心理保健

（一）留守儿童的概念

留守儿童是指父母双方或其中一方连续外出务工 3 个月以上，而子女继续留在户籍所在地，并由父母单方或祖父母或其他亲属代为监管的未成年儿童。

（二）留守儿童主要存在的问题

1. 身体健康问题

留守儿童由于亲子分离、长期缺乏父母的关心和照料，再加上隔代抚养或其他监管人缺乏健康养育意识，容易导致留守儿童存在膳食营养、身体发育和体质健康等方面的问题。

第一，在膳食营养方面，与非留守儿童相比，留守儿童的膳食营养存在结构不合理、营养摄入量不足等问题。研究发现，我国 2 ~ 7 岁的农村留守儿童在能量、营养素（如蛋白质、脂肪和糖类等）、矿物质（如钙、锌、钾等）和维生素（如 A、B_1、B_2 等）的摄入量上均低于推荐摄入量①，在 2017—2019 年 3 个时间段里，0 ~ 6 岁留守儿童中营养不良的发生率分别为 6.64%、5.6%、5.67%。②

第二，在身体发育方面，留守儿童的生长发育状况除了受先天遗传因素的影响之外，还受到后天膳食营养结构是否合理、营养摄入量是否充足、潜在风险因素是否较多等因素的影响。研究发现，留守儿童每天食用的奶制品、水果、蛋类和鱼肉禽类等食物的比例显著低于非留守儿童，并且留守儿童存在生长发育迟缓率和消瘦率均显著较高等问题。③有研究指出，留守儿童的营养性贫血、营养不良、锌缺乏、生长发育迟缓和体重不达标等检出率显著高于非留守儿童。④说明留守儿童身体发育状况存在较大风险。

第三，在体质健康方面，患病率和预防接种率是衡量留守学生体质健康的重要指标。研究发现，留守儿童贫血患病率、腹泻患病率、传染性疾病患病率和身体伤害发生率均比较高⑤，并且在常见疾病患病率、慢性疾病患病率等方面均显著高于非留守儿童⑥。研究也发现，留守儿童在四周患病率（60.6%）、患病未就医率（9.5%）等方面均高于非留守儿童（59.3%、6.5%）。⑦对 3 ~ 11 岁留守儿童疫苗接种情况进行研究后发现，留守儿童的疫苗接种率（如乙肝疫苗、麻腮风疫苗、甲肝疫苗等）和疫苗接种及时率均显著低于非留守儿童⑧，说明留守儿童的健康预防问题存在较大隐患。

---

① 林如娇，冯荣钻，农善文，等．我国农村留守儿童的营养状况及其干预措施的研究进展[J]. 中国临床新医学，2015，8（11）.

② 何敏肖．留守儿童膳食营养和卫生保健与家庭环境关系的合理性[J]．医学食疗与健康，2020，18（23）.

③ 潘池梅，陈心容．农村留守儿童生长发育及营养状况分析[J]．中国公共卫生，2014，30（6）.

④ 罗婷，林芸竹，杨春松，等．我国部分地区留守儿童体质健康现状的系统评价[J]．中华妇幼临床医学杂志（电子版），2020，16（1）.

⑤ 史沙沙，崔文香．留守儿童健康问题研究现状[J]．中国学校卫生，2012，33（6）.

⑥ 赵苗苗．贫困农村地区留守儿童与非留守儿童健康差异及影响因素研究[D]. 济南：山东大学，2012.

⑦ 赵一奇，陈利，谢梦迪，等．皖北农村留守儿童就医现状分析及对策探讨[J]. 蚌埠医学院学报，2015，40（4）.

⑧ 郝鹏飞，秦利利，徐浩，等．河南省留守儿童预防接种现状及影响因素[J].江苏预防医学，2020，31（3）.

2. 心理健康问题

留守儿童的心理健康问题一直以来都受到社会各界的关注与重视，由于留守儿童长期处于亲子分离、家庭教育缺失、缺乏父母关心和照顾等不利处境，容易导致留守儿童出现认知、情绪情感、社会行为等方面的问题。

第一，留守儿童的认知问题。长期的父母分离、缺乏父母关爱等不利处境容易导致留守儿童出现低自尊、低自我评价、缺乏自信、敏感、自卑、悲观失望等特点①，并且也容易出现缺乏安全感②、自我接纳水平较低等问题。

第二，留守儿童的情绪问题。与非留守儿童相比，留守儿童的顺心、幸福、兴趣、乐观、高兴、自豪、快乐、满足等积极情绪相对较少，而孤独、沮丧、生气、心烦、烦躁等消极情绪相对较多③，说明留守儿童容易面临情绪困扰。此外，在应对压力或不利处境时，留守儿童较少使用认知重建、问题解决和替代活动等积极情绪调节策略，而较多使用发泄、压抑等消极的情绪调节策略。④

第三，留守儿童的问题行为。留守儿童由于长期与父母分离，缺乏与亲人应有的沟通和交流，其情感需求无法得到满足，最终导致留守儿童的问题行为远远高于非留守儿童。对 4 ~ 6 岁农村留守儿童的问题行为进行研究后发现，留守儿童的问题行为检出率、社交问题发生率、违纪行为发生率和攻击行为发生率均显著高于非留守儿童。⑤

（三）留守儿童心理保健措施

（1）不断加强学校心理健康师资队伍建设。学校应该重视学生心理健康工作，一方面通过选派教师外出参加心理健康知识培训、督促教师加强对心理健康教育知识的学习等方式提升教师的心理健康教育能力；另一方面针对留守儿童相对较多的班级应该选择具有丰富教学经验且耐心较好的教师担任班主任，督促教师及时关注留守儿童的学习、生活等状况，给予班主任对留守儿童进行

① 李俊玲，李铿．甘肃省农村留守儿童自我意识影响因素分析[J]．中国初级卫生保健，2017，31（10）.

② 胡戈杨，廖雪霏．农村留守儿童心理安全感的现状调查——基于南昌市新建区 3 所农村小学留守儿童的调查研究[J]．教育观察，2021，10（31）.

③ 池瑾，胡心怡，申继亮．不同留守类型农村儿童的情绪特征比较[J]．教育科学研究，2008（Z1）.

④ 赵振国，刘文博．家庭嘈杂度对4~6岁留守和流动儿童情绪调节策略的影响[J]．学前教育研究，2020（10）.

⑤ 周玉明，戚艳杰，张之霞，等．4~6 岁农村留守儿童心理行为问题检出率及影响因素分析[J]．临床精神医学杂志，2019，29（3）.

心理健康教育工作的支持。

（2）定期对留守儿童的心理健康状况进行筛查。留守儿童的心理健康筛查是一项能及时了解留守儿童心理动态、掌握留守儿童心理特点的重要方法，也是有效维护留守儿童身心健康发展的重要工作。学校可以通过个别访谈、心理测评等方式定期对留守儿童进行心理健康状况筛查，及时了解留守儿童的学习与生活状况，对存在一定问题的留守儿童建立心理健康档案，采取家访、帮扶等方式对留守儿童进行了解和关注。

（3）对存在问题的留守儿童实施结对帮扶。学校应该在心理健康筛查结果的基础上，对存在一定心理健康问题的留守儿童实施结对帮扶，支持每位教师与一名或多名留守儿童建立“一对一”“一对多”的帮扶关系，支持教师经常给予留守儿童思想、学习、生活等方面的帮助，及时掌握留守儿童的思想动态、学习、生活等情况，经常对留守儿童开展心理健康教育工作，帮助留守儿童摆脱困难，树立乐观、自信的心态。

（4）构建“家庭—学校”的协作共育机制。学校应该成立家长委员会，定期对留守儿童的监护人或监管人进行心理健康知识培训，提高留守儿童监护人或监管人的心理健康教育意识，努力创建温馨、和谐、融洽的家庭环境，让留守儿童感受到家庭的温暖和愉快，从而逐渐养成乐观向上的积极心态。同时，教师与留守儿童的父母或监管人加强沟通和联系，督促留守儿童的父母采用微信、电话等方式提高与子女的沟通频率和沟通质量，改善亲子关系，提高亲子依恋水平，从而维护留守儿童的身心健康。

三、预防性侵害心理保健

（一）性启蒙教育

（1）通过观看短片动画、看图或开展性启蒙教育活动等方式让幼儿知道自己身体被小背心、小短裤遮挡的部位为隐私部位，并让幼儿正确认识自己及他人的隐私部位。

（2）引导幼儿保护隐私部位，如洗澡、换衣服、上厕所时要关好门窗；不能让他人触摸隐私部位。

（二）防性侵的自我保护方法

（1）教育幼儿若有人试图侵害自己的隐私部位，要及时大胆地告诉自己的父母、其他熟人、老师或警察。

（2）平时多与幼儿聊天，及时了解幼儿每天发生的事情。

（3）父母对幼儿不能过于严厉，多鼓励幼儿说出自己感到害怕的事情，及早预防可能发生的性侵行为。

（4）家长应细心观察幼儿的情绪和行为，若发现异常，应该耐心地询问。

（5）家长不宜把幼儿单独留在某些偏僻的地方。

（6）遇到坏人，要大叫、大喊、踢倒东西、咬人，以寻求他人帮助。

（7）接送幼儿的人员必须经过教师核查，确认是幼儿家长或指定监护人后方可接走。

四、特殊儿童心理保健

（一）特殊儿童的概念

陈鹤琴认为，特殊儿童指的是聋、哑、盲、手脚残废、患肺病、白痴、疯狂的孩子、天才儿童、问题儿童等在生理、智力和行为不良或超常的各类儿童。[①]

1925 年，陈鹤琴在他发表的《儿童心理之研究》著作中第一次提到了特殊儿童的相关问题。陈鹤琴是中国特殊儿童教育事业最早的倡导者之一，他认为，只要通过特殊的教育及干预手段，可以在一定程度上促进和改善特殊儿童的身心发展，使他们能够尽可能地适应环境、适应社会，成为社会中有所作为的一分子。

（二）特殊儿童教育

陈鹤琴在批判“儿童与成人无区别”的传统观点基础上，指出特殊儿童教育是针对特殊儿童所实施的“适合其特殊需要之教育”[②]，即特殊儿童教育就是对特殊儿童施以有效的教育及干预手段，以促进特殊儿童的身心发展，为社会的建设与发展贡献力量。[③]当前，“特殊教育”这一概念被定义为：根据特殊儿童的身心特点和教育需要，使用一般的或经过特别设计的课程、教材、教法和教学组织形式及教学设备，对有特殊需要的儿童进行旨在达到一般和特殊培养目标的教育，它的目的和任务是最大限度地满足社会的要求和特殊儿童的教育需要，发展他们的潜能，使他们增长知识、获得技能、完善人格，拥有良好品

① 陈秀云，陈一飞．陈鹤琴全集（第一卷）[M]．南京：江苏教育出版社，2011：497-502．

② 王海凤，郑刚．陈鹤琴的特殊儿童教育思想论述[J]．绍兴文理学院学报（教育版），2016（1）．

③ 徐桃坤．陈鹤琴特殊教育文选及研究[M]．北京：华夏出版社，2005：37．

德，增强社会适应能力，成为对社会有用的人才。①

陈鹤琴强调，对于特殊儿童，国家和社会既不能不管不顾，也不能将特殊儿童与普通的儿童放在一起进行教育，而是要根据特殊儿童的身心发展特点给予适当、有效的教育，以促进特殊儿童的健康发展。党的十九大报告中明确指出要办好特殊教育，这充分说明党和国家高度重视特殊教育，并且将发展特殊教育作为推进教育公平、实现教育现代化的重要内容。

（三）陈鹤琴特殊儿童教育的实施途径

陈鹤琴先生在其《欧洲的特殊学校和职业学校》一文中介绍到，欧洲的特殊学校对身心残缺儿童的治疗和教育，都有充足的设施以供使用，仅在伦敦，就有 1 万名特殊儿童得到特别照顾，包括为视觉缺陷、聋哑、身残、犯罪等儿童提供相应的、有针对性的特殊学校，并且还为贫困儿童免费提供食物。

陈鹤琴先生认为，要根据特殊儿童的生理和心理发展特点进行分类，然后根据不同种类的特殊儿童有针对性地开设相应的特殊学校，从而对特殊儿童进行专门的治疗、教育或训练，以做到“因材施教”，让特殊儿童和普通儿童一样，都能够享受到应有的教育，这样才能让特殊儿童获得更好的发展。同时，也应该注重教育工作人员的专门化，要培养大量的专门师资，以从事特殊儿童的教育工作。

（四）陈鹤琴特殊教育实施的原则

1. 发展性原则

发展性原则是指教育活动要有利于受教育者的知、情、意、行以及审美、行为策略的发展。针对特殊儿童的教育亦是如此，在充分考虑到特殊儿童的身心发展实际的基础上，应着眼于特殊儿童的全面发展，不仅要教育或训练特殊儿童能够担负日常劳动、了解自身的工作、适应集体的生活、维持自己的生活等具体事宜，还应该达到“做人，做中国人，做世界人”的教育目标。作为特殊教育教师，要把促进特殊儿童发展作为教育活动设计的出发点、落脚点，在了解特殊儿童原有水平的基础上，引导特殊儿童有所发展和提高。教育活动的内容、方法、量和进度要适合特殊儿童的身心发展水平，使特殊儿童经过一定

---

① 李凤，向友余．近十年我国特殊教育研究热点与发展趋势[J]．现代特殊教育（高等教育研究），2019（6）．

努力能够达到。活动目标过高或过低都不利于特殊儿童的发展。特殊儿童的发展与普通儿童一样，应该是全面的，包括身体、道德、社会能力、智力、情感等，教育活动要追求特殊儿童全面素质的提高，不偏重于某一方面。

2. 个别化原则

个别化原则是特殊儿童教育的重要原则，主要理念是充分考虑特殊儿童不同的接受能力、知识水平，依据特殊儿童的身心条件、年龄特征、发展水平、个性差异，设计个别化的教育计划，并采用适合特殊儿童的教学方法，有针对性地因材施教，促使特殊儿童的潜能得到最大限度的发挥。陈鹤琴先生认为，特殊教育教师要对特殊儿童进行考察与教育，以使特殊儿童在可能范围内获得充分的发展与进步。针对特殊儿童身心发展的实际，要对特殊儿童采取个别化教育，做到因材施教，才能促进特殊儿童的身心发展。陈鹤琴先生认为，在特殊儿童的教育上，教育目标、教材选择、教学方法、教师素质等都应该有相当的要求。在教育目标上，虽然教育的目标都是“做人，做中国人，做世界人”，但不同类型的特殊儿童，其具体的教育目标应有不同，如针对低能儿童而言，其教育的具体目标为担负日常劳动、了解自身的工作、适应集体的生活、维持自己的生活等。在教材选择上，陈鹤琴认为特殊儿童“更应采取大自然、大社会的直接知识。凡日常生活习惯，职业技艺教材，都是低能儿童最需要的东西”①，特殊儿童的教材应具有简易、具体、实用、生动、趣味等特点。在教学方法上，陈鹤琴认为“低能儿童创造自动的能力非常有限，其学习端赖优良教法之督导”②，因此教师要采用“以做为中心”“从观察入手”“利用暗示心理”“交替方法的运用”等教学方法，并且教学要故事化、游戏化、兴趣化。③

3. 全纳性原则

全纳教育是 20 世纪 90 年代初期国际特殊教育领域出现的一种新思想，它强调教育机会均等。全纳教育要求教育满足所有儿童的需要，要求按照教育法规和教育民主化精神，切实保障所有儿童的受教育权利，并依据儿童个性提供

① 北京市教育科学研究所．陈鹤琴全集（第一卷）[M]．南京：江苏教育出版社，1991：766．

② 北京市教育科学研究所．陈鹤琴全集（第一卷）[M]．南京：江苏教育出版社，1991：766．

③ 北京市教育科学研究所．陈鹤琴全集（第一卷）[M]．南京：江苏教育出版社，1991：767-768．

符合其特点的教育。陈鹤琴先生关于特殊儿童的教育思想符合全纳教育思想的理念，主要体现在以下几方面：

第一，陈鹤琴先生指出：“教育对象本来是‘有教无类’，而国家对待儿童犹之父母对他的子女，必须一视同仁，不能因为他们的身心智力的差别而遂不顾到他，忽略了他的前途，他的幸福。”[①]同时，陈鹤琴先生在《儿童年实施后的几点宏愿》中写道：“愿全国儿童从今日起，不论贫富，不论智愚，一律享受相当教育，达到身心两方面最充分的可能发展；愿全国盲哑及其他残废儿童，都能够享受到特殊教育，尽量地发展他天赋的才能，成为社会上有用的分子，同时使他们本身能享受到人类应有的幸福……”[②]

第二，陈鹤琴先生在《低能儿童之研究》中写道：“我们常常听到许多错误的见解，以为一个儿童不知道一加一等于二，就说他是‘低能’，或者某人对于某件事情做得不好，就认为他是低能。这样随随便便拿低能的帽子给别人戴是非常危险的。”“我们常常看到一些教师与研究者，把学生留级、不驯服、偷窃等与低能相提并论。”并且“学校教师每以为不守校规的儿童，都是不可教育的儿童。”“所设机关在字面上不必标出‘低能’来，可避免一些不良的后果。”“在儿童心身状态未能确切断定为低能之前，最好仍让他们在普通学校中生活。”[③]

第三，陈鹤琴先生指出：“过去的儿童教育，不是没有把特殊的儿童与普通的儿童分开施教，便是把特殊儿童丢在一旁不闻不问，这两者都不是适当办法。把特殊儿童硬生生地和普通儿童放在一起受教，结果，两方面都会感到难以适应，所以特殊儿童一定要特别分开，依据生理或心理的研究，对他们施以适合其需要的特殊教育。譬如说聋、哑、盲、手脚残废、患肺病、白痴、疯狂的孩子，这些都是特殊儿童。如果聋哑儿童或患肺病的儿童放在一般正常的儿童一起读书，固然不行。就是常态分配中的天才和低能的儿童在普通学校读书也不大适宜。必须让天才儿童进天才儿童学校，来培养一些杰出的人才，不要让环境把他们平白埋没了。把低能儿童送到低能儿童学校，聋哑的送到聋哑学校读书，这样因材施教，各得其宜，教育力量在这种地方就可以分外显出他的伟大来了。”[④]

---

① 北京市教育科学研究所．陈鹤琴全集（第四卷）[M]．南京：江苏教育出版社，1991：420．

② 北京市教育科学研究所．陈鹤琴全集（第四卷）[M]．南京：江苏教育出版社，1991：436．

③ 北京市教育科学研究所．陈鹤琴全集（第一卷）[M]．南京：江苏教育出版社，1991：749-762．

④ 徐桃坤．陈鹤琴特殊教育文选及研究[M]．北京：华夏出版社，2005：17．

4. 系统性原则

特殊儿童的教育需要家庭、学校、社会各方面的密切配合，才能更好地促进特殊儿童的身心健康发展，使其较好地适应社会。陈鹤琴先生在其特殊儿童教育的思想中也体现了系统性的原则，主要表现在以下几个方面：

第一，特殊儿童诊断的系统性和全面性。陈鹤琴先生认为，对于特殊儿童的鉴定和评估，应从家庭史、生活史、家庭现状、儿童现状（包括心理、身体、神经、血液）等方面进行，同时使用心理测验、访问调查、生理检验等手段对特殊儿童做出初步的诊断后，再进行个性考察，所谓的个性考察即通过观察儿童的言行思想，积极地施以个体化的教导，并根据他们平日的各种表现来确定初步诊断的正确性。通过这种系统的、全面的评估和诊断，能够避免随意对儿童贴标签。

第二，特殊儿童研究的多元化和结构化。陈鹤琴先生认为，特殊儿童在当时的中国社会中尚未引起普遍注意，研究特殊儿童心理的寥若晨星，特殊儿童的教育工作更是少见。要做好特殊儿童的教育和研究工作，就必须具备学者的态度、科学的思维、医生的精神、慈母的心肠等，在对特殊儿童的教育中，特殊教育教师的知识体系应该多元化。1947 年 3 月，陈鹤琴先生筹创了上海特殊儿童辅导院，并亲自兼任院长，他聘请了许多不同专长的大学毕业生，如专攻普通教育、特殊教育、文学、医学和营养学的专门人才，从不同的角度、全方位地对特殊儿童进行系统研究。

第三，特殊儿童教育机构的综合性。陈鹤琴先生将特殊儿童分为视觉缺陷的儿童、听觉缺陷的儿童、语言缺陷的儿童、肢体残缺的儿童、问题儿童、低能儿童、天才儿童等几类，对每一类特殊儿童的教育或训练要求都各有不同，特殊学校应该对每一类特殊儿童都能够做到因材施教，这就要求特殊学校是一个综合性的特殊儿童教育或训练机构，其教学设施、师资力量等都是综合性的，能够满足各类特殊儿童的教育需求。并且特殊学校要把教育和科研融为一体，才能促进特殊儿童与特殊教育的不断发展。

第四，特殊儿童教育体系的完整性。陈鹤琴先生在《关于发展儿童教育的四个建议》中指出：一是教育部的国民教育司改称儿童教育司，下设幼稚教育、国民教育、特殊教育各科；二是设立国立儿童教育师范学院，并下设幼稚教育系、国民教育系和特殊教育系，特殊教育系附设特教师范一所，下设盲童学校、聋哑学校、残废儿童学校、神经病儿童学校、天才儿童学校和低能儿童学校；三是请政府派专家至欧美考察儿童教育，俾作改进中国儿童教育之参考；四是教育行政当局对儿童教育应分别设置视导专员。从以上这些建议中可以看出，陈鹤琴先生构建了一套完整的儿童教育体系。

（五）陈鹤琴特殊儿童教育实施的方法

1. 建立特殊学校

陈鹤琴认为，特殊儿童在身心发展上无法与普通儿童相比拟，他们无法与普通儿童在同等情况下进行学习，接受同样的教育。许多有心理缺陷的儿童与普通儿童在同样的学校接受同样的教育，在学习上无法跟上正常儿童，以至停学，永远失去了受教育的机会。让特殊儿童在普通学校中接受教育，这对社会和特殊儿童本身都是一种损失，陈鹤琴先生认为应“把各类特殊儿童分别送入相应的特殊教育机构中，使其获得与其潜在能力相当的教育”①。

此外，教育的职责是促使儿童的身心得到发展，以满足社会的需求。教育的方法是多方面的，是千变万化的，只要能够发挥教育的功能，任何方法都是可取的，特殊儿童不宜与普通儿童共同学习，需要进入特殊学校或特别班进行有针对性的学习，这样一方面可以防止特殊儿童自卑心理的形成，另一方面也方便教师有针对性地进行教育与指导。因此，建立特殊儿童学校或者特别班，对特殊儿童的发展和社会而言，都是有利而无害的。

2. 明确教育目标

陈鹤琴认为，对特殊儿童的教育应该由特殊学校或普通学校中的特别班来承担。一般而言，教育的目标是无法恒久不变的。教育是社会文化形态之一，社会文化会因整个历史的演变而随之改进，每一特定的时代与社会，都有其特有的社会文化形态，所以，教育的目标及其具体任务，是没有一个恒久的固定的尺度与准则的。

当时的中国还处于半封建、半殖民地之状态中，民族危机深重，所以，中华民族的任务是肃清封建残余，争取民族独立。因此，教育的目标应该是在人性的解放上，培养适应这一要求的人。这是做中国人、做世界人的主旨。

特殊儿童属于身心有缺陷的儿童，其教育的目标应该与普通儿童的教育目标有些不同，其实这种看法是一种偏见，因为特殊儿童在心理及生理上虽有某些局限性，不能与普通儿童一样接受普通教育，但这只能说他们在教育方法、

① 杨雪萍，蒋静．陈鹤琴“劳作”思想指引下儿童作坊的实践与思考[J]．江苏教育研究，2015（31）.

教材选择以及教育作用上有差异而已，至于整个教育的目标，都应该是一致的。特殊儿童与普通儿童一样，都是这个时代与社会的人，他们都同样无法避免时代与社会所给予的制约，尽管特殊儿童教育的过程具有特殊性，而目标则仍然是做人，做中国人，做世界人。陈鹤琴认为，教育者应该采用各种方法使其在可能范围内实现这一目标，具体目标则表现如下：

（1）改进低能的健康状态，使其能担负日常劳动；

（2）建立低能的思想态度，使其能了解自身的工作；

（3）培养合作习惯，使其能适应集体的生活；

（4）训练生产技能，使其能维持自己的生活。

3. 确定教材内容

普通教育在当时已开始采用单元活动，因为单元活动更利于儿童的心理发展。普通儿童可以运用单元法，特殊儿童更应采用单元活动，使教学、做人、生活打成一片。课程方面，可以运用五指活动。教材内容，更应采取大自然、大社会的直接知识。凡日常生活习惯、职业技艺教材，都是特殊儿童最需要的东西。在选择这些教材的时候，应注意以下几个原则：

（1）教材是简易具体的；

（2）教材是实际切用的；

（3）教材是适合个性的；

（4）教材是生动有趣的。

4. 选择教学方法

陈鹤琴认为，对特殊儿童应根据特殊儿童的类型及其身心发展的不同特点，采取相应的方法进行教育，以促进特殊儿童的发展。

针对聋哑儿童，可以采用手言（以手势代言）、口言（以口说话的）、手言和口言二者兼用的方法进行教育。

针对口吃儿童，可以增加儿童的自信心，克服其惧怕的心理，如唱歌和独自低说的方法便是最为有效的方法。

针对低能儿童，陈鹤琴认为，低能儿童教学方法极其重要，因为低能儿童创造能力非常有限，因此要采用灵活多样的教学方法提高他们的学习兴趣，并做到因材施教。在对低能儿童的教育中，陈鹤琴认为可以采用以下几种方法：

（1）启发教授法。主要是根据儿童已知与未知的事物，引导其观察、分析、比较诸事物之间的关系，并使其用自己的文字符号或动作表达自己的知识及思想。

（2）渐进教授法。这是根据儿童的程度由浅易渐进于艰深，由小渐进于大，由近渐进于远，使儿童的知识逐渐丰富，逐渐扩大。

（3）实物教授法。教学过程中多利用实物观察与实地考察。例如利用实物、过程、活动、设计、实例、表演、图画、影片、实物教课、实地考察及旅行等方法教授儿童，而不应专重文字、标记、规则、程式或原则等。

（4）设计教授法。所谓设计教授法，在普通教学中，应用很普遍。其方法就是在生活环境中用具体材料从事建设活动。其主要的观念，就是把各科教学集中于一个中心活动，儿童可以从中广泛地学习知识，练习技能。

陈鹤琴认为，低能儿童教学方法虽然很多，但当我们采用任何一种方法的时候，都应该注意以下几个原则：

（1）以做为中心。任何活动都以做为出发点，让儿童在做中学，让教师在做中教，让大家在做中求进步。做并不是被动的，主要的是启发儿童，鼓励儿童自动自发地去做。

（2）从观察入手。教学所得效果若要真切，唯一办法就是从观察入手，即领导儿童从事实际的观察。这样一方面可以增进学习的兴趣，同时，也可以学习一些直接的知识，使儿童易于接受。

（3）利用暗示心理。低能儿童对暗示感受性每每很强烈。因此，在教育过程中可多多利用这种心理特质。可以改变儿童不良的习惯与态度，还可以养成儿童优良的倾向。所以，利用暗示方法，在低能儿童教育的过程中可说是非常重要的一点。

（4）交替方法的运用。交替反应的原则在教学上是一个很重要的基础。在普通教学中，无时能脱离这种方法。在低能教学方面，交替方法更不能缺少。尤其是积极交替反应的引起，在养成儿童生理的及心理的习惯方面更为重要。

此外，如教学故事化、教学游戏化及兴趣原则等，在低能教学中都须应用。

（六）陈鹤琴谈特殊教育教师的素养

1. 特殊教育教师应具备的素养

陈鹤琴认为特殊儿童教育需要受过专业训练的高素质的教师来担任。特殊儿童教师除了要有普通教师所应具备的条件之外，更须有特别的修养，如“言语要清楚；语言要庄重；态度要和善；说话要多反复；态度要快乐；态度要真诚；对儿童要亲切；对儿童要多鼓励；对儿童的成绩勿奢望；要有忍耐性；要有音乐才能；要有劳作才能；要有看护本领；要有高尚人格；要会讲生动的故事；要会做有趣的游戏；要会做精巧的玩具；要有敏锐的目光；要有会意的本领；要存同情的心理”[①]等。具体说来，承担特殊儿童教育工作的教师应具备以下五方面最基本的条件：

（1）曾有专业训练。凡从事特殊儿童教育工作的教育者应有专业的训练。有关特殊儿童的基本问题，均先有概略的认识，然后，才知如何着手进行教育，低能儿童教师亦然。

（2）要有学者的态度。低能教育是要求很高的工作，教师须具备学者的态度，把教育作为不断研究的过程，随时发现问题，随时解决问题。他是研究者，同时也是科学家。他可以用最大的努力来发掘新的方法。因为，低能教育在今日还不曾有轨道可循。

（3）要有医生的精神。医生对病者是无微不至，无微不察的。低能儿童教育，一方面固然说是教育的过程，同时，也正如医生对病者一样兼有医疗的过程。低能心理的停滞现象至为微细，教师对儿童的观察，须有这种医生精神。

（4）要有事业的意志。从事于低能教育的教师，不能视这种工作为寻常的职业。他应明了自己的任务，把这种教育工作作为自身终生的事业，为低能教育，亦即为自己的事业前途，亦即为全社会的进步而努力。具有事业的意志，我们才能以最大的坚忍与效率来推动这种教育的发展。

（5）要有慈母的心肠。低能儿童需要我们去同情，去感化。一个低能儿童的教师，对儿童尤应视同自己的子女，以爱以德来温暖儿童，使他们在心灵的深处，获得人们的同情，因而安于自己的生活与学习。

正因为特殊儿童教育对象的特殊性，陈鹤琴对特殊儿童教师的要求也特别高，要求特殊儿童教师需要有扎实的专业知识、过硬的专业技能，还要有献身特殊教育事业的专业情怀。陈鹤琴对特殊儿童教育及特殊儿童教育师资的认识，在 21 世纪的今天仍然是真知灼见，值得后人学习与借鉴。

2. 学前教育教师应关注与重视特殊儿童的教育

1）学前教育阶段的特殊教育能保障特殊儿童受教育的权利

0～6 岁是受教育的重要阶段，也是个体一生中身心发展最重要的阶段。美国心理学家布鲁姆对近千位儿童的跟踪研究结果显示，如果一个人在 17 岁的智力水平达到 100%的话，那么 4 岁以前就已经获得了 50%的智力，4～8 岁又获

---

① 北京市教育科学研究所．陈鹤琴全集：第一卷[M]．南京：江苏教育出版社，1987：768．

得 30%的智力，8～17 岁只获得 20%的智力。蒙特梭利曾说过：“生命最重要的时期并不是在大学阶段，而是在生命初期，也就是从出生到 6 岁这个期间。而且儿童出生后 3 年的发展在其程度和重要性上超过儿童一生的任何阶段。”心理发展的“关键期”理论认为，人类的某种行为和技能、知识的掌握在某个特定的时期发展最快，最容易受环境影响。0～6 岁是儿童语言、智力和身体其他器官发育的关键期。因此，0～6 岁是个体身心发展的关键时期，也是特殊儿童的发现、鉴别和早期干预的关键时期。例如，口语发展的关键期在出生至四五岁，对于有言语障碍的幼儿来说，错过了这一时期，由于言语运动器官得不到适当的训练，10 岁以后就很难再学会讲话。而对于有听力障碍的儿童来说，早期干预是听觉言语康复的有效措施，这已为国内外听觉言语康复实践所证明。有研究表明，注意缺陷/多动性障碍的儿童，如果能在学前期就接受诊断和干预，并一直贯彻到他的整个教育过程的话，就能成功地掌握一些技能，并学会处理好自我效能以及学业、社会、生理和行为上的困难。因此，如果能在儿童身心发展的关键时期，及早发现幼儿的身心障碍并施加有效的干预，就能最大限度地保障特殊儿童的发展权利，从而为教育的公平、社会的和谐打下坚实的基础。因此，学前教育教师应该关注与重视特殊儿童的教育，及时发现有别于正常儿童的“特殊儿童”，通过早期发现、早期诊断和及时干预治疗，给予特殊儿童公平的受教育权利，以保障特殊儿童的身心健康发展。

2）学前教育阶段的特殊教育有助于特殊儿童的康复

各种感觉器官之间并不是孤立的，而是相互影响、相互作用的。人的某种感觉能力丧失之后，为适应生活的需要，其他感觉的能力便获得突破性的发展，以资补偿。例如，盲人丧失了视觉，但其听觉和触觉却得到了特别的发展等。早期干预的生物学理论基础（即器官的用进废退说和功能代偿说）表明，人的器官的发育完全及功能的完善离不开对其适度地使用，不用则退是器官用进废退说的基本观点，残障儿童大多是由于器官的损伤或功能的丧失所致，但他们其他器官的功能并没有全部丧失，应该通过早期训练，以使这些残存的功能维持并发展。例如，采用专业的技术和方法，对有听力障碍的儿童进行声音感知训练和发音训练，可以在一定程度上恢复儿童的听力，帮助儿童尽早形成完善、系统的语音体系。如果没有对儿童的异常发展情况做到早发现和早干预，任其顺其自然、自由发展，就很有可能使他们残存的功能由于长期不使用而逐渐萎缩甚至消失。同时，由于没有采用适当的训练方式，最大可能发展其他器官的代偿作用，从而限制了儿童感知世界和适应社会的能力，这对特殊儿童的身心发展都会造成不可估量的损失。

3）学前教育阶段的特殊教育有助于激发特殊儿童的潜能

特殊儿童作为社会中的普通一员，也肩负着建设社会主义现代化强国的历史重任。特殊儿童的身心健康发展不仅关系到整个社会的和谐、稳定和发展，也关系到建设社会主义现代化强国、实现中华民族伟大复兴的中国梦。特殊儿童虽然在某方面的发展受到阻碍或限制，但特殊儿童也有着各种发展的潜能，除了认知方面的潜能外，还包括情意潜能及社会潜能。多元智能理论认为，每一个个体都有自己的优势智能领域，特殊教育不仅要通过特殊的教育训练，克服特殊儿童存在的障碍、缺陷、弱点，还要去发现特殊儿童可能存在的优势智能，充分挖掘这些潜能，通过“扬长”的方式去“补短”。因此，对于特殊儿童的教育与训练，要特别关注与重视特殊儿童能够做什么，要着眼于特殊儿童优势能力的培养，真正实施一种“对症下药”式的因材施教。因此，学前教育教师不仅要培养与提升自己的专业能力，还要提升自己特殊教育的技术与能力，并且要重新审视自己的学生观、教育价值观，用全新的、发展的理念去看待正常儿童和特殊儿童，及时发现特殊儿童的潜能，并采用适当的教育或训练方法，开发特殊儿童的潜能，为特殊儿童健康成长和适应社会打下坚实的基础。

（七）陈鹤琴特殊教育思想在乡村幼儿园中的应用策略

教育部发布的《特殊教育基本情况》统计数据指出，我国各类特殊学校从2010年的1 706所增加到2019年的2 192所，各类特殊学校主要分布在城镇，而乡村特殊学校占比不到一成；特殊学校教师数量从2010年的39 650人增加到2019年的62 358人，在校特殊学生从2010年的425 613人增加到2019年的794 612人。[①]2019年乡村适龄特殊儿童受教育人数约为58万人，占适龄特殊儿童受教育总人数的73%。可以看出，特殊教育教师和特殊学生的数量都呈逐年增长的趋势，但乡村特殊学校的数量仍然存在不足，可能难以满足乡村特殊儿童的教育需求。《乡村振兴战略规划（2018—2022年）》《中华人民共和国国民经济和社会发展第十四个五年规划和2035年远景目标纲要》和《中共中央 国务院关于全面推进乡村振兴加快农业农村现代化的意见》均指出，乡村教育事业的发展能够为乡村振兴提供人才保障。这说明保障乡村特殊儿童接受特殊教育对特殊儿童自身的发展和实现全面的乡村振兴都能够起到重要作用。

① 杜芬娥，隋春玲．近十年我国特殊儿童基础教育发展研究——基于2010—2019年教育部统计数据[J]．绥化学院学报，2021，41（4）．

虽然目前乡村特殊教育学校和特殊教育师资不足，特殊儿童数量较多，乡村特殊教育学校的数量及师资可能难以满足乡村特殊儿童的受教育需求，但融合教育理念为解决乡村特殊儿童教育提供了好的思路和方法。融合教育是全新的特殊教育理论，指通过不同程度的教育设计与调整，使特殊儿童顺利进入普通班进行无差异学习，让特殊儿童在自然的环境中适应教学常规、提升认知技能、增强社会互动等，帮助特殊儿童更好地融入主流社会，促进他们的社会化发展。对于普通儿童，融合教育可以帮助他们理解平等、尊重、接纳、包容的思想，同时培养了他们善良、友爱、同理他人、乐于助人等优秀品质，也为他们成年后对多元化世界的理解包容打下了良好的心理基础。融合教育是让特殊儿童和普通儿童相互成就的一种“双赢”教育模式。当前，特殊儿童随班就读是我国特殊教育的主体，是中国特色的融合教育，随着我国融合教育理念的普及，特殊儿童随班就读的主体地位会进一步增强。[①]但在乡村地区，学龄前特殊儿童随班就读必然会给乡村幼儿园及幼儿园教师带来巨大的压力与挑战，应主动寻求解决措施。

1. 完善乡村学前教育阶段特殊儿童教育的立法

为了能够进一步保障乡村学前教育阶段特殊儿童的受教育权利，以及更好地促进乡村特殊儿童的身心发展和适应社会，应该从立法的角度进一步明确乡村学前教育阶段特殊教育的地位、性质与内容，规范各级政府对乡村学前教育阶段特殊教育应承担的职责与义务，并且明确相关部门的管理、经费保障、师资培养与教师待遇等体制机制，这不仅能使乡村学前教育阶段特殊儿童的教育实现有法可依、有法必依，还能促进乡村学前教育阶段特殊教育的可持续与稳定发展。

2. 加大乡村学前教育阶段特殊儿童教育的经费投入

政府的经费支持是完善和发展乡村学前教育阶段特殊儿童教育的基本保障。为确保乡村学前教育阶段特殊儿童的受教育权利和促进教育公平，政府应该持续加大对乡村学前教育阶段特殊儿童教育经费的投入力度，不断完善特殊教育基础设施，提升特殊教育力量，从乡村特殊儿童的早期教育入手，使乡村学前教育阶段的特殊儿童能够获得更多的教育与训练，为乡村特殊儿童的义务教育打下坚实的基础。同时，在以各级政府的财政性教育经费投入为主要方式

① 田志磊，张眉，郭楠，等．融合教育理念下的特殊教育财政：历史、现状及未来[J]．教育学术月刊，2015（1）.

的基础上，不断吸纳各类社会捐赠、企业投资等，并且不断鼓励个人、社会机构、企业等增加对乡村学前教育阶段特殊教育的经费投入，共同助推乡村学前教育阶段特殊教育的发展，保障各类乡村特殊儿童都能享受不同的特殊教育。

3. 高度重视乡村学前教育阶段特殊儿童的早期发现和早期干预

著名幼儿教育家蒙特梭利曾说过："当孩子的某一敏感期出现时，就像一道光线，照在某些物体上，而不照在其他物体上，被照到的物体就成了孩子的世界。这个时期，他对这些问题充满了激情和冲动，充满了探究的欲望和征服的欲望。他能在这个时期中自我调节，比平常有更强的力量去解决问题和自主构建经验。孩子的发展中存在着一系列的关键发展期或敏感阶段，又称为学习关键期或敏感期。"可以看出，在儿童某种能力形成和发展的关键时期里，如果因为遗传、环境等因素造成儿童某种能力发展受到限制或阻碍，这将对儿童身心健康发展和未来更好地适应社会造成不可估量的影响。因此，加强对乡村学前儿童的早期筛查，能够及时发现影响乡村学前儿童健康发展的因素，以及某种能力发展的不足，并采取相应措施或教育方法进行干预，尽早补偿乡村特殊儿童的缺陷，使其身心尽可能正常地发展，提高乡村特殊儿童的社会适应能力。

4. 持续推动乡村幼儿园特教师资队伍建设

陈鹤琴认为，特殊儿童教师不仅要具备普通教师应具备的条件，还应具备"专业的训练、学者的态度、医生的精神、事业的意志、慈母的心肠"[①]。因此，推动特殊教育教师队伍建设对提高特殊教育教师素养和特殊儿童身心发展尤为重要。为培养乡村学前教育阶段的特殊教育师资力量，可以从以下几个方面做出努力：第一，开设学前特殊教育专业的高校应持续扩大学前教育阶段特殊教育专业的招生规模，并且严格把控特殊教育教师的培养质量，为乡村学前特殊教育提供坚强的人才保障；第二，政府部门应逐步改善乡村学前教育阶段特殊教育教师的社会地位与福利待遇，保障乡村学前教育阶段特殊教育教师的工作稳定与职称评定制度，解决其因后顾之忧而导致的流动性强的现实问题；第三，教育部门应重视乡村学前教育阶段特殊教育教师队伍的专业化建设，通过举办乡村学前特殊教育专业技能培训，提升乡村学前特殊教育教师的素质与能力；第四，乡村幼儿园应该推动特殊教育师资队伍建设，选派幼儿园教师参加各类学前特殊教育培训，提高幼儿园教师的特殊教育素质与能力；第五，乡村幼儿

① 北京市教育科学研究所．陈鹤琴全集：第一卷[M]．南京：江苏教育出版社，1987：768．

园教师应主动转变教育观念，持续通过主动参加各类特殊教育培训和自主学习特殊教育技能来提高自己的特殊教育素质和能力。

5. 转变乡村学前教育阶段特殊儿童的教育观念

陈鹤琴认为，教育者要结合特殊儿童身心发展的实际对特殊儿童采取个别化教育，才能做到因材施教和促进特殊儿童的身心发展。但鉴于当前乡村特殊教育学校、师资等不足的实际，为满足学前教育阶段特殊儿童的受教育权利，融合教育理念的发展与普及为解决这一问题提供了思路和方法。融合教育理念倡导把特殊儿童与普通儿童放在一起共同施教，这对特殊儿童和普通儿童的身心发展都能起到较好的促进作用，但这必然给教师提出新的压力与挑战。因此，乡村幼儿园、教师和家长都要充分认识到学前特殊儿童与普通儿童共同学习的重要性，也要充分认识到学前特殊儿童随班就读融合教育模式的作用与优势，积极转变教育观念，以学前特殊儿童为本，正确看待、真心接纳学前特殊儿童，对自身的教育理念进行全方位更新，建立平等、民主的教育观，从而有效推动学前特殊儿童随班就读融合教育的发展，为学前特殊儿童的健康成长奠定基础。

6. 积极推动乡村幼儿园特殊儿童教育的课程建设

陈鹤琴认为，特殊儿童“更应采取大自然、大社会的直接知识。凡日常生活习惯，职业技艺教材，都是低能儿童最需要的东西”，并且特殊儿童的教材应具有简易、具体、实用、生动、趣味等特点。这说明以特殊儿童的生活环境“大自然、大社会”为中心去组织课程更有利于特殊儿童掌握基本的知识与技能以及社会适应能力。此外，实施好乡村学前教育阶段特殊儿童随班就读融合教育，必然要建立适合学前特殊儿童随班就读的课程体系，为学前特殊儿童的健康成长提供保障。因此，乡村幼儿园应该以幼儿园园长为课程体系建设的组长，积极吸纳幼儿班级班主任、教学教师、生活教师、学科负责人以及园外专家作为课程体系建设的组员，采用借鉴好的课程体系、结合乡村园所实际等方式共同合作与研究学前特殊儿童随班就读的课程体系，并制定个性化、符合学前特殊儿童心理发展特点的园本教材，摸索出合理、正确的学前特殊儿童随班就读融合教育方法和评价方法等，帮助学前特殊儿童和普通儿童共同成长与发展。

7. 构建家庭、幼儿园等多方协同育人机制

《国家中长期教育改革和发展规划纲要（2010—2020 年）》指出，要“更新人才培养观念”，推进“学校、家庭、社会密切配合”，“形成体系开放、机制灵活、渠道互通、选择多样的人才培养体制”。《中华人民共和国国民经济和社会

发展第十四个五年规划和2035年远景目标纲要》也指出，要“构建覆盖城乡的家庭教育指导服务体系，健全学校家庭社会协同育人机制”。陈鹤琴也认为：“儿童教育是幼稚园与家庭的共同责任。”因此，发挥“家庭、学校、社会”三方面的积极作用，共同营造良好的教育环境，能够为学前特殊儿童的健康成长与未来发展提供坚实的保障。第一，学前期的特殊儿童处在人生最为脆弱的生命期，需要以家庭为生活载体进而实现其成长与教育的基本需求。对学前特殊儿童的教育与训练不能仅仅只依靠学校，应该把学校教育、家庭教育、社会教育融为一体，并且不断发挥家庭教育在学前特殊教育过程中的重要作用。父母对学前特殊儿童的态度和教育能力，将直接影响到学前特殊儿童教育的成败。因此，应该积极发展学前教育阶段特殊儿童的家庭教育，并且可以通过短期培训、家庭访问、特殊教育能力提升训练等方式对家长进行培训，使家长真正掌握训练学前特殊儿童的知识和技能，提高家长的特殊教育素质和能力。第二，乡村幼儿园应该发挥教育主阵地优势，一方面通过培养特教师资、开发特教课程、探索特教模式等方式满足学前特殊儿童随班就读的教育需求，另一方面组建教师志愿队伍，通过送教上门、因材施教等方式，形成“一对一”“一对多”“多对一”的全方位的志愿帮扶服务，为学前特殊儿童身心发展提供助力。第三，社会各界应加强对乡村学前特殊儿童教育需求的重视，具体为：为幼儿园提供特教师资培养、特教课程建设等方面的指导和支持；对教师提供帮助和指导，促进乡村幼儿园教师特殊教育能力与素质的提高；对家长提供学前特殊儿童的照护与引导方面的培训，帮助家长更好地引导和照护学前特殊儿童；组建志愿服务团队，对需要提供长期服务的特殊儿童提供“一对一”“一对多”“多对一”的引导服务，为学前特殊儿童的健康成长提供保障。

第二模块

幼儿园环境创设

幼儿园环境作为一种“隐性课程”，是影响幼儿身心发展、社会性发展及个性发展的重要因素。《幼儿园教育指导纲要（试行）》中指出：“幼儿园应为幼儿提供健康、丰富的生活和活动环境，满足他们多方面发展的需要，使他们在快乐的童年生活中获得有益于身心发展的经验。”《幼儿园教师专业标准（试行）》中提到“环境的创设与利用”是幼儿园教育工作者的专业能力，幼儿园教师应该能够“创设有助于幼儿成长、学习、游戏的教育环境”。幼儿好模仿，环境能对幼儿起到潜移默化的影响作用。儿童能够从环境中得到教育，教师要布置环境充实儿童的生活。[①]陈鹤琴十分重视幼儿园环境的布置，他分别从为什么布置幼儿园环境、怎样布置幼儿园环境等方面做了详细的阐述。

陈鹤琴论幼儿园的环境布置[②]

一、为什么要布置环境

儿童爱模仿，所谓近墨者黑，近朱者赤。毫无疑问，儿童从四周的环境中可以得到教育。因此，我们需要布置环境以充实儿童的生活环境，丰富儿童的学习资料。幼儿园要布置审美的环境和科学的环境。

二、怎样布置环境

（一）原则

1. 环境的布置要通过儿童的大脑和双手。

2. 环境的布置要经常变化。

3. 高度应以儿童的视线为标准。

---

① 陈鹤琴．怎样做幼稚园教师[M]．上海：华东师范大学出版社，2013：145．

② 陈秀云，陈一飞．陈鹤琴全集（第二卷）[M]．南京：江苏教育出版社，2011：475-478．

（二）在什么地方布置

1. 室外布置。室外布置可以领导儿童来做。可以布置花坛、菜地、小动物园。培养儿童对自然的爱好和劳动的观点，并发挥儿童互助合作的精神。

2. 室内布置。室内布置也可以指导儿童来完成。教师可以先准备材料，让幼儿多参与。

（三）用什么东西布置

1. 自然物。利用每一季中的自然物来布置。

2. 儿童成绩。儿童的画图，剪的剪贴，做的纸工、泥工、木工和其他手工。

3. 有教育意义的图画、挂图和画片。内容应根据培养儿童国民公德为主，不要只注意“美术”一方面。

【内容导览】

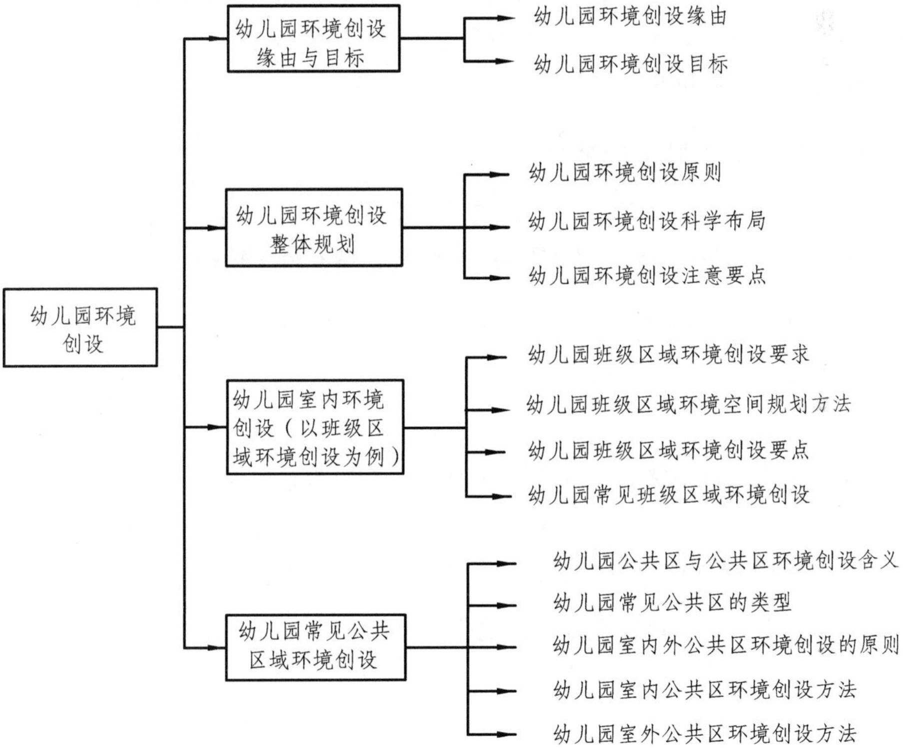

第一节　幼儿园环境创设缘由与目标

一、幼儿园环境创设缘由

（一）为幼儿适应幼儿园环境做准备

幼儿园是幼儿独自踏入社会，融入陌生群体，建立同伴、师生交往的第一站。当他们离开熟悉的家庭环境，走入一个陌生的地方时，需要一定的适应过程。如果幼儿园布置得像游乐园，有温馨的娃娃家、安静的阅读角、刺激的滑滑梯、神秘的隧道等许多好玩的地方，幼儿能很快融入新的环境，适应幼儿园的生活。

（二）提升幼儿审美能力

美的环境能陶冶人的性情，增强秩序感。幼儿园室外栽培美丽的花卉、绿草和苗圃，室内的活动室、卧室、厕所、盥洗室整洁有序，让儿童在这个环境中感到心情舒畅，陶冶情操。

（三）培养幼儿科学精神

陈鹤琴先生认为大自然、大社会是活教材。幼儿园布置一个科学的环境，能够吸引幼儿去观察和研究，探索自然的秘密，培养科学精神。

（四）推动课程建设

幼儿园环境作为一种“隐性课程”，是影响幼儿身心发展、社会性发展及个性发展的重要因素。通过环境、材料的暗示，能够引导幼儿主动学习。[①]良好的环境可以引导幼儿自主学习，夯实课程内容，推动课程建设。

二、幼儿园环境创设目标

（1）幼儿园布置环境以充实幼儿的生活环境，丰富幼儿的学习资料。[②]

① 崔利玲．单元课程的实践建构——“活教育”思想的传承与发展[M]．南京：江苏凤凰教育出版社，2015：6-7．

② 陈秀云，陈一飞．陈鹤琴全集（第二卷）[M]．南京：江苏教育出版社，2011：475-478．

（2）创设符合幼儿年龄阶段发展的环境，让幼儿获得有益于身心发展的经验。

（3）充分利用空间创设区角，促进幼儿自发参与游戏活动，激发幼儿自主学习、自我探索、自我发现的能力。

（4）利用自然资源，丰富幼儿的操作材料，锻炼幼儿动手操作能力。

第二节　幼儿园环境创设整体规划

一、幼儿园环境创设原则

（一）参与性原则

陈鹤琴先生提出，幼儿园环境的布置要调动幼儿的大脑和双手，教师要引导幼儿参与环境的布置。

（二）环境布置要经常更换

环境是隐性的课程。环境创设应该与幼儿园或班级开展的活动紧密联系，幼儿在活动过程中创作的作品可以展示在作品展示区，或者投放至区角。

（三）环境布置的高度以幼儿的视线为标准

环境布置要以幼儿为中心，教师应该站在幼儿的角度设置环境。①

二、幼儿园环境创设科学布局

幼儿园环境包括室外和室内环境，而室内外环境又融合了物质环境和精神环境。

（一）幼儿园室外环境布置标准

陈鹤琴先生主张幼儿园需要布置一个审美的环境和科学的环境。爱美是儿童的天性，好的环境可以陶冶儿童的性情。幼儿园可以在室外开辟草场、花园、菜圃，栽种美丽鲜艳的花卉和蔬菜。如果有池塘，就可以养鱼和鹅等动物，池

① 陈秀云，陈一飞．陈鹤琴全集（第二卷）[M]．南京：江苏教育出版社，2011：476-477．

塘周围种上几棵垂柳，儿童在这个环境里，一定会自动地接触大自然，爱自然也是儿童的天性。幼儿园尽可能带领儿童进行栽培植物（花卉）、布置庭院、浇水、除草、收获果实等工作。幼儿园室外环境可以带领儿童来布置，让儿童在工作中进行观察和研究，通过看、摸、听、闻等感官刺激，使儿童懂得自然界与自然现象之间的关系。

幼儿园室外环境布置基本要求如表 2-1 所示。

表 2-1　幼儿园室外环境布置基本要求

幼儿园室外场地布置内容	基本要求
室外可以布置花坛、菜地、小动物园	设置自然环境促使幼儿接触各种动物、植物，培养儿童对自然的爱好和劳动的观点
幼儿园文化的材料布置	突显幼儿园文化的材料，如园训布置在显眼的位置；整体色调古朴但不失活泼。它蕴含了幼儿园建设的文化理念和整体设计思路
室外大型玩具。有促进幼儿攀、爬、钻等材料的布置	幼儿园室外有 3～5 种大型玩具，大型玩具地面为三合土地面（或塑胶地面）
园所周围环境	幼儿园周围无化工厂、冶炼厂、造纸厂等污染严重的厂矿
沙池、水池等游戏活动区域	幼儿园沙池、水池、攀爬设备的布局合理

在对儿童游戏和玩具的论述中，陈鹤琴先生阐述了小孩子最好有玩水的机会。小孩子大都是喜欢玩泥、玩水的。其原因是小孩子在玩泥、玩水的过程中可以自由试验物质，享受自然的生活，懂得沙、水等自然物质的性质。

（二）幼儿园室内环境布置基本要求

幼儿园室内环境布置遵循动静分区、干湿分区，如图 2-1 所示。陈鹤琴先生强调，幼儿园的环境布置要充分调动幼儿积极参与，教师指导幼儿来完成。譬如要做娃娃家布置，教师可以同幼儿一起钉小床、小桌、小椅等用具。通过一些活动，培养幼儿团结互助和友爱的精神。

（1）室内环境主要指班级环境的布置。包括墙面、区角、卧室、卫生间、盥洗室、走廊等区域的布置。

（2）墙面设置可以与班级活动主题紧密结合；也可以是幼儿学习过程的展示，包括幼儿的作品、照片等；墙面布置的高度应以幼儿的视线为标准，便于幼儿贴、阅、取作品；墙饰一般保留 1 ~ 3 周。

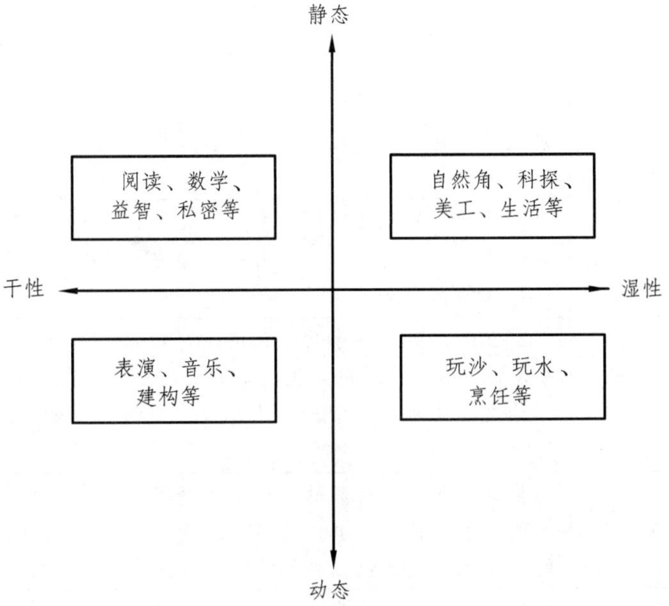

图 2-1 幼儿园室内区角整体规划

注： 纵轴为区域活动性质，即动态和静态；横轴为区域活动需求，即干性和湿性。（干性是指活动对光源要求较高，湿性是指活动区活动对水需求较高。）

（3）幼儿园室内环境设计中有多种多样的区域，如表 2-2 所示。归纳起来，大致有以下三种类型：一是常规区域，如生活区、阅读区、角色区、表演区、科学探索区、益智区及自然角、建构区等；二是特色区域，如体现地域特色或园本、班本特色的活动区域；三是主题区域，伴随主题教学活动的开展，主题目标、主题活动内容物化在区域材料当中，引导幼儿在区域的自主活动中实现主题目标。每个区域都有各自的功能。

表 2-2 幼儿园室内区角及功能

类别	区域名称	区域的价值及功能
幼儿园常见活动区	生活区	丰富幼儿生活经验，培养幼儿良好生活卫生习惯，发展幼儿动手操作能力和协调能力；促进幼儿的精细动作的发展；提高幼儿的生活自理能力；培养专注认真、细致耐心的品质
	阅读区	培养良好的阅读兴趣和阅读习惯；培养幼儿对图画和文字的敏感，提高幼儿的阅读理解能力；帮助幼儿形成积极的人生态度和良好品格

续表

类别	区域名称	区域的价值及功能
幼儿园常见活动区	角色区	满足幼儿参与社会生活的愿望，促进幼儿表达能力、交往能力、自主解决问题能力的发展；促使幼儿的假想能力和创造性的发展
	表演区	满足幼儿表现的欲望，发展幼儿的语言表达和交往能力；培养幼儿的表现能力、想象力和创造力；能带给幼儿舞台表演的满足感和自豪感
	科学探索区	引发幼儿对周围事物的兴趣、好奇心和求知欲，培养幼儿动手动脑、探究问题的习惯，让幼儿感受科学探究的过程和方法，体验发现的乐趣，增强幼儿关心周围环境、热爱大自然、珍惜自然资源的意识
	益智区	帮助幼儿学习观察的方法，提高其观察力，并培养其形成良好的观察习惯；培养幼儿分析问题、解决问题的能力以及思维的敏捷性、灵活性、独创性等良好思维品质
	自然角	有助于幼儿获得有关自然的科学经验。幼儿在参与自然角活动时，能够了解不同植物的生长特性、外形特征；积累为植物浇水、施肥、除虫等经验，有利于培养幼儿的观察能力，激发幼儿的好奇心和求知欲。养成仔细观察、独立思考的习惯
	建构区	帮助幼儿感知形体、数量等概念；发展幼儿的手眼协调能力、动手操作能力、空间知觉以及想象力；培养幼儿的坚持、细致耐心的良好品质
	美工区	能帮助幼儿体验美术的创意，感受艺术的魅力；增强幼儿对线条、色彩、构图等艺术要素的理解，提高幼儿的审美感受力以及审美表现力；帮助幼儿学习欣赏和尊重自己和他人的创作，体验成就感和满足感
特色区域	特色活动的产生依赖于一定的环境，来源于幼儿的生活。独特、长期、全体而又优质的特色活动是无法模仿和抄袭的，特色活动的产生依赖于幼儿园的办学理念、教师教学水平、幼儿园物质条件以及家庭环境和当地人文环境，体现了人无我有、人有我优、人优我特的创设倾向。充分利用民族文化和民俗文化资源，融入幼儿园环境创设	
主题区域	主题活动与环境密不可分，环境为主题而创设，主题活动需要有环境的支持才能更具体地开展。从幼儿园环境创设视角出发，每个主题活动中环境创设活动可以包括多个方面、多个层次的考虑，在创设主题活动环境时，首先要明确环境使用主体与教学活动目标之间的联系，在此基础上考虑教师教学设计、幼儿活动方式等内容，进行环境的初步规划，另外，要思考整体配置环境中的情境布置和主题材料投放	

备注：乡村园所一部分是用闲置的小学、中学校舍改建，教室空间窄，室外空间宽。基于此，有些区角可以设置在室外。

（4）区角要设定材料使用规则，使区角活动正常有序进行。例如，材料从哪里取的用完后要送回至哪里；幼儿有序进区游戏，不拥挤，不哄抢，不打闹。

（三）用什么材料布置幼儿园环境

陈鹤琴先生认为，布置幼儿园环境要用自然物；有教育意义的图画、挂图和画片；还可以用幼儿的成绩，他们画的画，剪的剪纸，做的纸工、泥工、木工和其他手工来布置。①

（1）充分利用自然物。四季更替，每一个季节都有取之不尽的原材料，如树叶、花草、松果、石头等，幼儿园可以充分利用之。

（2）废旧纸盒、瓶子、盖子、鸡蛋托、废旧轮胎等都可以作为操作材料。但是，所有材料必须经过卫生处理，保证材料的环保、卫生、安全。

（3）操作材料体现多样性，促进幼儿不同智能的发展。乡村幼儿园本着经济的原则，除购买的材料外，可挖掘本土的自然资源和具有民族文化特色的材料作为操作材料，如运动类有跳绳、铁环、陀螺、圆环等；数理逻辑类有不同形状、不同颜色的果子、叶子、石头等。

（4）提供的操作材料以原材料和半成品为主，减少成品材料的投放。以美工区为例，投放的材料充分利用了自然物和废旧物品，如表 2-3 所示。

表 2-3　美工区环境创设

项目	操作方法
区角位置及相关要求	选择班级靠近水源的一角（如盥洗室旁）作为美工区活动区角
材料投放	1. 工具材料：各色水粉颜料、调色盘、水粉笔、蜡笔、勾线笔、小围裙、袖套、小水桶等。 2. 操作材料：自然物和废旧物，如树叶、各类纸（如瓦楞纸、皱纹纸等）、毛线、橡皮泥、鸡蛋壳、鸡蛋托、PVC 管和接头、吸管、玻璃瓶、纸盒、石头等
入区规则及相关要求	1. 以图文并茂的方式拟写入区规则。 2. 收纳筐与收纳柜上的标识一一对应，引导幼儿取、收材料有序，养成规则意识

① 陈秀云，陈一飞．陈鹤琴全集（第二卷）[M]．南京：江苏教育出版社，2011：477-478．

续表

项目	操作方法
区角活动时长	45～60分钟
区角活动注意的要点	1. 材料的安全性：（1）无毒、无异味、无尖利棱角、无刺；（2）废旧物品洗干净，消毒。 2. 教师的引导作用：幼儿区角活动中，教师应该认真观察，适时以参与者身份引导幼儿，不宜随意干扰幼儿的操作活动

（四）幼儿园精神环境创设路径

1. 创设良好的师幼关系

良好的师幼关系能使幼儿感到安全、心情愉快。建立良好的师幼关系应采取以下策略。一是尊重、关爱幼儿。尊重幼儿的兴趣和意愿，给予幼儿自主选择的机会。接纳幼儿的个体差异，耐心、热情地对待发展相对滞后的幼儿，使幼儿用积极、乐观的态度对待生活，对周围的事物产生自信心。二是教师要树立正确的儿童观和教师观。教师不仅是教育者、指导者，还是合作者、支持者和参与者，创设宽松、自由、愉悦的师幼环境，确保幼儿积极愉快地参与幼儿园的各项活动。

2. 保教人员采用正面教育的方法

幼儿好模仿，保教人员要规范自己的言行，以身作则，增强自己的责任心和敬业精神。在幼儿园，教师之间要互相和谐友爱、互帮互助、团结合作，在整个幼儿园营造一种团结、友爱、温馨、安全的气氛，为幼儿树立良好的榜样，正面示范。

3. 营造良好的同伴交往环境

幼儿园是幼儿从亲子交往走向社会交往的桥梁。同伴交往帮助幼儿习得人际交往经验，让幼儿理解他仅仅是同伴中的一员，要学会谦让、礼貌表达、互相合作等人际交往技能，才能与同伴友好相处。因此，教师为幼儿营造良好的同伴交往环境需要做以下工作。一是利用情境教学法，传授同伴交往经验。二是鼓励同伴互相关心，相互合作，在遇到困难的时候互相帮助。

三、幼儿园环境创设注意要点

（1）师幼共同参与。幼儿园环境应该由教师和幼儿共同参与创设，应改变以往开园前教师加班加点赶制，幼儿参与少，甚至不参与的情况。

（2）教师适时支持。区角活动进行时，教师应在旁边观察，根据幼儿活动情况给予适时支持和指导。

（3）预留充足的时间让幼儿操作。区角游戏每次不低于 30 分钟。

（4）幼儿可以自由使用区角的材料。鼓励幼儿自由取放区角材料，培养幼儿的自我管理能力。

（5）幼儿在进行自主游戏活动时，教师不催促、不随意打扰，尽可能多地给予幼儿鼓励，为幼儿营造轻松、愉悦的心理环境。

第三节　幼儿园室内环境创设

幼儿园室内环境包括班级、多功能区、行政办公区、厨房、门卫室等几个部分。班级是幼儿活动的主场地，其环境创设的有效性影响到幼儿的创造性、主动性及个性化发展。我们以班级区域环境创设为例，探讨室内环境的创设。

一、幼儿园班级区域环境创设要求

（一）强调安全性，营造舒适、温馨的环境

《幼儿园教育指导纲要（试行）》中明确指出“幼儿园必须把保护幼儿的生命和促进幼儿的健康放在工作的首位”。教室作为幼儿活动开展的主要场所，班级区域环境创设尤其强调安全性。《托儿所、幼儿园建筑设计规范》（JGJ 39-2016）局部修订条文（2019 年版）中对幼儿园活动室面积、采光、墙高、地面、噪音等提出了明确要求，在幼儿园班级区域环境的创设中，为保证幼儿有足够的空间开展活动，对幼儿生活单元房间（班级区域）规定了最小使用面积，如表 2-4 所示。舒适温馨的室内环境能消除幼儿的陌生感，减少分离焦虑。

表 2-4　幼儿生活单元房间的最小使用面积（m^2）

房间名称		房间最小使用面积
活动室		70
寝　室		60
卫生间	厕　所	12
	盥洗室	8
衣帽储藏间		9

（二）强调教育性，关注幼儿参与

幼儿经验的获得与自身和周围环境的相互作用有密切的关系，环境作为一种“隐性课程”对幼儿的发展有潜移默化的影响。环境是幼儿的“第三位老师”，儿童知识经验的获得除了通过教育的方法，还可以从他们周围的环境中获得经验、汲取知识。区域环境的创设不仅仅起到装饰作用，更具有教育的价值，教师要以教育目标和本班幼儿的实际发展水平为依据，有目的、有计划地选择合适的内容和主题，创设合适的活动环境。班级区域环境的创设既包括物的要素也包括人的要素。目前，多数幼儿园在进行班级区域环境创设时只注重物质环境的创设（如活动场地、活动材料等），而忽视了精神环境的创设。教师在进行班级环境创设时，还应关注活动区中精神环境的创设，为幼儿营造一个安全、信任、温暖的工作和活动氛围，将大自然、大社会中的有利教育因素利用起来，丰富班级活动区的教育环境。

环境创设的教育性不仅包含环境本身，还蕴含在环境的创设过程中。幼儿参与区域环境的主题选择、材料制作与布局设计，打破了以往环境创设时教师包办的状态，使教师由环境决策者变成了观察者、倾听者、合作者、支持者，幼儿由单纯的接受者变成了计划者、参与者与决策者。参与环境布置的过程亦是幼儿发挥其能动性的学习过程，做中学，做中教，让幼儿成为环境的主人。展示和发展了任务意识、有目的学习知识和技能的能力；发展了分工合作、讨论、决策的能力；培养了发现、解决问题的能力。

（三）强调适宜性，重视动态生成

幼儿园区域环境创设情况直接影响到幼儿参与区域活动的情况，也直接影响到幼儿个性化发展。区域环境的创设要与幼儿发展水平、年龄特点、兴趣爱好、个性特征等相协调，满足幼儿全面发展需要。

陈鹤琴认为，环境的布置要常常变化。我们布置环境，要依据社会生活和自然现象变化而变化。幼儿园区域环境创设应该是一个动态的过程，但这种变化并非为了变化而变化，而是随着幼儿能力的发展和经验的获得而弹性调整、动态变化的。幼儿作为学习的主体，在这个过程中时刻处于成长发展的动态变化中，要实现主体（幼儿）与客体（区域环境）之间的相互促进，在材料种类、数量、操作难度和区域活动的内容上也须不断更新。

（四）强调整体性，重视平衡互补

班级区域环境创设的整体性主要体现在两个方面。首先是空间设计的统一性。活动室作为一个整体，其空间的布置除了要考虑布局、桌椅摆设、墙面风格以外，还须在色彩和造型上统一、协调，形成整体感，充满童趣而又整洁有序，体现室内外气息氛围的整体一致。其次，活动区域的设计应涵盖幼儿发展的各方面。幼儿的发展是一个整体，幼儿是一个完整的人，因此在进行区域环境创设时，应从不同角度促进幼儿情感、态度、能力、知识、技能等方面的发展，各领域的内容相互渗透。

由于部分乡村幼儿园活动室的空间有限，只能选择少量的活动区进行设置，教师可以根据幼儿年龄特征、兴趣需要、幼儿人数、活动室空间以及现有的资源进行设置，如表 2-5 所示。

表 2-5　幼儿园小、中、大班班级常见活动区设置

年龄班	年龄特点	环境创设特点	常见活动区
小班	年龄小，对环境的认识还处在感性、具体、形象的阶段。 1. 刚离开家庭，情感特别脆弱，动作发展不协调，生活经验少，肢体控制能力差，认知、动作发展水平低； 2. 活动不能脱离情境，需要在成人的不断提示和启发下开展游戏，乐于摆弄和操作物体； 3. 无意注意占主要地位，黄、蓝、绿为幼儿接受的大色块，喜欢环境有明显的主体色	与幼儿的生活经验相联系、与游戏情景相结合，用一种生活化、情景化的环境与幼儿产生互动	与五大领域相适应，常见区域有：角色区（娃娃家）、生活区（系鞋带、夹珠等）、阅读区、美工区、科学探究区、临时活动区（主题活动、节日活动）
中班	活泼好动，思维更具体形象，开始遵守规则，学习自己组织游戏。 1. 机体组织、大多数器官和系统活动能力进一步发育，运动机能（速度、灵活性和稳定性）得到发展，精细动作进一步发展。 2. 色彩偏好柔和自然色调，具有强烈的好奇心和求知欲	增加幼儿自己动手创设的环境内容，在环境色彩上更柔和自然，环境创设由师幼共同参与完成	与五大领域相适应，常见区域有：角色区、生活区、阅读区、美工区、科学探究区、建构区、临时活动区（主题活动、节日活动）

续表

年龄班	年龄特点	环境创设特点	常见活动区
大班	动作、语言、思维、问题解决能力进一步发展。变得更加有能力、自信、有责任心，掌握了充分参与教育环境创设的能力，也提高了主动参与和控制环境的愿望。 1. 喜欢冒险、乐于探究，能较好自控。 2. 很快步入小学，对小学生活和学习充满好奇和期待，也有担忧和紧张	区角设置除了与中小班共通之处之外，在区角设置上还需考虑幼小衔接内容，材料难易程度增大，活动规则制定强调幼儿间的合作交流	与五大领域相适应，常见区域有：阅读区、书写区、科学区、数学区、益智区、种植区、角色扮演区、音乐区、美工区、表演区等

二、幼儿园班级区域环境空间规划方法

活动室内区域设置时，除了考虑区域种类、数量、空间大小、投入材料等环境创设问题之外，活动区的区域要划分清楚，界限要明确，以便于幼儿开展活动和教师进行管理。在区域界限划分时，除了考虑美观、装饰之外，更要从教育的角度出发来设计。常见的区域环境空间规划方法有隔断法、标识法和悬挂法三种。

（一）隔断法

隔断法是指在进行区域划分的时候利用地面隔断物（座椅板凳、屏风等）进行空间划分的方式，如屏风隔断、栅栏隔断及柜子隔断等，如图 2-2 所示。

（二）标识法

标识法是指利用文字、图画或图文匹配等不同形式作为区域标识，放置或悬挂在区域入口处，以帮助幼儿快速、清晰找到区域的方法，常见的标识类型有文字标识、图画标识以及图文标识等。根据显著特点做区域标识，标识明确，特点是直观形象性，如图 2-3 所示。

（三）悬挂法

悬挂法是利用各种不同挂饰（纸类、布类、塑料模型类、线绳类等材料）对活动空间进行划分的方法，既可以对区域进行局部的划分，又可以对环境起

到装饰美化作用，如图 2-4 所示。利用各种不同的挂饰对活动空间进行划分，特点是有针对性。

图 2-2　幼儿园室内空间隔断法

图 2-3　幼儿园室内区角标识①

图 2-4　幼儿园室内环境悬挂装饰

① 南京市鼓楼幼儿园大三班区角，2017 年 5 月拍摄。

三、幼儿园班级区域环境创设要点

幼儿园区域活动是否能够有效促进幼儿发展，教师除了需要关注材料的投放之外，还应加强对其环境创设质量的思考。区域活动不仅为幼儿个性发展提供了机会，而且是幼儿习得活动规则的重要途径，为此教师应重视区域活动中标识性环境的创设，通过适宜的标识帮助幼儿内化活动规则，养成一定的行为习惯，同时减轻教师管理区域活动的压力。在区域活动中，教师不仅应在材料上求多求新，更应善于发挥材料激发与引导幼儿探索的作用，为幼儿创设支架性环境。

（一）在区域活动中创设“标识性环境”

所谓“标识性环境”是指教师和幼儿因地制宜，根据某种约定俗成的学习生活习惯与规则而创设的环境，它对幼儿参与区域活动有明确的标识和指示作用。例如，区域活动时为了控制进区的人数，教师在区域的入口处粘贴若干脚印图案，提醒幼儿自己判断是否还能够参加该区域活动。这种为标识区域人数而创设的环境即是一种“标识性环境”。一是让标识性环境成为幼儿的隐性教师，提醒幼儿遵守有关区域的集体规则，同时培养幼儿的学习习惯和行为品质，这对小班幼儿作用尤为明显。小班幼儿在角色区活动时经常会出现玩具乱收、餐具收到床上等现象。教师只需将玩具实物照片或图片贴在指定的收藏位置上，小班幼儿一般就能根据这一提示将玩具收回到教师指定的位置，如图 2-5 所示；二是让标识性环境发挥“隐形助教”的作用，可以缓解教师指导区域活动的压力。为了维持区域活动的正常开展，教师通常需要花费大量时间，扮演维持秩序的“警察”，从而无形中增加了教师的工作量，制约了教师对幼儿区域活动的观察与指导。此时，教师即可善用标识性环境，把一些常规性的细小而烦琐的工作变成幼儿可以看得到的环境要求，让幼儿在与环境的互动中明白并遵从教师的期望。如教师可以在图书角入口处设置区域规则牌，通过规则牌制定帮助幼儿明确区域名称、进区人数、区域规则及提示等信息，在制定进区规则时，教师还应根据幼儿的年龄特征，采用直观形象、生动有趣的方式来表达，从而帮助幼儿理解和接纳规则，较好地执行和遵守规则。

（二）在区域活动中创设“支架性环境”

区域活动的教育功能主要是通过幼儿与活动材料的互动来实现的，因此材料投放是区域活动环境创设的重要内容。然而，在实际开展过程中，教师在活动材料的投放上往往只求“多”求“新”，只是鼓励幼儿与材料进行简单的“玩一玩”的互动，而忽视了材料本身可以发挥的支架与引导作用，创设“支架性环境”，应使材料隐含一定的教育目标，由此成为提升区域活动环境创设质量的重要策略。在此，教师可以使用的策略主要有：

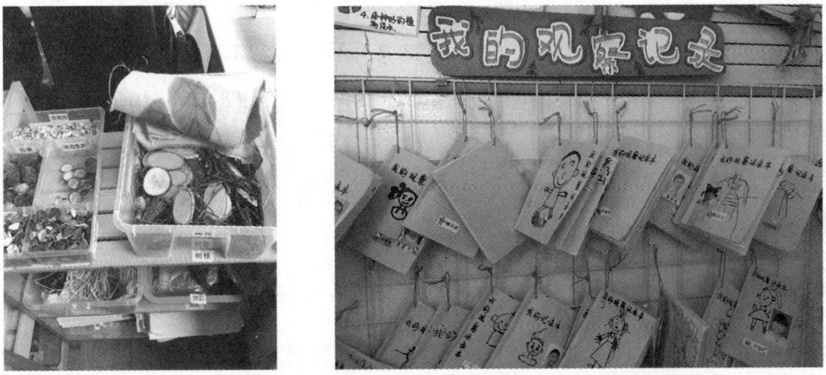

图 2-5　幼儿园室内区角的“标识性环境”①

一是“添砖加瓦”的策略。并不是所有的材料都可以直接投放到区域活动中，高品质的区域活动要求教师投放的材料符合幼儿的发展水平，并能激发幼儿接受挑战，这就需要教师精心添置可以发挥支架作用的材料。例如教师在操作区若只提供穿线板和绳子这两样材料供幼儿进行小肌肉的穿线练习，由于缺乏一定的支架，幼儿往往会按自己的意愿随意穿绳，结果导致穿线板上布满了杂乱无章的绳子。这时只要教师添加一张完整的穿线步骤提示图，就能为幼儿提供很好的学习支架，帮助他们穿出一定图案，体验成功学习的快乐。

二是“改头换面”的策略。材料是支持幼儿学习的支柱，如果区域里的材料总是一成不变，那是无法吸引孩子的注意力的。此时，教师就应设法对区域活动环境做出改变，撤掉一些玩具，放上一些新的玩具，往往可以重新激发幼儿对环境的兴趣。如教师让幼儿在操作区练习扣纽扣的方法，就应随着幼儿水平的提高，定期更换不同类型的纽扣，以维持幼儿练习的兴趣。

三是创设“游戏情境”的策略。在区域活动中，为幼儿创设符合他们兴趣、具有游戏情节的环境也相当重要，能够有效引发幼儿探究和操作的兴趣，充分发挥材料的教育功能。例如教师通常都会在操作区为小班幼儿提供小勺和用小积塑块象征的“食物”，供小班幼儿练习使用小勺舀东西的小肌肉动作，然而这种单调、重复的动作练习很快就会使小班幼儿失去操作的兴趣。这时，教师可将一张小动物张开嘴巴的图卡贴在小碗上，创设“为小动物喂饭”的游戏情景，

① 南京市鼓楼幼儿园，2017 年拍摄。

就能重新激发和延长幼儿参与操作的兴趣。

四是“重新包装”的策略。对区域活动来说，昂贵精致的或要花费大量时间制作的材料不一定就是好材料，相反，以幼儿发展为本，经济适用、方便快捷、高效省力是教师投放材料时应有的基本观念，为此教师应充分挖掘现有材料的可利用因素，将材料稍加改动变成幼儿所需要的学具或玩具。如在语言区，教师经常为选择什么材料，如何激发幼儿主动说、主动讲而伤脑筋，其实只要将一部或两部废旧电话机进行“重新包装”，使之变身为“电话亭”，再增加一些与幼儿生活经验有关的图卡（如生日蛋糕、游乐场等），即可大大扩展幼儿语言讲述的内容，并提高其讲述的积极性。

（三）在区域活动中创设“互动性环境”

区域活动虽然主要是为幼儿提供与材料相互作用的机会，但其有效开展仍然离不开教师和幼儿的互动。教师必须为幼儿营造安全、愉快、宽松的区域活动环境，让幼儿在宽容和谐的气氛中能够按照自己的能力和意愿，自主选择学习内容和活动伙伴，主动进行探索与学习。为此，教师还应把区域活动环境建设成“互动性环境”。然而，目前在区域活动的组织中普遍存在“教师少幼儿多”“区域多战线长”的情况，教师很难和幼儿进行积极有效的互动。同时这也与教师在组织区域活动时往往过多地把自己定位为管理者和控制者，而忽视了与幼儿的回应和互动有关。为了促进幼儿在区域活动中的探索行为与创造性行为，教师需要在言语与情感上回应幼儿，对幼儿的行为与想法给予表扬、鼓励或反馈。例如教师可以为美工区的剪纸练习提供一张可供幼儿记录自己是否完成的记录单，幼儿每次完成剪纸作品后及时用适当的符号进行记录，教师通过这张记录单即可了解全班幼儿参与剪纸练习的情况，并据此给予表扬或奖赏。通过“记录单”这一看似简单的媒介，教师与幼儿实现了双向互动，提高了幼儿参与区域活动的积极性。正如支架学习理论所揭示的那样，幼儿的自主建构和发展离不开教师适时提供的适宜的支架。在区域活动中，教师应积极提供与幼儿发展水平和需要相匹配的支架，在幼儿能力较低时提供更多的帮助，在幼儿能力提高时减少帮助。

四、幼儿园常见班级区域环境创设

（一）美工区

美工区是让幼儿进行美术和手工创作的活动区。幼儿可以选择多种美术表现方式和多样化的造型工具材料进行自主表现和创造。具有创造性、综合性、多元化以及合作共享的特点。

1. 美工区设置目标

尝试用不同的材料表达自己的想法和感受；发展审美能力，发展创造力和想象力；尝试剪、贴、揉、拍、缝、画、撕等操作方式，发展手眼协调及锻炼小肌肉能力；在展示和欣赏自己和他人的作品过程中，培养尊重自己也尊重他人的品质。

2. 美工区布局

（1）位置：美工区的位置应该接近水源，以利于清洗工具和弄污的小手，可以和角色扮演区靠近。

（2）桌椅设备：美工区可以有竖立的小画板供幼儿自主涂鸦，也可以设置大型的桌子，桌子和椅子的高度要适合幼儿，让幼儿能够有足够的空间进行美术和手工创作，桌子上应该铺上透明的塑料胶，防止弄脏桌面。地面也可以铺上塑料胶或者布，以免弄脏地面，利用多格多层架子，便于工具和材料分门别类存放，可放置废弃物回收箱或柜，若空间充裕，可将活动区按绘画区、手工区、泥塑区等进行分类。

（3）作品展示：美工区的美术作品可以贴在墙上、用夹子夹在绳子上或利用展示架、柜子台面陈列幼儿半成品及成品。一些手工作品还可以挂在天花板下面，也可以作为活动区之间的分隔物。

（4）材料储藏：美工区材料众多，但并不是每次都会用到，可以将材料分类别、分层次进行摆放，将材料按不同类别以及使用频次进行分别存放，使用频次较高的材料放置在容易够取的地方，不常用的放置在高处或抽屉中。另外，有标记便于幼儿取放，陈列或展示幼儿作品的地方，应在孩子的视线内。

3. 基本材料准备

（1）各类纸张：图画纸、彩色纸、旧报纸、皱纹纸、包装纸、素描纸、贺卡、玻璃纸、日历等纸材。

（2）图画材料：彩色笔、蜡笔、粉笔、画笔、排笔、油画棒、丙烯颜料、水彩颜料、墨汁、毛笔、调色板、牙刷、水杯、水桶、玻璃瓶、铁罐、棉花、毛巾、小盒子、笔刷、纸杯、纸盘、标签、碎纸、羽毛、贝壳、棉签、棉花球、纽扣、吸管、亮片、牙签、水彩笔、水粉笔、橡皮泥、树叶、旧布片及其他创意性材料，各种印模、简易版画工具等。

（3）装订工具：安全剪刀、花边剪刀、订书机、订书针、打洞器、糨糊、胶水、双面胶、透明胶、纸夹、铁丝、橡皮擦、细绳、鞋带、针、线、毛刷、小刮刀等。

（4）其他：绘画罩衣或旧衬衫、大的布和塑料胶、清洁剂、抹布、扫帚、垃圾桶、垃圾铲、小围裙、袖套、小水桶等。

（二）阅读区（图书区）

阅读区（图书区）是幼儿进行阅读的活动区，是幼儿园语言区的一种形式。阅读区应设置在光线好或明亮的地方，且比较安静。它与表演区有一定的转换，如在讲故事的过程中，幼儿往往会通过道具或装扮进行表演。具有安静、半封闭和分享的特点。

1. 阅读区设置目标

培养幼儿良好的阅读习惯和阅读兴趣；让幼儿接触优秀的文学作品，感受语言的丰富和优美。

2. 阅读区布局

（1）位置：应位于光线充足和安静的地方，可以临近科学区和电脑区。

（2）桌椅设备：图书区的环境应该是温馨舒适的，可以设置一张大圆桌或沙发，也可以铺上地毯，让幼儿可以舒适地阅读，阅读区内书架应该适合幼儿的身高和取拿，同时应该有不同的陈列方式，如平铺、立放、重叠等，书架的式样可以多样，如悬挂式书架、可移动书架、立式书架等。还可以配置抱枕、靠垫、小沙发、小椅子、小摆件等营造宽松舒适的阅读氛围。

（3）图书区图书：选择优秀的儿童读物，小中班读物应该以图画为主，因为这一时期幼儿注意力维持时间短，书的内容最好不要超过15个画面；大班的幼儿读物可以适量加上文字，故事情节可以相对增加，培养幼儿对文字的感觉。另外，可以结合教学活动，让幼儿根据自己的兴趣需要自制绘本，与同伴分享。

（4）材料储藏：阅读区的图书一般放置在矮柜上，柜子高度要在幼儿能够拿取的位置，在书架显眼的位置可张贴分类标记牌，提示幼儿整理归放位置；书籍在放置时尽量能呈现图书封面的主要信息，保证幼儿能快速找到自己所需书籍。根据幼儿兴趣和需要定期更换图书，促进幼儿阅读。

3. 基本材料准备

（1）阅读材料：一是图画书，包括认知、故事、儿歌、交通工具、动植物、益智、科学类等，单幅多页、无文字或图文并茂的图画书。图画书的选择应在把握幼儿认知水平和能力的基础上，综合考虑画面形象、色彩、文字、内容等幼儿阅读要求。在整体上要达到富有童心童趣，符合幼儿的欣赏、理解水平；画面要有动感、节奏感，有细节；装帧设计要充分利用图画书翻页的欣赏方式，考虑幼儿的翻页能力。二是卡片类读物。标识卡片、幼儿生活照片、排序讲述图片、游戏操作卡、词语接龙卡、拼图卡等。三是电子图书。

（2）修补或自制图书工具和材料。故事盒，废旧画报、图书，破损图书等，以及胶水、透明胶、线绳、曲别针、夹子、剪刀等工具。须注意的是，修补或自制图书工具和材料并非阅读分享区常备材料，而是根据需要或幼儿阅读表现专门投放的材料。为方便幼儿阅读时记录一些东西，可以准备一些便签本和笔。

（3）其他：桌椅、沙发、抱枕、地毯等。

（三）科学区

科学区是幼儿进行科学探索活动的区角，探索的内容包括动植物、物理现象、化学现象等。幼儿是通过操作性的探索与发现，来获得对周围世界的认知和经验提升的。在科学区，幼儿可以按照自己的意愿，通过观察、操作等与客体直接接触，获得丰富的感性经验，并将探索发现的经验与自己已有的经验进行比较、分析、抽象、概括，实现思维的加工，进而形成或发展概念，获得必要的知识经验。实践中发现，幼儿在科学发现区与益智区的转换频率较高。科学探究区具有认知性、操作性、探究性、转换性特点。

1. 科学区设置目标

激发幼儿的好奇心和探究欲望，发展认知能力；培养幼儿喜欢观察，乐于动手动脑、发现和解决问题的态度；培养幼儿愿意与同伴共同探究，能用适当的方式表达各自的发现，并相互交流的能力；鼓励幼儿用多种方式来表现自己的探索过程和结果，并与他人交流、分享。

2. 科学区布局

（1）位置：应该位于安静和阳光充足的地方，有利于幼儿进行观察和探索。科学区可以与图书区临近。

（2）桌椅设备：科学区用矮柜进行分隔，准备小盒子对材料进行收纳。

（3）作品展示：科学区幼儿作品一般多为自制玩教具以及观察记录表，观察记录表可以粘贴在墙面上，展示幼儿的发现和收获。自制科学玩教具可以根据其功能进行归类收纳。

（4）材料储藏：科学区材料可以按材料的不同功能归类摆放，将易碎、易损物品摆放在幼儿不易接触的空间，将常用物品摆放在幼儿方便取放的空间。

3. 基本材料准备

（1）实验器材：望远镜、三棱镜、地球仪、人体模型、磁铁、放大镜、手套、镊子、玻璃缸（养鱼、养龟等）、动物标本、小动物（易养、安全）、动物笼、花盆、海绵、吸管、天平、测量工具、被子、勺子、镜子、塑料水桶、量杯、小铲子、大型滤器、漏斗、电池、电路板、地图等。

（2）书写器材：纸张、笔记本、铅笔、圆珠笔、贴纸等。

（3）辅助器材：安全剪刀、订书机、订书针、打洞器、糨糊、胶水、胶带、橡皮筋、橡皮擦、铁丝、细绳等。

（四）益智区

益智区的游戏主要是桌面小型游戏。由于益智区的活动内容往往与动手、动脑解决问题有关，有的游戏需要两两结对或多人合作进行，而且往往要分出胜负，在能力与思维发展上对幼儿具有一定的挑战性和竞争性。不同年龄段和性别的幼儿，其活动内容、难易程度有所不同，小班多以动手操作为主，如穿线板、系扣子等；中、大班则重在观察、记忆、思考、推理和问题解决等方面的培养。小班的女孩比男孩更喜欢动手操作，中、大班男孩则更喜欢具有挑战性和竞争性活动，如棋类、迷宫游戏，而且很容易同科学探究区发生转换关系。益智操作区具有挑战性、竞争性、趣味性和性别差异、年龄差异性特点。

1. 益智区设置目标

锻炼幼儿的小肌肉能力，促进幼儿思维能力的发展。

2. 益智区布局

（1）位置：益智区幼儿需要安静思考，应设置在较安静的地方，远离角色扮演区、音乐区等声音较大的活动区。

（2）桌椅设备：可以放置矮柜作为区角分隔以及材料收纳的空间，由于益智区材料较多且体积较小，容易丢失，所以应多准备一些收纳盒进行材料整理。

（3）作品展示：主要利用一些墙面展示幼儿自制的一些益智玩教具。

（4）材料储藏：益智区材料可以按材料的不同类别进行收纳整理，将常用物品摆放在幼儿方便取放的空间，及时进行材料更新。

3. 基本材料准备

感知类、逻辑与对比关系类材料，如点数物品、镶嵌类材料、拆装类材料、平面拼图、迷宫类玩具、各种棋类、分类盒、排序推理玩具、配对和接龙玩具等。

（五）建构区（积木区）

幼儿建构主题或内容是在认知基础上，对周围环境、事物的再现和创作；幼儿对生活环境的观察与了解，是开展建构游戏的基础。游戏过程中，经与同伴友好协商、合作、分享，幼儿可以创造各种各样的设施和建筑物造型。由于活动中的建构物容易倒塌或碰撞，所以噪声相对较大，容易干扰其他区域的活动。此活动具有互动性、创造性、延展性等特点，不足之处是具有一定的干扰性。

1. 建构区设置目标

发展幼儿空间知觉；促进幼儿与他人合作能力的发展；促进幼儿表达能力的发展。

2. 建构区布局

（1）位置：应该远离静态的活动区，并需要较大的空间。可以与角色扮演区临近。

（2）桌椅设备：建构区根据材料以及空间大小分为大型建构区和小型建构区，不论是哪种类型，建构区材料都很多，根据建构活动性质，建议靠墙放置矮柜，用矮柜进行区域分隔，以增加收纳空间，可以设置一些幼儿规格大小的架子用于摆放积木和其他辅助材料，架子上要有明确的关于积木规格大小、类别的标记。地面可以根据幼儿偏好铺设柔软的地毯。

（3）作品展示：教师应在幼儿区域活动结束后保存幼儿作品，以便幼儿下次活动时继续完成作品或丰富完善作品，也方便其他幼儿学习借鉴。教师要利用摄像设备及时记录成果，可以装订成册放置在矮柜中，也可以利用背景墙进行展示，背景墙可以围绕建构主题，对幼儿进行潜移默化的教育，让幼儿边欣赏边学习。

（4）材料储藏：建构区材料可以按照形状、大小、材料等进行分类放置，可以放在篮子、箱子和盒子里。而其他小车子、小动物等模型可以另外分开放置。

3. 基本材料准备

（1）积木材料：大型积木、小型积木、乐高积木、塑料积木、泡沫积木、积塑、木板、厚纸箱、机械装置（滑轮、斜坡和小车轮）等。

（2）游戏道具：手推车、玩具卡车、搬运车、汽车、巴士、飞机、直升机、船、火车、小人、小动物、小树、小房子、农场、动物园、森林、交通标志等。

（3）其他：一块大地毯（覆盖地板，避免堆砌积木的声音过大）、幼儿用积木推成的建筑物的照片和图案、积木模型、积木模型图画等，可供幼儿用于表征的纸和笔等。

（六）角色区

角色区是让幼儿进行角色扮演游戏的活动区，角色区包括餐厅、超级市场、医院、邮局、车站、建筑工地，娃娃家等。活动区有生活化的游戏环境，真实的或者可以替代的操作材料，幼儿能按自己的意愿选择和扮演角色，活动中充分发挥想象力，在各种社会情境中与其他幼儿互相交往，并在整个游戏过程中始终处于假想状态，模拟着他们所了解的生活以及生活中的角色或情节，或者是他们假想的、在现实生活中不可能发生的情节。游戏中的幼儿往往会根据自己所扮演的角色，自觉不自觉地与其他相关区域产生主动联系与交往，打破区域或班级界限，充分利用和分享不同的游戏资源。角色区具有生活性、虚构性、性别差异性、角色转换性、创造性和交往性等特点。

1. 角色区设置目标

能清楚理解所扮演的角色，丰富生活经验，能跟其他幼儿愉快合作，发展人际交往能力；能清楚表达自己的意愿，提高动手能力、观察比较能力和问题解决能力，形成良好的生活习惯，增强生活能力。

2. 角色区布局

（1）位置：角色扮演区需要较大的空间活动时，幼儿常常会走来走去，大声交谈。因此，要远离图书区等较安静的区域；同时，可与积木区等同样活动较多的区域相邻。

（2）桌椅设备：根据幼儿所扮演角色的情境布置相应的桌椅及设备。

（3）氛围创设：角色扮演区可设计一些隔断，并采用家具、矮架子、纸箱、积木等材料围起来以确定本区域的活动范围，然后在区域范围内采用多种装饰材料创设与角色扮演相适宜的氛围。

（4）材料储藏：模拟真实生活情境将角色区中游戏材料进行分类放置。

3. 基本材料准备

在明确活动区内容、特点的基础上，结合幼儿年龄段，分门别类地准备相应材料。以下为幼儿园常见角色扮演情境：

（1）仿真材料。角色扮演所需的小柜子或小家具、各种小娃娃、毛绒玩具、各类水果、各种蔬菜、面包、点心等仿真材料。

（2）真实材料。和情景相适应的各种用具，如电话、锅、碗、勺子、微波炉、温度计、小货架、收银机、体温计、药瓶、听诊器等真实材料。

（3）各种服装及道具。如医生、警察、厨师、服务员、家庭成员、歌舞演员、理发师、售货员的服装、帽子、纱巾、围巾、头饰、手腕花等。

（4）书写工具。贴纸、练习本、信封、各种粗细不同的笔等。

（5）自制材料。与所学内容相关的手偶、头饰、与角色匹配的道具、其他辅助材料等。

（七）生活区

生活活动是幼儿园的一日活动的主要活动形式之一，生活区是幼儿开展生活活动的主要场所。幼儿园常见的室内生活区域有睡眠室、餐厅、洗手间、饮水区等。

1. 生活区设置目标

积累基本的生活经验，培养幼儿的独立生活能力和劳动观念，发展德智体美劳等方面的综合素质；培养孩子良好的生活卫生习惯，增强幼儿的自理能力和适应能力。

2. 生活区布局

生活区布局如表 2-6 所示。

表 2-6　生活区布局

生活区类型	图片案例	特点要求	环境创设
睡眠室	独立专用睡眠室如图 2-6 所示。  图 2-6　独立专用睡眠室	睡眠区是供幼儿午睡和休息的地方，学前阶段幼儿一般需要每天 11～12 小时的睡眠时间，其中午睡一般为 2 小时	1. 睡眠区须具有良好的通风条件，空气流通。寝室位置最好朝南，有阳光入室。配置数量足够的紫外线消毒灯，并按照幼儿园卫生要求按时、定时消毒。消毒灯开关设置以幼儿无法触及为原则。幼儿园可以在班级活动单元配备专用寝室，也可以利用活动室兼做寝室。

续表

生活区类型	图片案例	特点要求	环境创设
睡眠室	活动室寝室混用睡眠室如图 2-7 所示。  图 2-7　活动室寝室混用睡眠室		2. 保证每一位幼儿有固定床铺和卧具。单独、固定床铺可以保证幼儿舒适睡眠，也为幼儿养成良好睡眠习惯和生活自理能力提供必要条件。幼儿使用的床铺应坚固稳定，铺位应统筹安排、合理摆放，铺位要保持一定间距，避免幼儿间的紧密接触，既有利于疾病预防，也便于教师、保育员对幼儿午睡的观察和护理，并及时做好消毒工作。 3. 全日制幼儿园各班寝室与本班活动室毗邻，寄宿制幼儿园卧室可相对集中安排，便于夜间管理。 4. 各班寝室应有存放幼儿衣物的储藏空间、晾晒幼儿小件物品的空间与设施。 5. 利用幼儿易于识别的图示、标识等，建立睡眠常规，设置幼儿寝室行为准则提示标识
餐厅	餐厅如图 2-8 所示。  图 2-8　餐厅	幼儿在园进餐质量会直接影响他们的营养状况	1. 物质环境 （1）为幼儿创设舒适的用餐环境。幼儿餐厅可配置增进食欲、柔和的暖色系餐桌、餐椅。研究表明，橘色最能促进人的食欲。没有幼儿餐厅的幼儿园，活动室可兼做幼儿餐饮空间。 （2）提供健康的餐具。餐具的选择与提供应体现幼儿特点，遵循健康环保、方便实用、易清洁的基本原则，选择绿色环保、大小深浅适宜、不易脆化老化、无尖角、不易破碎的素色餐具。

续表

生活区类型	图片案例	特点要求	环境创设
餐厅	活动室用餐如图 2-9 所示。  图 2-9　活动室用餐		（3）科学配置幼儿膳食。坚持营养均衡、分量适中、品种齐全、形色多样、咸淡适宜的基本配餐原则，为幼儿提供谷物、蔬菜、水果、肉、蛋奶、豆制品等多样化的食物，且搭配均衡，精心准备好每一份餐点。 （4）幼儿园厨房应整洁卫生、宽敞明亮。厨房的环境必须满足“三分开、一方便”的原则：生熟要分开，且标志分明；副食品与调味品的贮藏要分开；烹饪间与烧火间要分开；炊事员流水操作要方便。 2. 心理环境 教师和保育员应营造宽松、文明的就餐环境。幼儿进餐过程中，可播放比较轻松的背景音乐，引导幼儿细嚼慢咽，不能大声喧哗。多给幼儿进餐时间，减少幼儿用餐时的焦虑，注重培养幼儿文明就餐的良好习惯
洗手间	盥洗池如图 2-10 所示。  图 2-10　盥洗池	盥洗室和卫生间的设置,一方面是为幼儿洗手和大、小便等生理、卫生需求提供便利；另一方面也是幼儿卫生习惯养成、提高生活品质的教育环境。幼儿通过盥洗与卫生设备的正确使	1. 幼儿的性别意识较弱，幼儿园多为男、女幼儿合用卫生间。建议分设男、女幼儿卫生间，或相对划分如厕区域。 2. 盥洗室、卫生间应临近活动室和寝室，并分间或分隔设置，有直接、良好的自然通风、透气条件。盥洗室、卫生间所有设施、设备的配置，应根据幼儿的年龄特点确定，按照《托儿所、幼儿园建筑设计规范》进行设置。 3. 卫生间要做到随用、随冲刷、随清洁，做到无气味，给幼儿创设一个良好的如厕环境。

续表

生活区类型	图片案例	特点要求	环境创设
洗手间	卫生间如图 2-11 所示。  图 2-11　卫生间	用，教师的科学指导，能够逐步养成良好的卫生习惯与生活自理能力，为幼儿的未来与发展，奠定良好的生活品质基础	4. 可以利用墙面图片提示，培养幼儿良好的大小便习惯和整理衣裤的能力，帮助幼儿掌握正确的清洁方法，不得限制幼儿便溺次数和时间。 5. 为幼儿准备盥洗所需的材料（洗手液、肥皂、毛巾、牙刷、水杯等），毛巾、水杯、牙刷等个人物品要做到一人一份，并定期进行更换和消毒
饮水区	饮水区如图 2-12 所示。 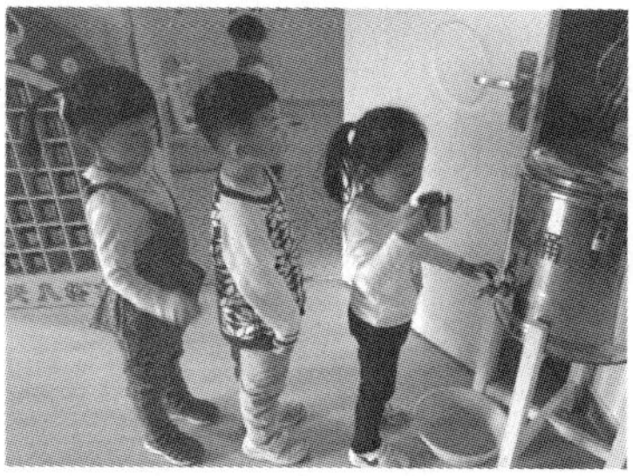 图 2-12　饮水区	幼儿在幼儿园的活动量较大，应充分保证幼儿日常饮水	在活动室适当位置设置保温饮水设备和存放幼儿专用水杯的水杯架。饮水区应保持清洁、卫生，定期对饮水设备进行消毒清洗。为幼儿提供健康、符合国家卫生标准的安全饮用水，水温不宜过高或过低，方便幼儿随时饮用为宜

第四节　幼儿园常见公共区域环境创设

一、幼儿园公共区与公共区环境创设含义

（一）幼儿园公共区

幼儿园公共区是指打破了幼儿的年龄界限，各班幼儿都可以使用的室内外公共活动区域。如利用幼儿园地面各类线条，教师可以引导不同年龄段的幼儿练习走直线、曲线。幼儿园的沙池、水池、草地等公共场所打破了班级区域限制，是幼儿自由活动的乐园。

（二）幼儿园公共区环境创设

幼儿园公共区环境创设是指教师善于利用幼儿园教室以外的空间，投放丰富的活动材料，为幼儿提供轻松的心理环境、舒适的物质环境，打造适宜不同年龄段幼儿参与的活动环境。

幼儿园公共区环境是幼儿园环境的重要组成部分，是各班级教室环境的有效补充，它给幼儿提供宽松的生活环境，实现最大限度的资源共享。

二、幼儿园常见公共区的类型

（一）幼儿园室外公共区

幼儿园常见的室外公共区有运动场地，游乐器械区，玩沙、玩水区，种植、养殖区和户外涂鸦区等。

（二）幼儿园室内公共区

幼儿园常见的室内公共区包括门厅、走廊、楼梯、多功能室等。

三、幼儿园室内外公共区环境创设的原则

（一）自然性

自然性主要是指公共区环境创设要体现自然生态的环境，如图 2-13 所示。在室外，阳光、花草、沙、水、土坡等都是大自然馈赠的礼物，应该让幼儿充分享受自然资源，而不应该整天把他们局促在狭小的教室。此外，我们不宜把幼儿室外场地全部铺成水泥地。

（二）开放性和参与性

孩子们在幼儿园都是平等的，幼儿园公共区域环境应该是开放性的，不同年龄段的幼儿都能在室内外公共区域环境中活动。环境成为教育资源的过程是师幼或幼儿之间的参与过程，幼儿通过积极参与各项活动得到发展，如图 2-14、图 2-15 所示。

图 2-13　幼儿园室外自然环境①

图 2-14　幼儿园室内多功能厅

图 2-15　幼儿园室外种植区②

（三）运动性和挑战性

幼儿园公共区活动与教室内安静的教学活动不同，公共区活动充满刺激和挑战，如室内多功能室的律动和表演等活动，室外的攀爬、吊索等活动，如图 2-16 所示。

（四）游戏性和生活性

游戏性和生活性是幼儿园公共区环境另一突出的特点。游戏贯穿于室内外各项活动的方方面面。而丰富的游戏内容为幼儿提供充分体验生活的机会，如图 2-17 所示。

---

① 南京市鼓楼幼儿园室外环境，2017 年拍摄。

② 南京市鼓楼幼儿园室外种植区，2017 年拍摄。

图 2-16　幼儿园攀爬区

图 2-17　幼儿园生活、活动区

四、幼儿园室内公共区环境创设方法

（一）幼儿园门厅的环境创设

1. 门厅的功能

门厅是幼儿园教职工、幼儿、家长和来访人员必经的场所，是室内公共区的重要组成部分。门厅大多比较宽敞，以利于人员通行和短暂地停留，如图 2-18 所示。在一些幼儿园，门厅还兼具有展示幼儿园文化、信息传播（包括公告和通知等）、对外宣传、晨检和小憩等功能。

2. 门厅的环境创设

1）门厅的设计

门厅设计不宜繁杂，应保证门厅的通畅。在不妨碍通畅的前提下，门厅可设置大镜子、小型室内雕塑、室内绿化。门厅的色彩配置和谐，满足幼儿的审美需求。

图 2-18　幼儿园门厅

2）门厅的作用

幼儿园可根据办园特色、指导思想，结合门厅空间结构，创设幼儿园文化宣传墙、教科研成果墙、教师风采栏、幼儿作品展示栏和公告栏等。

（1）门厅空间大小要求：门厅空间大小根据幼儿园规模和主体建筑中幼儿出入的数量来合理设定。一般来说，小型幼儿园门厅建筑面积 30 ~ 40 m^2，中型 50 ~ 70 m^2，大型 80 ~ 100 m^2，门厅净高 2.6 ~ 2.8 m 为宜。

（2）门厅的门扇要求：门厅的门扇无棱角，距地面 0.7 m 处设幼儿专用拉手，距地 0.6 ~ 1.2 m 处不应装玻璃等易碎物品。

（二）幼儿园走廊的环境创设

幼儿园走廊是用来连接同层房间的通道，使同层各班级和活动室相互通达。

1. 走廊的功能

走廊若比较宽敞，可以利用墙面布置成幼儿作品的展示区，放置柜子作为书包、衣帽等储物处。单面走廊或外廊可以作为种植区，如图 2-19 所示。

图 2-19　幼儿园走廊

单面走廊是指楼主体以内的走廊，是封闭在楼内的。

外廊是在楼主体墙外悬挑的走廊结构，如图 2-20 所示。

图 2-20　外廊

2. 走廊的环境创设

（1）幼儿园走廊地面应平整，不宜设置台阶，当地平面有高度差时，应采用防滑坡道。

（2）走廊的色彩搭配和挂（吊）饰要求：走廊的色彩以乳白、淡粉等清爽的浅色为宜，色彩不宜过于鲜艳，繁杂。走廊上的挂（吊）饰不能过低，挂（吊）饰不宜过多，避免阻挡监控器和光线等。

走廊设置的大小规格：单面走廊净宽应大于 1.8 m，走廊的长度应注意建筑物防火要求，距安全出口不能超过 25 m。

幼儿园有外廊的，外廊栏杆宜采用通透式的金属栏杆，栏杆的高度不低于 1.2 m。栏杆垂直间距不能大于 0.11 m，栏杆下距地面 0.11 m 范围内应以实物遮挡，以免物体落下伤害他人。

（三）幼儿园楼梯的环境创设

1. 楼梯的功能

楼梯有连接建筑物垂直空间，方便人们上下通行的功能。作为建筑物的重要结构，楼梯还起承重的作用。

2. 楼梯的创设要求

（1）楼梯的踏步梯级高度应适合幼儿使用，楼梯踏步边缘应做防滑处理，宜采用耐磨、易清洗的大理石、防滑地砖或木质地板等材料。踏板上左右两边可以贴上不同颜色的贴纸，提醒幼儿排队上下楼梯，如图 2-21 所示。

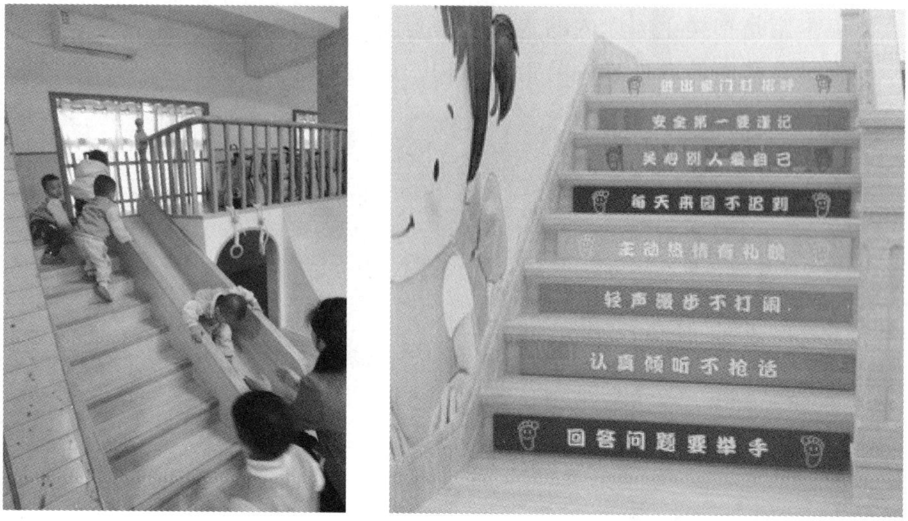

图 2-21　幼儿园楼梯不同的标识

（2）幼儿园楼梯两侧应设置栏杆与扶手，同时兼顾成人和幼儿。供幼儿使用的扶手最好采用木质材料。幼儿园内部防护栏杆应镂空，不宜采用封闭式栏板。室外楼梯的内侧栏杆可以为镂空金属直栏杆，视觉上增加楼梯的宽度，外侧应钉上实心栏板，增加安全感。

（3）楼梯应设置在自然光线良好的地方。幼儿园楼梯踏步梯级高度以 0.13 ~ 0.14 m 为宜，不应超过 0.15 m，宽度不能小于 0.26 m。

幼儿园栏杆与扶手同时兼顾成人与幼儿使用的要求。按成人使用的要求，栏杆高度不宜小于 1.05 m。在靠墙一侧设幼儿扶手，其高度不应大于 0.6 m。

扶梯垂直栏杆间的净空距离不应大于 0.11 m，当楼梯井净宽度大于 0.2 m 时，必须在外侧增加防护栏板。

（四）幼儿园功能厅（室）的环境创设

为进一步丰富幼儿的活动，满足幼儿综合素质发展的需求，幼儿园除班级教室等活动空间外，新建的幼儿园一般都设计了相应的功能厅（室）。功能厅（室）一般包括多种功能于一体的多功能厅（室）和专用功能厅（室）两种。

1. 多功能厅（室）的环境创设

多功能厅（室）是指同时能满足幼儿园开展多种活动需要的场所，如小礼堂和音、体活动室等，如图 2-22 所示。它是一个可以开展聚会、演出、体育活动、亲子活动或家长会等大型活动的综合场所。

图 2-22　幼儿园多功能厅

（1）多功能厅（室）各功能区域可以采用屏风作为隔断物简单隔开，以免相互干扰，但屏风高度不应超过 1.2 m，保证幼儿都在教师的视线范围内。且各区域间应有通道，并保持畅通。

（2）如果多功能厅（室）超过 150 m^2，可以设置电声设备间、小舞台、灯光调试间、服装和道具储备间等。

（3）多功能厅（室）的环境创设其他注意事项：

多功能厅（室）地面应平整、舒适和安全，便于幼儿开展运动量大的活动。室内若有立柱应该加以软包，保证幼儿的安全。

功能厅的整体色彩应以清新的浅黄、浅绿色等为宜。视线集中的区域设置色彩明快、形象生动的手绘或以流畅曲线、连续性纹饰等进行装饰，减少室内枯燥、单调的氛围，增加室内和谐气氛。

2. 专用功能厅（室）的环境创设

1）美术活动室环境创设

美术活动室是以班级为单位，供全园幼儿轮流进行绘画、手工等创作活动的场所，如图 2-23 所示。

图 2-23　幼儿园美术活动功能区

美术活动室可划分为绘画区、手工区等区域，并配备相应的作品展示区和材料摆放区（架）。配备较大的操作台，每个操作台可供 8 ~ 10 名幼儿面对面同时操作。绘画操作台以木质材料为首选，中央可设置约 8 厘米的凹槽，方便幼儿摆放绘画工具。手工制作台面宜用大理石材料，便于清洗。

美术活动室应选用有水槽和清洁池等清洗设备的房间。水槽、清洁池等设备的高度应满足幼儿身高的需要。

2）科学探究室环境创设

学前儿童性格的特点是好奇、好问。好奇心促使儿童表现出强烈的探索行为。幼儿园的科学探究室就是引导幼儿探索事物奥秘、进行观察和科学发现的场所。科学探究室可以划分为科学观察区、科学探索区等区域，如图 2-24 所示。

科学探索区配有展示台、操作台、科学探究工具箱，以及进行科学发现和探索操作所需的相关仪器，如放大镜，显微镜、地球仪、望远镜等。让幼儿在观察、操作和交流探讨的过程中促进认知的发展，有效地开发幼儿的智能。

图 2-24　幼儿园科学探索区

3）图书阅览室环境创设

图书阅览室是幼儿进行阅读活动的中心，是引导幼儿养成良好阅读习惯的场所。幼儿园应为幼儿创设温馨、安静的阅读环境，以吸引幼儿主动阅读，培养幼儿浓厚的阅读兴趣。

图书阅览室要有良好的光线，安静的环境。墙面和窗帘以淡蓝和淡绿为主。地面铺装木质地板，并提供高度适宜的桌椅，配置一定数量的软垫和沙发。

书架一般不超过 1.2 米，方便幼儿取放图书。图书的选择应符合小、中、大班不同幼儿的年龄特点。投放贴近幼儿生活且不易撕坏的图书，满足不同年龄段幼儿自主阅读的需求，如图 2-25 所示。

图 2-25 幼儿园图书阅览室

五、幼儿园室外公共区环境创设方法

(一)室外运动场地

室外运动场通常是幼儿园全体师生进行集会、做操和进行各种体育运动的场所。室外运动场应满足幼儿走、跑、跳等大动作的活动需求。运动场还应提供各项集体游戏的场地，例如走平衡木、玩沙包和玩轮胎的区域，如图 2-26 所示。

室外运动场应有 30 米直跑道。在运动场周围有绿树和长廊为幼儿提供树阴，以便幼儿休息和遮阴。靠墙的地方有储物柜，方便幼儿收拾体育器材。

图 2-26　幼儿园室外运动场

（二）室外游乐器械区

游乐器械区是设置有滑梯、秋千、攀岩墙和钻爬等大型运动器具的场所。

幼儿攀、爬、跳的地方应该铺设软垫、沙地或保存泥土地，必须清除尖、硬等危险物质，防止幼儿受伤。

攀登的器械最好设置安全绳或设置防护网。大型器械区随时都应该有老师在旁边观察，对幼儿的安全全方位监督，如图 2-27 所示。

图 2-27　幼儿园室外游乐器械区

（三）玩沙、玩水区

玩沙、玩水区是适合不同年龄段幼儿活动的场所。幼儿园应开辟玩沙、玩水等活动场地，并为幼儿提供各种工具帮助幼儿锻炼舀、铲、挖、堆等技能，如图 2-28 所示。

图 2-28 幼儿园沙水区

（四）种植、养殖区

种植、养殖区是幼儿进行观察和感知的另一个重要的场所。幼儿园（特别是城市幼儿园）应该为幼儿创设种植区和养殖区。没有条件的幼儿园可以用盆、罐、筐等器具进行种植或养殖，如图 2-29 所示。

幼儿在给植物播种、浇水、施肥，感受植物结果和收获的过程中，体验劳动的快乐，收获成功的喜悦，从而萌发爱护花草树木的情感。同时幼儿在饲养、照顾小动物的过程中逐渐和小动物建立感情，养成爱护小动物的习惯。

不过，幼儿园必须饲养温驯的动物，不宜养攻击性强的动物，以免伤害幼儿。

图 2-29　幼儿园种植、养殖区

（五）户外涂鸦区

户外涂鸦区是幼儿喜欢的场所，幼儿在此区域可以随心所欲地大胆地创作，激发幼儿创作欲望。户外涂鸦区是室内美工区的有利补充。涂鸦墙宜采用容易清洗的瓷砖等材料，以便涂鸦墙能重复使用，如图 2-30 所示。

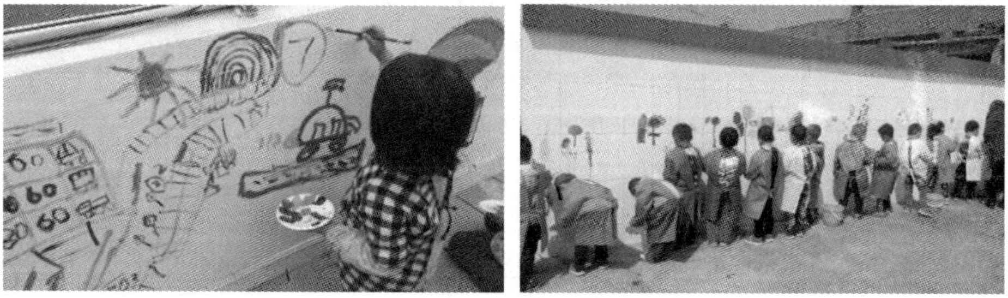

图 2-30　幼儿园户外涂鸦区

第三模块

幼儿园课程建设

幼儿园课程是实现学前教育目标的手段[①]，是保证学前教育质量提升的关键。20 世纪初，我国没有相对成熟的幼稚园课程，也没有教材，所有的幼稚园都是效仿西方的方法，不是直抄福禄贝尔，就是直抄蒙台梭利。[②]教师们在使用西方的幼教资源时，不肯加以改变，不考虑西方的课程是否符合中国幼儿的需要，也不管幼儿是否能受纳。可见，旧式的幼稚园课程需要改造。陈鹤琴 1919 年留学回国之后，调研中国学前教育发展的现状，创办了南京鼓楼幼稚园。他们以鼓楼幼稚园为实践基地，开始幼稚园课程中国化的探索。

鼓楼幼稚园课程的试验工作始于 1925 年秋天，试验可分为三个时期：第一时期，散漫期。第二时期，论理组织期。第三时期，设计组织期。

第一期，散漫期。该时期，陈鹤琴提出了 4 条原则："1. 一切课程是儿童自己的，不是教师的，更不是父母或社会上的其他装饰品。2. 一切课程是当时当地儿童自发的活动，不能抄袭任何人家的。3. 教师之责任只有供给儿童的询问及各种应用材料，并指导儿童所需的材料。4. 注意于儿童身体的健康、动作的活泼，不愿儿童受纳许多呆板的知识和斯文如木的礼节。"[③]经过半年的应用后发现困难丛生，主要表现为教师穷于应付、儿童在一个平面上打转、不好动的儿童呆坐了、儿童渐渐有倔强的神气和儿童注意力难以集中等问题。

第二时期，论理组织期。通过对第一时期出现的问题进行分析，陈鹤琴等人认为必须加强组织。课程应该以儿童为主，合于当地的、当时的环境。课程

① 刘晓东，卢乐珍，等．学前教育学[M]．南京：江苏教育出版社，2009：291．

② 陈秀云，陈一飞．陈鹤琴全集（第二卷）[M]．南京：江苏教育出版社，2011：4-5．

③ 陈秀云，陈一飞．陈鹤琴全集（第二卷）[M]．南京：江苏教育出版社，2011：105-106．

设置前，先拟定一周的课程大纲，大纲是根据当时当地的节气、自然物、社会风俗习惯拟定的。第二时期的课程改革减少了一些困难，但发现了许多不能填补的缺陷。①强制了儿童的兴趣。②蔑视了儿童的个性。③教材常常不适用。④临时发生的事情很难插入。课程实施过程中只图教师的便利，剥夺了儿童的自由，需要再改换。

第三时期，设计组织期。这次试验称之为“设计”，也可以叫作“中心”。[①]这种方法分别在鼓楼幼稚园、晓庄、燕子矶等乡村幼稚园里试行，证明此制适用。具体路径可以归纳为以下几条。

（1）前一周会议上讨论下星期大约可以做些什么。

（2）把要做的活动拟定以后，商议它的内容，大约有几个步骤可以做。

（3）各活动内应用的材料和可以参考的书，教师详细预备。不过所谓预备是教师自己的预备，不是替儿童件件都装配停当。

（4）布置一个适当的环境来引起这个设计。

（5）儿童既然感兴趣，教师顺着儿童的兴趣，引起各活动的各方面来，并且与各学科联络。但是并不强求合乎预定。

（6）儿童完全不限制，多做就多做，少做就引起别的设计来。

（7）儿童如果不能维持到做完设计的全部历程，教师急需考察一下，究竟是什么缘故，可以补救吗？

（8）儿童临时发生特种兴趣，教师要尽力去指导，有时竟可以把全部预定的改变，做这个临时发动的事。

（9）幼稚生急需看到结果，所以各个设计中当分做许多小段落，他们的兴趣方才可以维持。

（10）在同一设计单元里，各方面的活动很多，儿童愿意做任何一方面应该听儿童自由去做。不过希望儿童各方面都做到。

（11）在同一设计中，有许多活动要几个人合作的，有许多活动只需要独做的。教师可以引导，同时可以训练几个儿童来引导。

（12）每个设计单元的每一个阶段或一方面的活动，得到结果。应有极短的、简单的批评与讨论。

第三时期的课程设计方法即单元课程。课程建设过程中加强了组织，解决了第一时期无组织的难题。在课程设计和实施中，注重课前详细设计，更关注

---

① 陈秀云，陈一飞．陈鹤琴全集（第二卷）[M]．南京：江苏教育出版社，2011：111-119．

儿童活动时的兴趣，根据儿童兴趣适时调整课程，体现课程预设和生成紧密结合的特点。

在鼓楼幼稚园试验的基础上，1928 年，陈鹤琴、郑晓沧、张宗麟等人起草编制了《幼稚园课程标准》，1929 年 8 月由教育部颁发。

《幼稚园课程暂行标准》①

一、幼稚教育总目标

1. 增进幼稚儿童应有的快乐和幸福。

2. 培养人生基本的优良习惯。

3. 协助家庭教养幼稚儿童，并谋家庭教育的改进。

二、课程范围

（一）音乐。（二）故事和儿歌。（三）游戏。（四）社会和自然。（五）工作。（六）静息。（七）餐点。

三、教育方法要点

1. 以上所列各项活动（音乐、游戏、故事、社会和自然、工作等），于实施时，应该打成一片，无所谓分科。

2. 儿童每天在园的时间，全日制约六小时。

3. 各种作业，可由儿童各从所好，自由活动。但是团体作业，每日应有一次，由教师暗示法，吸引幼儿共同操作。

4. 故事、游戏、音乐、社会和自然，大部分可由教师引导施以团体作业。工作则大部分由儿童个别活动，由教师个别指导。

5. 教师应该充分地预备，以免临时困难。

6. 教师所提出的引导儿童活动的材料，和指导儿童活动的方法，以及一切进行，……都需要体察儿童的心理，切合儿童的经验。

7. 幼稚园所用的材料，不是空话，而是日常可见可接触，至少可想象的实物、实事。幼稚教育所用的场所，不限于室内，而需以户外的自然界、家庭、村、市、工商业……为最好的场地。

8. 幼稚园的设计教学，需注意下列几点：

（1）从儿童自由活动中，发现设计的题材。

（2）在设计中应有的一切活动，应该早就体察儿童的能力，把儿童不能做的或做不成功的部分省去，以免儿童不能做而废止。

---

① 陈秀云，陈一飞．陈鹤琴全集（第二卷）[M]．南京：江苏教育出版社，2011：155-164．

（3）设计的材料，以易达目的易得结果的为最好。

9. 教师是儿童活动的把舵者，要使儿童跟着他的趋向而进行，在未达目的前，不要改变宗旨。

10. 教师不是裁判者，儿童的问题，应由儿童自己去解决。

11. 教师应利用奖励，以鼓励儿童对某种作业的兴趣。

12. 有几种技能，应该用练习的方法，使儿童纯熟。

13. 园中的事物，凡儿童能做的，如扫地、揩桌子、拔草等，应充分地由儿童去做。

14. 每半年举行“体格检查”一次，每月举行“体高、体重检查”一次，每月举行“健康并清洁检查”一次。

15. 教师对于儿童的身体、性情、好尚，以及家庭、环境……都应注意。最好备一本小册子，将观察所得的记录起来，以为研究和施教的资料。

16. 教师应该常常到儿童家庭去，或请家长到园中来……尽力联络感情，宣传幼稚教育和家庭教育的方法。

17. 幼稚园除利用户外的自然和社会外，依下列标准设备一切。（1）要合乎我国的民族性。（2）要合乎当地的社会情形。（3）要适应儿童的需要。（4）要不背教育的意义。（5）要利用废物、天然物和日用品。

幼稚园的课程①

一、编制课程的原则

1. 课程的目的最重要的是帮助儿童目前生活，至于将来生活的帮助还在其次。

2. 所有的课程都要从人生实际生活与经验里选出来。

3. 富于弹性的课程，可以适应个别不同的兴趣与能力的儿童。

4. 所有课程允许重编。

一国之中应该有全国统一的课程大纲，但是应该允许各地重编。各地方也应当根据社会需要而决定是否重编。

5. 非但要适应儿童目前的需要，尤其应该适应其他的新需要。

二、幼稚园课程的组织

幼稚园课程组织“要有目标，又要合于生活”。每学期应该有一个

① 陈秀云，陈一飞．陈鹤琴全集（第二卷）[M]．南京：江苏教育出版社，2011：27-31．

总设计，以决定本学期应该注重的目标。每星期又有一个预定的课程表，拟定一星期里教导的中心。但是此项课程预定表，并不是固定的、不能变换的，儿童或社会上发生临时的事情，教师可以采为课程内容，可以把一切预先所定的暂时搁起，重新做一番筹划工作。倘若新发生的事情与预定的有些相像，那就要把它容纳进去。

组织课程的取材至少有三个来源——时令、自然环境、家庭与社会的生活。

1. 时令。包括纪念日、节气、生日均可。

2. 自然环境。四季变换的动植物，阴晴雨雷的自然现象。

3. 家庭和社会生活里的东西。儿童天天接触到的东西，成人应加以引导。

【内容导览】

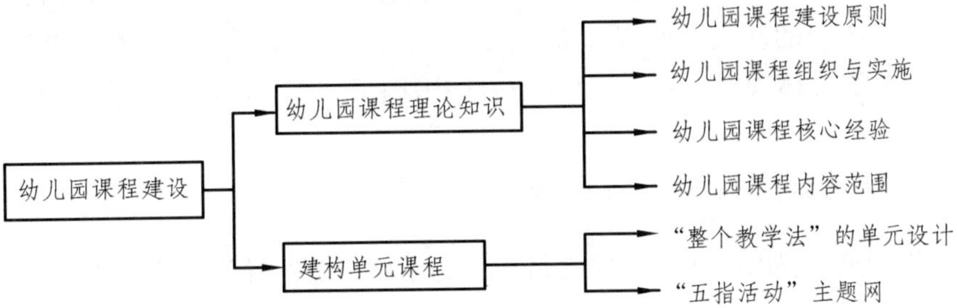

第一节　幼儿园课程理论知识

1932年，当时的教育部颁发了《幼稚园课程标准》，陈鹤琴先生当年参与该标准的起草。《幼稚园课程标准》包括音乐、故事和儿歌、游戏、社会和自然、工作、静息和餐点等七个方面。

该课程以幼儿身心发展特点为基础，以幼儿园健康、文学、科学、社会、艺术五大领域为基本内容，以陈鹤琴“五指活动”课程的思想为指导，结合西部地区地域、经济和民族文化等特点，做好乡村幼儿园课程建设，为乡村幼儿园课程建设提供借鉴。

现阶段，我们应根据教育部2001年9月起试行的《幼儿园教育指导纲要（试行）》（教基〔2001〕20号）和《3—6岁儿童学习与发展指南》等纲领性文件要求，结合陈鹤琴的整个教学法制定乡村幼儿园课程建设方法。

陈鹤琴先生的“五指活动”课程是把健康、文学、社会、科学、艺术五个方面作为一个整体来设计。他在鼓楼幼稚园课程设计中以时令季节为主线，从日常生活中选择幼儿感兴趣且适合他们学习的内容为主题，制定单元课程，一月为一个大主题，一周为一个小主题。在课程实施过程中若幼儿对某个活动感兴趣，可以把预设课程与生成课程结合，实现幼儿园课程的弹性计划。

一、幼儿园课程建设原则

陈鹤琴认为，幼儿园课程设置要遵循几条原则：“1. 课程的目的最重要的是帮助儿童目前生活，至于将来生活的帮助还在其次；2. 所有课程都要从人生实际生活与经验里选出来；3. 富于弹性的课程；4. 所有的课程允许重编；5. 非但要适应儿童目前的需要，尤其应该适应其他的新需要。”[①] 陈鹤琴先生提出，全国应该有一个统一的幼儿园课程标准，至于课程内容各地可以根据实际重编。幼儿园课程设置要体现两点：“一是要适合中国国情，二是能促进儿童发展。”[②]

二、幼儿园课程组织与实施

幼儿园课程应以幼儿已有的生活经验为基础，设置有益于幼儿体格、语言、社会性、艺术素养等各方面发展的课程。

组织课程至少有三个来源，即时令、自然环境、家庭与社会的生活。[③]

（一）时令

可利用的时令素材很多。① 传统节日有春节、元宵节、清明节、端午节、中秋节、重阳节等。② 节气有立春、夏至、秋分、立冬等。③ 纪念日有国庆节、建党节等。④ 地方民风民俗有芦笙节、火把节、端节、姊妹节、跳地戏、三月三等。

---

① 陈秀云，陈一飞．陈鹤琴全集（第二卷）[M]．南京：江苏教育出版社，2011：27-29．

② 崔利玲．单元课程的实践建构——“活教育”思想的传承与发展[M]．南京：江苏凤凰教育出版社，2015：2-3．

③ 陈秀云，陈一飞．陈鹤琴全集（第二卷）[M]．南京：江苏教育出版社，2011：27-29．

（二）自然环境

大自然中有取之不尽的资源，动植物的生长，阴晴雷雨等自然现象都可以作为课程建设的素材。如一粒蚕豆，从发芽、长出嫩叶、开花，再到结果，整个过程学生通过观察、记录、测量，培养观察能力，掌握科学知识。

（三）家庭和社会生活

家庭和社会里的东西是儿童天天接触到的，家庭和社会人员的言、行潜移默化影响儿童的行为。从幼儿的身心发展特点来看，幼儿园应该选择幼儿生活实际需要的东西来教，远离幼儿生活的素材较抽象，他们无法理解。我们组织课程“要有目标，又要合适于生活”[①]。

幼儿园生活历如表 3-1 所示。

表 3-1　幼儿园生活历

月份	活动							
	节日	气候	动物	植物	农事	儿童玩耍	风俗	儿童卫生
1								
2								
3								
4								
5								
6								
7								
8								
9								
10								
11								
12								

① 陈秀云，陈一飞．陈鹤琴全集（第二卷）[M]．南京：江苏教育出版社，2011：29．

三、幼儿园课程核心经验

（一）健康

提高学前儿童的健康水平是学前健康教育的主要目标。幼儿园健康教育核心经验是幼儿健康发展必须获得的经验，对达成健康教育目标有十分重要的意义，可以为儿童全面发展奠定基础。如表 3-2 所示。

表 3-2　健康领域核心经验[①]

维度	核心经验
运动	身体控制和平衡能力
	身体移动能力
	器械（具）操控能力
生活	生活自理能力和良好的生活习惯
	安全和自我保护能力
心理健康	情绪管理能力
	恰当表达情绪

（二）语言

语言是最主要的交流工具，是个体与社会连接的桥梁。幼儿语言教育核心经验是幼儿成长过程中必须要获得的最重要的语言经验。根据幼儿语言发展的年龄阶段特点，幼儿语言核心经验分为口语语言、书面语言、文学语言三个方面。如表 3-3 所示。

表 3-3　语言领域核心经验

维度	核心经验
口语语言	交流的经验
	倾听的经验
	语气、语调感知的经验
	理解语义的经验

① 柳倩，周念丽，张晔．学前儿童健康学习与发展核心经验[M]．南京：南京师范大学出版社，2019：7-8．

续表

维度	核心经验
书面语言	感知文字符号的经验
	阅读的经验
	书写技能的经验
文学语言	词汇的经验
	句子结构的经验
	复述和续编的经验

（三）社会

幼儿社会性发展是他们在成长的过程中所获得的人际交往和社会适应的经验。幼儿社会教育核心经验包括自我认知、人际交往和社会生活规则的建立等方面。如表 3-4 所示。

表 3-4　社会领域核心经验

维度	核心经验
自我认知	能感知自我的兴趣和需求
	自我责任心的建立
人际交往	愿意与同伴建立友好关系
	掌握基本的社交礼仪
	习得乐于分享，相互合作等亲社会行为
社会活动规范	适应幼儿园以及身边其他社会群体的生活
	遵守社会规则
	认识自我与集体的关系

（四）科学

幼儿学习科学的核心是激发幼儿探究的兴趣，初步培养探究的能力。幼儿在亲近大自然和解决数学问题的过程中，可以获得丰富的感性经验，充分发展形象思维；尝试排列、分类、推理、判断，初步培养逻辑思维能力。如表 3-5 所示。

表 3-5　科学领域核心经验

维度		核心经验
科学兴趣		喜欢亲近大自然，接触新事物
		对大自然的万事万物好奇
探究能力		喜欢探索周围的事物和现象
		观察事物和现象，提出疑问，寻找结果
		具备用符号记录观察内容和收集观察资料的能力
		科学思维，理解实验结果的能力
数理逻辑关系		数的含义
		数、量间的关系
		感知空间方位与几何图形的逻辑关系
科学概念[①]	生命科学	生物发展的规律
		生物的种类和特征
	物质科学	物质的材料和特点
		物质的运动与位置
	星球与空间的关系	地球与太阳、月亮的关系
		时令与节气
		天气与气候

（五）艺术

幼儿艺术领域包括“感受美、欣赏美”“表现美、创造美”两个层次。强调成人应带幼儿在大自然和社会生活中感受美，培养幼儿的审美能力，鼓励幼儿表现美和创造美。如表 3-6 所示。

表 3-6　艺术领域核心经验

维度	核心经验
艺术美的感知和欣赏能力	发现自然界、生活中美的形状、声音；感知音乐旋律
	欣赏绘画、雕塑或文艺演出等艺术作品
艺术表现和创造的能力	使用不同的美术工具和材料进行制作
	根据旋律有节奏地律动
	运用动作创造性地表达对音乐的感受

① 谭楣．幼儿园五大领域核心经验（健康、语言、社会、科学、艺术）[M]．北京：中国轻工业出版社，2017：104-105.

四、幼儿园课程内容范围

（一）健康

1. 各年龄段幼儿健康教育目标

3～6岁各年龄段幼儿健康教育目标如表3-7所示。

表3-7　3～6岁各年龄段幼儿健康教育目标

	3～4岁	4～5岁	5～6岁
动作发展	喜欢走直线；双脚灵活交替上下楼梯；双手力量增强，能悬空吊起10秒，能向上抛球；能快跑15米，慢走1公里（中途可以停歇）。 能用勺吃饭；能沿直线剪；能用笔涂涂画画	能匍匐、膝盖悬空钻、爬；能在低矮物上平稳地走一段距离；双手悬空吊起15秒；能快跑20米，慢走1.5公里（中途可以停歇）。 会用筷子吃饭；能剪出由直线构成图形的轮廓	能在斜坡上平稳地行走；能以手脚并用的方式爬攀登架、网等；能躲避滚过来的球或沙包；能快跑25米。 能沿轮廓剪出曲线构成的简单图形；能根据需要画出图形，线条平滑
生活适应能力	在成人的提醒下按时睡觉和起床；能自己吃饭，不挑食；不用脏手擦眼睛；看电视时间不超过10分钟；早晚刷牙；饭前便后洗手。 在成人帮助下穿脱衣服、鞋袜；把玩具放回原处。 不吃陌生人的东西，与陌生人保持一定的距离；遇到危险知道呼救	养成午睡的习惯；不挑食，不偏食，不暴饮暴食；愿意喝白开水；不在过亮或过暗的地方看书，看电视时间不超过15分钟；饭前便后洗手。 自己穿脱衣服、鞋袜，扣扣子；会整理自己的物品。 不吃陌生人的东西，遇到坏人大声呼救	自主午睡；不偏食、不挑食；少喝饮料，愿意喝白开水；懂得保护眼睛，不在过暗、过强的光线下看书；玩玩具后，从外面回来，饭前便后洗手，养成了良好的卫生习惯。 遵守交通规则，运动时自觉注意安全；习得地震、火灾等突发自然事故中的自我保护方法
心理健康	在成人引导下能表达自己的心情；不愉快的情绪能很快被安抚；能保持愉快的心情	自我调节情绪的能力逐渐增强；愿意把自己的不愉快告诉他人；不高兴时能在成人提醒下逐渐平静	具备稳定地控制情绪的能力；不乱发脾气；能在活动中调节不愉快的情绪

2. 健康内容概要

（1）大肌肉活动（攀、爬、跑、跳、钻等）。

（2）小肌肉活动（剪、贴、撕、抓、握、穿、插、舀、端、画等）。

（3）悬垂活动，锻炼儿童身体力量和耐力（单杠、双杠、滑轮等）。

（4）平衡能力（平衡木、跷跷板、滑梯、木桩、梯子、滚动的轮胎等）。

（5）熟悉幼儿园的集体生活，逐渐摆脱分离焦虑。

（6）适应家以外的其他公共场所的新环境和新生活。

（7）适应四季温度变化，根据温度增减衣服。

（8）适应公众场合的各类规则，提升规则意识。

（9）学习如厕、洗手的方法，养成良好的卫生、生活习惯。

（10）穿脱鞋袜、衣服；自主用餐、睡眠等，培养生活自理能力。

（11）学会控制不良情绪的方式方法。

（12）幼儿愿意分享高兴的事；愿意与亲近的人说出不愉快的事。

（13）午睡活动。午饭后引导幼儿午睡，3～6 岁幼儿午睡 2～2.5 小时，醒来时不能打扰其他人。

（14）一餐两点。在相对固定的时间进行午餐、早点、午点，两餐（正餐）间隔不少于 3.5 小时。鼓励幼儿自主用餐。

（二）语言

1. 各年龄段幼儿语言教育的目标

3～6 岁各年龄段幼儿语言教育目标，如表 3-8 所示。

表 3-8　3～6 岁各年龄段幼儿语言教育目标

	3～4 岁	4～5 岁	5～6 岁
表达与倾听	愿意倾听并基本能听懂日常对话；基本会说本民族的语言；愿意表达自己的想法；基本掌握礼貌交流方式	能结合语气、语调理解他人的意思；会说普通话和本民族语言；能清楚地讲述自己的意见，注意语调、语速；主动使用礼貌用语	能集中精神倾听，并能积极回应；能理解较复杂的句子；本民族语言表达流利；普通话发音准确；讲述一件事情清楚、生动；能根据情境调整语气；注意交流时的礼貌，不随意打断别人
阅读与书写	喜欢翻看带有鲜艳图片的图书和听懂短小的故事。 喜欢涂涂画画表达意思	反复翻看喜欢的图书；开始对图书中的符号感兴趣，能根据连续图画说出故事的情节。 画出图画和符号表达自己的想法	专注地阅读书；用图文对应方式理解图书中的文字符号的含义。 会写出自己的名字；画出符号表达故事
文学活动	喜欢听儿歌；初步理解图书的文字是表达图片意思的	能初步体会作品中的情感。喜欢读押韵的儿歌和诗词	能根据故事的情节进行续编或改编等创作；能体会作品中的情感。感受文学语言的美

2. 语言内容概要

（1）与别人交流时，认真倾听别人说话。

（2）清楚表达自己的观点。

（3）学会礼貌用语。

（4）阅读图书，理解图书的意思。

（5）能进行民间故事、历史故事、笑话、寓言等的分享与演习（复述、表演、创编）。

（6）能进行儿歌、诗、谜语的欣赏与吟唱。

（7）用图画、文字符号等表达自己的想法。

（三）社会

1. 各年龄段幼儿社会教育目标

3～6 岁各年龄段幼儿社会教育目标，如表 3-9 所示。

表 3-9　3～6 岁各年龄段幼儿社会教育目标

	3～4 岁	4～5 岁	5～6 岁
自我认知	知道自己的喜好；愿意自主完成任务；开始建立个人管理物品的习惯	按照自己的想法选择活动；自己的事情尽量自己完成，不依赖成人	能主动完成工作；愿意学习自己不会的工作；对别人不同的想法提出自己的观点并说出理由
人际交往	愿意与伙伴一起游戏；想加入同伴的游戏时提出请求；与同伴发生矛盾时，愿意听从成人的劝解；长辈讲话时能认真听	喜欢与同伴一起游戏；愿意与同伴分享玩具；活动中愿意接受同伴的意见；会用礼貌用语向长辈表达自己的要求	有自己的好朋友，喜欢交新朋友；喜欢与同伴分工合作，遇到困难商量解决。自己的观点与同伴有分歧时，愿意倾听别人的意见，不能接受时提出自己的观点
社会规则	对群体生活感兴趣；对幼儿园感到好奇；在成人提醒下遵守公共场所的规则；不经允许不随意拿别人的东西；初步认识国旗，知道国歌	喜欢参加群体生活，设法加入同伴的活动；自觉遵守公共场所的规则；对他人违反规则的行为提出建议，出现“告状”行为；知道自己是中国人；升国旗时能站好	理解规则的含义，能与同伴协商制定游戏规则；喜欢为集体做事，被集体认可时感到自豪；喜欢与别人分享，容易融入集体。 对国旗、国歌的含义进一步了解，升旗时能庄严地注视国旗。进一步了解祖国的重大成就，为自己是中国人感到自豪

2. 社会内容概要

（1）介绍我自己。

（2）在活动中体验自信、成功感。

（3）自我调节情绪。

（4）认识身体各部位。

（5）观察认识图书馆、消防部门、商铺、医院、邮局、快递公司等社会组织。

（6）知道节日和纪念日（如春节、元宵节、清明节、劳动节、儿童节、端午节、国庆节、重阳节和本地区的民族文化特色节日等）。

（7）养成良好的卫生习惯（如不吃手、不随地吐痰、不用手挖耳揉眼等）。

（8）学会自我保护（如不吃陌生人的东西、不跟陌生人走、遇到坏人知道自救的方法、拒绝别人摸背心短裤覆盖的部位等）。

（9）使用东西前应征求别人的意见。

（10）遵守公共场所规则（如交通规则、自觉排队、不大声喧哗、保护环境和公共设施等）。

（11）预防自然灾害的演习（如火灾、地震、水灾等）。

（12）合作、分享、谦让、公平、正义、同情等亲社会行为的培养。

（四）科学

1. 各年龄段幼儿科学教育目标

3～6岁各年龄段幼儿科学教育目标，如表3-10所示。

2. 科学内容概要

（1）观察并用自己的方式记录大自然中花、草、树木等植物的形状、颜色、生长特点。

（2）了解虫、鱼、鸟、兽等动物的生活习性。

（3）认识日、月、星星、月亮、风、云、雨、雷、电等自然现象。

（4）收集树叶、植物果实、各类花草、石头等自然资源，对各类材料进行分类、排序，激发幼儿探索大自然奥秘的兴趣。

（5）学习日、周、月中晴、雨、阴等天气的记录。

（6）理解数字符号的含义。

（7）理解计数活动与数概念。

（8）在操作中理解数运算的方法。

（9）掌握量的推理（如通过观察对比推算出谁比谁高）。

表 3-10　3～6 岁各年龄阶段幼儿科学教育目标

	3～4 岁	4～5 岁	5～6 岁
科学兴趣	喜欢亲近大自然，对周围的事物感兴趣；对所见事物好奇好问	喜欢动手动脑探索周围的事物；对所见所闻喜欢问为什么	对所见事物喜欢刨根问底；动手动脑寻找问题的答案
科学探究	喜欢用摸摸、看看、问问等方式探索物体；感知物体的软硬、粗糙等特性	用符号记录观察所见；能发现简单的物理想象；能感知四季变化与人和动物的关系	能用多种方式记录观察所见；喜欢用实验的方法探索物理现象；了解人和自然环境的关系
数理逻辑	能感知物体的大小、形状；能理解上下、前后等方位；认识 5 以内的数字，并能按时取物	能区分物体的粗细、厚薄、轻重等量的关系；通过数数比较量的多少；感知物体的几何图形，并能分类；能用上下、前后、里外等方位词描述物体的方向	通过实物操作理解增加、减少的含义和进行 10 以内的加减；能用几何图形搭建不同的物体造型；能区分左右等方位
科学概念	初步了解人体外部特征和各部位的作用；感知物体的材料特征，如软硬等；初步感知节气与时令的变化	知道常见生物的基本特征；感知和发现简单的物理现象，如冰加热变水，水遇冷变冰；初步了解时令和节气对人和动植物的影响	知道常见生物的结构和功能的关系；通过观察能察觉到动植物的生活习性和环境适应的关系；体验时令和节气变化的周期性；初步感知时令和节气的变化与人类生活的关系

（10）掌握测量的基础知识（如测出物体的长短、高矮、粗细）。

（11）认识几何形状，观察几何形状翻转、拆分后的结构变化。

（12）感知空间方位（如上下、前后、里外、中间等）。

（13）种植。利用植物角种植花草，观察并记录植物生长、开花、结果的全过程。

（五）艺术

1. 各年龄段幼儿艺术教育目标

3～6 岁各年龄段幼儿科学教育目标如表 3-11 所示。

表 3-11　3～6 岁各年龄段幼儿科学教育目标

	3～4 岁	4～5 岁	5～6 岁
感受和欣赏艺术	喜欢听大自然虫、鱼、鸟的鸣叫声；喜欢观察大自然的花草树木	乐于倾听自然界中好听的声音，感知音的高低、强弱的变化；欣赏生活和自然界中形态、颜色美的事物	喜欢欣赏不同类型的音乐（如儿歌、名曲）；发现生活中的美（服饰、餐具、地毯等）
表现和创造美	喜欢涂涂画画，在纸上涂鸦。 模仿一些短小的歌曲，能边唱边跳；能随着音乐合拍地简单模仿动作	喜欢捏泥、制作常见的物品；利用低结构材料进行拼搭。 喜欢唱自己熟悉的歌曲，唱歌的音调和节奏基本准确；能随着音乐节拍简单地做模仿动作和简单地律动	能用不同工具和材料表现自己的绘画想法。 积极参与唱歌，音调、节奏基本准确。 能随着音乐有韵律地做动作，并尝试创作动作

2. 艺术内容概要

（1）欣赏春、夏、秋、冬四季景色的变化，感受大自然的美。

（2）剪、折、撕、贴。用纸折出各种图形；用剪刀剪出各种图案；将剪、折、撕出的作品粘贴。

（3）蜡染。利用本土民间工艺蜡染模仿制作工艺品。

（4）泥塑。研究泥可以塑成的模型，如杯子、盘子、饼干等。

（5）编制。利用植物的藤蔓编制篮子、箩筐等。

（6）观摩、欣赏各类艺术品，萌发想象力和创造力。

（7）倾听鸟声、虫鸣、流水声、风雨声，体验自然中的乐声。

（8）感受鼓、锣、沙球、芦笙等乐器的乐曲，积极参加节奏活动。

（9）感受音乐的基本节奏和旋律的显著变化，并随之律动。

（10）随着音乐开展游戏活动。并用简单的动作创造性地表现。

（11）体验具有民族特色的音乐，感受民族文化的熏陶。

五、幼儿园课程的教学方法注意要点

（1）课程设置体现整个教学法。陈鹤琴先生提出，健康、社会、科学、艺术、语言等领域的知识在实施时不能割裂，应该有机融合起来。因此，他提出整个教学法，例如课程可以根据时令、季节或节日为主题设置。以中秋节这个主题为例，教师与幼儿搜集中秋节的相关资料，一起说说我了解的中秋节，编写儿歌（语言）；品尝中秋节的美食，大家一起来做月饼，分享月饼（健康，社会）；月饼真好看呀，大家画月饼并涂色（艺术）。一切活动均围绕设定的主题展开，融合不同领域知识，充分挖掘主题活动特色。

（2）课程安排要灵活。幼儿在园时间有 6 ~ 8 个小时，除午休 2 个小时左右和餐点时间外，其余时间应该动静结合。如桌面工作完成后，引导幼儿进行户外活动；当幼儿户外活动量过大，体力不支时，又要适时调整为安静的活动。当预设的课程绝大部分幼儿没有兴趣时，要适时调整，不拘泥于必须几时开始，几时结束。

（3）增加自由游戏时间。每天至少有 1 小时（连续或累加）在室内或室外开展自由游戏。教师为幼儿的自由游戏提供丰富的操作材料和游戏设备。幼儿游戏时，教师应该注意观察孩子的行为，不能忙其他的工作。幼儿不需要帮助时，教师不宜打断幼儿的行为，不宜硬性要求幼儿按照自己的想法活动。

（4）控制集体活动时量。一天中要控制所有的儿童在同一时间做同样的语言、美劳项目或上厕所等集体活动的量。集体活动要短暂，适合幼儿的年龄特点和身心发展需要。

（5）课程的预备要充分。课程实施前要做好课程设计，预备好材料，预设可能会发生的情况，以便随机应变。

（6）课程实施过程中，幼儿遇到问题，教师应多鼓励幼儿自己解决，发觉幼儿确实解决不了，教师才从旁引导。

（7）教学过程中采用正面鼓励，鼓励方式有言语和非言语（如微笑、眼神）、标志符号（如苹果，小红花）等。但是，表扬的内容要具体，不宜泛泛而谈；另外，奖励不能滥用。

（8）课程内容要切合幼儿生活实际。选择课程内容应考虑幼儿的生活实际，以幼儿的生活经验为基础。我国幅员辽阔，东、西、南、北部的经济状况、自然环境、文化元素、民族特色等均不相同。所以，陈鹤琴先生认为幼儿园课程应该因地制宜，适时调整。

第二节 建构单元课程

一、“整个教学法”的单元设计

（一）整个教学法

整个教学法就是把儿童所学的东西整个地、有系统地教儿童学。这种教学法是把各科功课打成一片，所学的功课是无规定的时间的；所用的教材是以故事、社会或自然为中心或做出发点的；但是所用的故事或关于社会自然的材料，是以儿童的生活、儿童的心理为根据的；这种教材最好是一个教师教，一个教师不能教，二三个教师也可以[①]。

鼓楼幼稚园从自然和社会环境中选取儿童感兴趣且适合学习的事物为主题，制定富有弹性的课程计划，一月为一个大单元，一周为一个小单元，开展融合科学、社会、语文、艺术、健康为一体的教育活动，以"整个教学法"为基础建立"单元课程"[②]。

陈鹤琴反对幼稚园分科教学，他认为应该把幼儿所学知识整个地、有系统地教给学生，实施"整个教学法"，促进幼儿整体的发展。课程设计以月和周为基本单元，制定月课程计划如表3-12所示，分解为周课程计划，围绕主题开展活动。

表3-12　一年中幼儿园教学单元

9月份	1. 我们的幼儿园。2. 欢迎会。3. 秋天的水果。4. 我们园里的花草树木
10月份	5. 秋天的收割。6. 庆祝国庆。7. 雨和水。8. 水里有什么生物。9. 菊花开了。10. 秋天到了
11月份	11. 检查体格。12. 旅行去。13. 衣服的来源。14. 开恳亲会。15. 纪念活动
12月份	16. 冬季的御寒物。17. 怎么预防白喉。18. 下雪了。19. 动植物怎样过冬。20. 冬天的花。21. 水缸结冰了。22. 过新年
1月份	23. 我是邮递员。24. 交通的方法。25. 放寒假了
2月份	26. 我们开学了。27. 我们的小动物园。28. 常见的家畜
3月份	29. 清明节活动。30. 怎样种树。31. 春天快到了。32. 放风筝。33. 烈士纪念活动
4月份	34. 庆祝儿童节。35. 春天的花。36. 蜜蜂的生活。37. 蝌蚪变青蛙。38. 种牛痘
5月份	39. 养小鸡。40. 燕子来了。41. 鸟类的家。42. 蚕宝宝。43. 园内的果子熟了。44. 麦的收割。45. 恳亲会
6月份	46. 蚕宝宝作茧了。47. 美丽的蝴蝶。48. 可恶的蚊蝇。49. 夏天的生活。50. 暑假到了

① 陈秀云，陈一飞．陈鹤琴全集（第二卷）[M]．南京：江苏教育出版社，2011：165-168．

② 陈秀云，陈一飞．陈鹤琴全集（第二卷）[M]．南京：江苏教育出版社，2011：287-289．

（二）整个教学法的单元设计

例：小班活动主题

秋季学期

第一主题 我要上幼儿园（4周）

主题要求：

（1）让幼儿熟悉幼儿园的集体生活，逐渐摆脱分离焦虑。

（2）适应幼儿园的新环境和新生活。

（3）学习如厕、洗手，初步养成良好的卫生、生活习惯。

（4）在老师的帮助下自己穿脱鞋袜，培养生活自理能力。

（5）户外观察秋天的景色。

第一周活动

活动一 认识幼儿园的小伙伴

活动二 认识老师

活动三 排队做操啦

活动四 自己上厕所

活动五 学习歌曲《爸爸妈妈去上班我去幼儿园》

第二周活动

活动一 不哭不闹上学去

活动二 我会洗小手

活动三 我们一起分果果

活动四 说说我们的幼儿园

活动五 老师夸我好宝宝

第三周活动

活动一 玩球真有趣

活动二 律动“好宝宝”

活动三 绘本故事《我长大了》

活动四 听数字，拍拍手

活动五 学习歌曲《爸爸妈妈去上班我去幼儿园》

第四周活动

活动一 不打断别人说话

活动二 画上我喜欢的幼儿园

活动三 幼儿园里玩具多

活动四　我会自己穿鞋袜

活动五　撕纸真好玩

第二主题　祖国祖国，我爱你！（4 周）

主题要求：

（1）初步了解祖国的大美河山、传统节日、民族文化传统。

（2）初步培养幼儿的爱国情感。

（3）体验做人、做中国人要具备的基本素质。

（4）通过参观纪念馆等红色基地，让幼儿初步了解今天的幸福生活来之不易。

第一周活动

活动一　我来讲讲祖国妈妈的生日

活动二　国旗国旗真美丽

活动三　剪窗花

活动四　做人，做中国人，做骄傲的中国人

活动五　国庆庆祝活动

第二周活动

活动一　红军的故事

活动二　童谣《我是中国娃》

活动三　有趣的姓氏

活动四　参观鸡鸣三省（或纪念馆等）

活动五　绣红旗

第三周活动

活动一　争当环保小卫士

活动二　跳芦笙舞（彝族舞）

活动三　九九重阳节

活动四　认识我们的母亲河（黄河、长江）

活动五　唱国歌

第四周活动

活动一　美丽的家乡

活动二　我爱北京天安门

活动三　各种各样的房子

活动四　汉字真奇妙

活动五　火箭

第三主题　秋天来了（2周）

主题要求：

（1）感受秋天收获的喜悦。

（2）学习果实中的数学知识。

（3）观察落叶上的艺术。

（4）欣赏秋天的美景。

第一周活动

活动一　比比谁的树叶多

活动二　多彩的树叶

活动三　树叶为什么会掉落

活动四　秋姑娘

活动五　分果果

第二周活动

活动一　蔬菜宝宝营养多

活动二　小果子找妈妈

活动三　粘树叶

活动四　绘本《丰收的秋天》

活动五　果蔬拓印

第四主题　冬天真冷（2周）

主题要求：

（1）通过观察、体验等活动，感受冬季气温的变化。

（2）冬天不怕冷，坚持上幼儿园，锻炼克服困难的优良品质。

（3）通过玩雪花片等游戏材料，提高幼儿空间感知和动手操作能力。

第一周活动

活动一　儿歌《我不怕冷》

活动二　绘本《14只老鼠过冬》

活动三　观察雪花

活动四　剪雪花

活动五　我会穿袜子

第二周活动

活动一　谈话活动“我喜欢冬天”

活动二　雪花是怎么来的

活动三　绘画“我喜欢的羊毛衣”

活动四　体育游戏“袋鼠跳跳跳”

活动五　做冬天衣裳

第五主题　我的身体（4周）

主题要求：

（1）通过认识自己身体的各部位，不让别人摸背心、短裤覆盖的地方，具备初步自我保护的能力。

（2）知道自己的小手真能干。

（3）认识小脚丫，了解保护脚丫的方法。

（4）户外观察：冬天悄悄地来了。

第一周活动

活动一　我的小脚丫

活动二　《健康歌》（启蒙儿歌）

活动三　认识我们的身体

活动四　听听哪些小动物在叫

活动五　猜猜我摸到了什么

第二周活动

活动一　保护我们的眼睛（耳朵等）

活动二　玩球

活动三　踩“高跷”

活动四　身体的隐私部位

活动五　我爱刷牙

第三周活动

活动一　手掌画

活动二　身体音阶歌

活动三　体育游戏“长高了，变矮了”

活动四　小手洗干净

活动五　绘本《不爱洗澡的小猪》

第四周活动

活动一　律动“拉个圆圈走走”

活动二　故事《吃得真干净》

活动三　体育游戏“老鹰抓小鸡”

活动四　串珠（穿鞋带）

活动五　幸福拍手歌

春季学期

第一主题　好玩的春节（2周）

主题要求：

（1）请幼儿分享他们的春节活动，了解中国年的习俗，促进语言和社会交往的发展。

（2）参与欢度春节的各类传统活动，体验中华传统文化的内涵。

第一周活动

活动一　“年”的来历故事

活动二　剪窗花

活动三　舞龙

活动四　买年货

活动五　迎新年

第二周活动

活动一　打年糕

活动二　存压岁钱

活动三　年夜饭

活动四　拜新年

活动五　新年狂欢

第二主题　欢欢喜喜闹元宵（2周）

主题要求：

（1）了解元宵节的习俗，加深对中国传统文化精神的了解。

（2）开展与元宵节相关的活动，引导幼儿热爱中华民族传统文化。

第一周活动

活动一　元宵节的由来

活动二　做元宵

活动三　赏花灯

活动四　做灯笼

活动五　元宵节诗词

第二周活动

活动一　猜灯谜

活动二　舞狮子

活动三　闹元宵（踩高跷）

活动四　元宵节童谣

活动五　绘画活动“元宵节”

第三主题　春天来了（2周）

主题要求：

（1）用多种感官感知天的变化，探索自然的秘密。

（2）不乱踩踏，养成爱护大自然的好习惯。

（3）春天万物复苏，传染疾病频发，掌握防护小知识。

（4）了解春耕的重要意义。

第一周活动

活动一　歌曲《春天在哪里》

活动二　我们一起去“踏春”去

活动三　观察哪些植物发芽了

活动四　画风筝

活动五　感冒真难受

第二周活动

活动一　花儿好看我不摘

活动二　小蝌蚪真多呀

活动三　种庄稼

活动四　数学配对游戏

活动五　绘本《傻小熊种萝卜》

第四主题　家乡美（四周）

主题要求：

（1）通过儿歌、童谣、故事等多种形式让幼儿了解家乡，对家乡产生热爱之情。

（2）了解家乡的美食。

（3）通过歌舞、绘画活动，展现家乡的美，增强文化自信。

（4）了解家乡各民族优秀传统文化，增强民族自豪感和自信心。

第一周活动

活动一　我的家乡多彩贵州

活动二　洋芋粑粑

活动三　儿歌《阿西里西》

活动四　背着背篓去赶场

活动五　有趣的拓印画

第二周活动

活动一　蜡染工坊

活动二　威宁草海

活动三　彝族火把节

活动四　玩泥巴

活动五　松果排排队

第三周活动

活动一　做社饭

活动二　乌江源百里画廊

活动三　跳房子

活动四　插秧苗

活动五　民族服饰

第四周活动

活动一　做黄粑

活动二　黄果树瀑布

活动三　分果子

活动四　画刺梨

活动五　侗族问答歌

第五主题　夏天真美好（2周）

主题要求：

（1）感受贵州夏天的凉爽。

（2）注意夏天的饮食，不宜贪冷食。

（3）夏天注意玩水安全。

第一周活动

活动一　贵州的夏天真凉爽

活动二　不要独自去玩水

活动三　“六一”真快乐

活动四　西瓜真甜

活动五　雨后彩虹

第二周活动

活动一　夏天的雷雨

活动二　沉浮游戏

活动三　小蝌蚪和青蛙

活动四　数学活动“数星星”
活动五　儿歌《泼水歌》

二、“五指活动”主题网

（一）五指活动内涵

五指活动的五指，是活的，可以收缩，互相联系。课程是整体的，连贯的。依据儿童身心的发展特点，五指活动在儿童生活中结成一个教育的网，有组织、有系统、合理地编织在儿童的生活上。

五指活动的五个方面[①]：

（1）儿童健康：包括饮食、睡眠、早操、游戏、户外活动、散步等。

（2）儿童社会：包括朝夕会、周会、纪念日集会、每天的谈话（单元研讨）以及政治常识等。

（3）儿童科学：包括植物之培植，动物之饲养，自然现象的研讨，当地自然环境的认识等。

（4）儿童艺术：包括音乐（唱歌、节奏、欣赏）、图画、手工等。

（5）儿童语文：包括故事、儿歌、谜语、读法等。

（二）“五指活动”主题网络图

幼儿园的课程全部包括在五指活动中，并采用单元制，课程组织实施都围绕着五个方面展开。如图 3-1 所示。

课程的五个方面相互连接，陈鹤琴先生形象地把他们比喻成人的五个手指。儿童的生活经验是幼儿课程的源泉，根据幼儿身心发展规律和需要，把健康、语言、社会、科学、艺术等五个有组织、有系统地编制在一起。选编好小、中、大班三年的课程。课程以大自然和大社会中的节气、时令、节日、纪念日等为素材，设定主题活动。每月设定大主题，如“家乡美”的月主题后面细分为 4 周的活动，每周的活动包括了健康、语言、社会、科学、艺术等活动，如图 3-2 所示。

陈鹤琴的“五指活动”课程为我国幼儿园课程的发展奠定了基础。我国的《幼儿园教育指导纲要（试行）》和《3—6 岁儿童学习与发展指南》内容是对“五指活动”理论的继承和发展。

---

① 陈秀云，陈一飞．陈鹤琴全集（第二卷）[M]．南京：江苏教育出版社，2011：458．

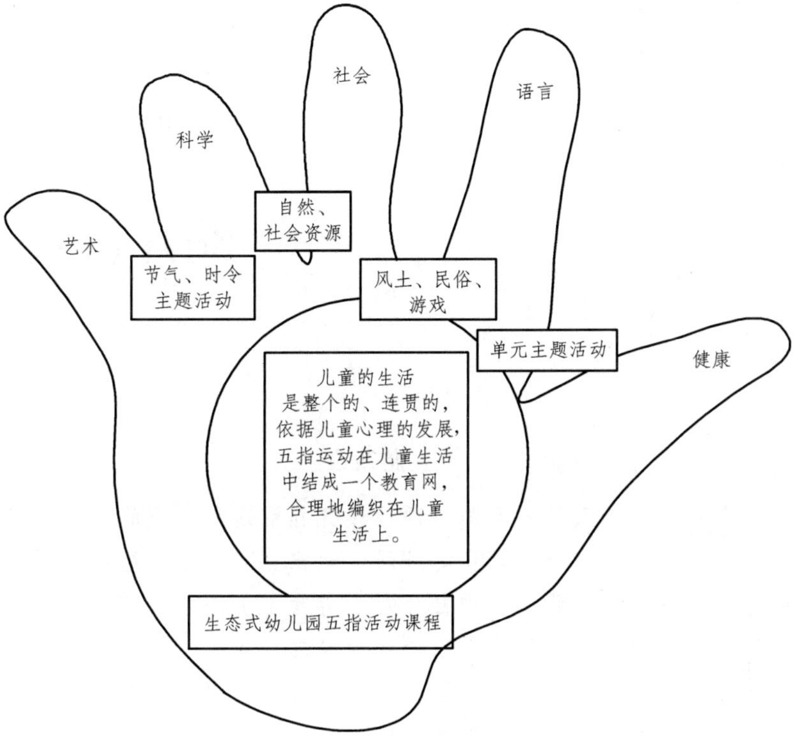

图 3-1　五指活动

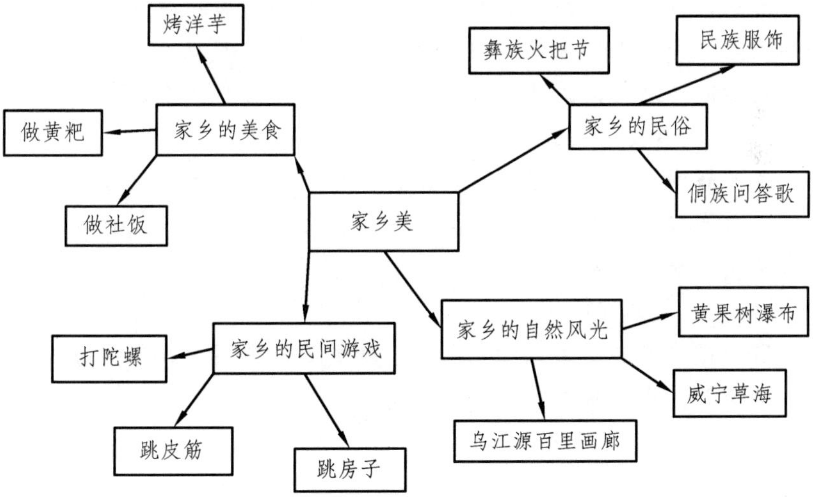

图 3-2　“家乡美”月主题与四周活动

第四模块

幼儿游戏

游戏[1]

儿童好游戏是天然的倾向。近世教育利用这种活泼的动作，以发展儿童之个性与造就社会之良好分子。幼稚教育，根据游戏动作的地方格外来得多。但是我国普通社会对于游戏不加注意，甚有以为学校不宜让儿童游戏的。普通人常以游戏为顽皮。乡村学校教师就是要提倡游戏亦觉得困难万分，因为许多父母反对儿童在学校游戏，以为送子弟到学校去是为读书不是学顽皮的。

一、游戏的价值

（一）发展身体

游戏，是一种自然的、有兴趣的、活泼的运动。游戏的时候儿童不知不觉地会将他的全副精力拿出来的。因此，游戏可以锻炼他的筋骨，辅助他的消化，促进他的血液循环，增加他的肺之呼吸。

（二）培养高尚道德

各种高尚道德，几乎都可以从游戏中学得。自治、克己、忠信、独立、共同作业、服从、纪律等种种美德之养成，没有比游戏这个利器来得快、来得切实。

（三）能使脑筋敏锐

游戏亦能发展智力。如判断力、知觉力、观察力、想象力、创作心、冒险心，皆能从游戏中渐渐养成。

（四）为休息之灵丹

① 陈秀云，陈一飞．陈鹤琴全集（第一卷）[M]．南京：江苏教育出版社，2011：151-172．

二、游戏与年龄的关系

（一）幼稚期（出生～3岁）

在这个时期，儿童所爱的游戏属于感觉与动作方面的。他们喜欢独自游戏。

（二）儿童初期（4～7岁）

在儿童初期，儿童喜欢与伴侣共同游戏了。这时期的游戏近于模仿游戏、化妆游戏，发展儿童的想象力。

（三）儿童末期（8～12岁）

这个时期不再喜欢从前的游戏了，现在喜欢的游戏比以前的复杂得多，如放风筝、踢毽子、拍皮球等游戏。

三、总结

1. 儿童以游戏为生活的：儿童生来好玩。外界的刺激和内部的冲动，都能引起他的动作。

2. 适当的游戏：儿童既然以游戏为生活，我们应当依儿童的年龄，给以各种游戏的工具，使他们适当的游戏。

3. 儿童喜欢团体的游戏：两三岁以内的儿童，固然能独自游玩的，但也很喜欢与人共玩。独自游戏可以发展个性，但关于儿童的社会生活与社会道德的发展，小团体的游戏是不可缺少的。

4. 儿童当与动物做伴侣：狗、猫、兔子，种种动物，是儿童很好的玩物，也是儿童很好的伴侣。不过动物必须清洁、驯服，最好是从小豢养的。

5. 游戏最好有音乐为之鼓兴：节奏动作，儿童非常喜欢的。音乐是有节奏的，儿童素来喜欢听的。

6. 父母当做儿童的游戏伴侣：做父母的应当忘记年龄，来和儿童游戏，做他的伴侣。这样一方面儿童对父母的感情可以格外浓厚，一方面父母对于儿童的性情、习惯、能力，等等，亦可以格外明了。

7. 游戏性的教育：儿童既喜欢游戏，我们就可以利用游戏来支配他的动作，来养成他的习惯。

游戏与玩物[①]

原则一：小孩子需要有适宜的伴侣。

---

① 陈秀云，陈一飞．陈鹤琴全集（第二卷）[M]．南京：江苏教育出版社，2011：571-581．

原则二：小孩子应有与动物玩弄的机会。

原则三：小孩子平时宜穿运动套衣。

原则四：小孩子玩好东西以后，应当立刻整理好放在原处。

原则五：小孩子最好有玩水的机会。

原则六：小孩子玩的玩物是要“活”的，不要“死”的。

原则七：玩物的作用，不仅仅是博小孩子之欢心，也要使他因此得着自动的机会。

原则八：凡凶恶丑陋，不合卫生而有危险的玩物，一概不要给小孩子玩。

原则九：小孩子应当有适当的地方以储藏他的所有物。

原则十：小孩子的玩物应当合乎几种标准的。

好的玩物：1. 好的玩物（有变化而活动的）。2. 好的玩物是可以引起兴致的，如小娃娃等。3. 好的玩物是可以刺激想象力和发展创造力的，如积木类。4. 好的玩物是质料优美，构造坚固不易损坏的，如木类、橡皮类。5. 好的玩物能洗濯而颜色不变，形状不丑陋。

坏的玩物：1. 坏的玩物只能使小孩子旁观而不能玩的。2. 坏的玩物是要发生危险的，如洋铁做的刀、摇铃等。3. 坏的玩物是不合卫生的，如脏毛巾等。4. 坏的玩物是有嘈杂声的。5. 坏的玩物是质料薄弱、颜色丑陋而不能洗濯的，如纸人等。

【内容概览】

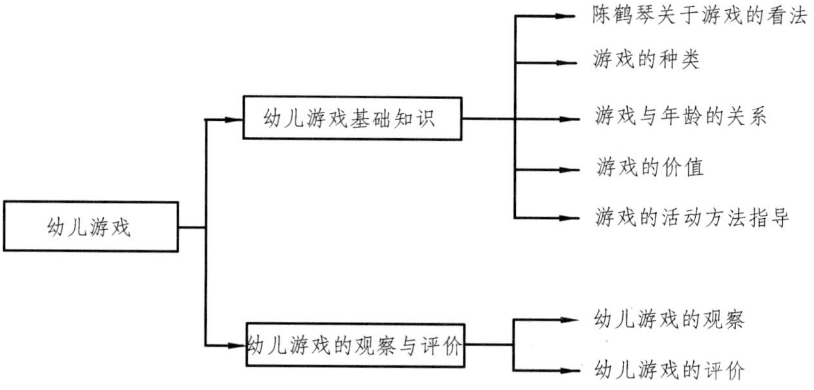

第一节　幼儿游戏基础知识

陈鹤琴认为游戏就是工作，工作就是游戏。儿童好游戏是天然的倾向，目前城市幼儿园大力推行游戏教学，寓教育于游戏，但在很多偏远地区的农村幼儿园教师觉得提倡游戏困难万分，一来不知道怎么科学地指导幼儿游戏，由于经费紧张，支持游戏的材料购买困难；二来农村很多父母反对儿童在园游戏，认为送孩子到幼儿园是为了读书而不是学顽皮的。面对上述困境，根据陈鹤琴的幼儿教育理念，农村幼儿园应该创造条件，因地制宜地寓教育于游戏活动，陈鹤琴告诉我们儿童是生来好玩的，除了疾病和睡眠之外，他们无时无刻不在运动，游戏可以发展儿童的身体，培养儿童高尚的道德情操，能使儿童脑筋敏锐，也是儿童休息的方式。

一、陈鹤琴关于游戏的看法

游戏伴随动作，游戏是一种复杂的动作，按要素分析来说，有简单和复杂之分。两三个月的孩子手拿摇铃摇来摇去就是简单的游戏，三四岁的幼儿喜欢玩各种各样的球，或者拿球来比赛，就属于复杂的游戏。

（一）简单的游戏具备的条件

（1）要有游戏的力量。宝宝在吃手或摆弄玩具时必须要有吮吸的能力和手部肌肉的支持力量。

（2）要有反射的动作。宝宝的抓握反射就是一种反射的动作，当有玩具触碰到他稚嫩的小手时，本能的反应是抓住它，这种反射具有重要的生物学意义，它为儿童日后独立自主地生活打下良好的动作基础。

（3）要有连合的动作。陈鹤琴所谓的“连合”是指动作的连续，一个动作接着一个动作。在我们的日常生活中，很多单一事件的完成需要各种动作相互配合，比如宝宝看见桌子上有个玩偶，想伸手去拿。这一事件包括三种动作的连合，“看见”是一种视觉动作，“去拿”是受欲望支配的动作，“拿到玩偶玩”又是一种动作。

（4）要有好动的天性。儿童是生来好动的，除了睡眠同重病以外，他们是无时不动的。这种好动的天性是他自己主动的，也表示他有充分的力量。如果他要受外界的刺激而始能动，那就是被动了。[①]

（二）复杂的游戏具备的条件

（1）要有游戏的力量。

（2）要有连合的动作。

（3）必定要有智慧。在游戏中需要儿童想象力和记忆力的参与。如在玩野餐的游戏中，儿童拿石头当碗，拿野草当菜，拿木棍当羊肉串等，都需要儿童用到记忆力和想象力。

（4）要有好动的天性。不管是简单的游戏还是复杂的游戏都是建立在儿童好动的天性之上的，儿童为什么好动呢？或者儿童为什么喜欢做游戏呢？陈鹤琴认为游戏可以满足儿童的身心发展需求，具有快感和应用两种特性。

快感分为生理上的快感、心理上的快感和社交上的快感。生理上的快感有感觉器官的快感和身体上各种动作的快感。顾名思义，感觉器官的快感是人体的各种感觉器官与实物相接触，发生的快乐与不快乐的两种情绪体验。如宝宝喜欢把东西往嘴里放，喜欢看颜色鲜艳的图片，喜欢听音乐的声音，因为这些能让他们的感官产生快乐的感觉。儿童的好动还体现在大动作和精细动作上，如走、跑、跳、平衡、攀登、五指动作等均能产生浓厚的快感。在竞赛游戏中，儿童获得了第一名产生了快感，2～3 岁的宝宝用木块搭成了宝塔也获得了快感，一份是比赛的快乐，一份是成功的喜悦，不论哪种快乐，都能够使儿童的心理获得快感。儿童善合群，喜欢和同伴和小动物在一起玩耍，与同伴在一起做游戏时产生社交的快感。如两个年龄相仿的儿童在一起玩，他们都很活泼，都有无穷的刺激与反应，不但游戏持续时间长，而且发生的快感也是无穷的。

应用在陈鹤琴的理念中是指游戏发生的频率。如果儿童第一次玩摇铃，感到很快乐，那么第二次宝宝看到摇铃的时候还会伸手去拿，再玩一会，以此类推。但是第二次玩肯定比第一次玩要容易，第三次比第二次玩摇铃要容易，那什么时候儿童不愿意再玩呢？要等摇铃对于儿童来说太容易做，产生不了兴趣的时候。

因此在现实生活中，我们要把握好陈鹤琴关于游戏的思想，深刻理解游戏的基本条件，抓住儿童好动的天性和游戏具备的快感、应用二因子，创造条件，多给儿童提供机会，使儿童得到完美的游戏生活。另外儿童在游戏的时候

---

① 陈秀云，陈一飞．陈鹤琴全集（第一卷）[M]．南京：江苏教育出版社，2011：159．

要适当，我们应该结合儿童的年龄特征，给予各种游戏工具，放手让儿童进行操作。

二、游戏的种类

儿童的游戏世界丰富多彩，千变万化，游戏种类划分的方法也是多姿多彩。有的以游戏教育作用为划分标准，有的以认知发展为划分标准，有的以社会性发展为划分标准，还有的以某个教育学家或心理学家的观点为划分标准。之所以有如此多的划分标准，主要是由于人们采用的参照体系不同。

（一）从认知发展维度对游戏类型进行划分

皮亚杰深刻分析了儿童认知发展与游戏的关系，将游戏分为练习性游戏、象征性游戏和规则游戏三种类型，没有把结构性游戏单独分成一类，后来以色列心理学家史密兰斯基认为儿童的结构性游戏应包括在儿童的认知游戏中。如表 4-1 所示。

表 4-1　以认知发展为划分标准的游戏

游戏类型	释义	举例
练习性游戏	该游戏出现在皮亚杰认知发展理论的感知运动时期（0～2 岁），以感觉和运动器官在游戏中获得快感为主，儿童会不断地重复简单的动作，因此也叫感知运动游戏或机能性游戏	婴儿不断触碰带响声的玩具、练习走路、跑步、骑车等
象征性游戏	该游戏的主要特征是“假装”，常出现以物代物、以人代人、以人代物等现象，象征性游戏在我国称为角色游戏，儿童通过模仿和想象反映现实生活，扮演各种各样的角色	儿童拿起木棍假装骑马、张开双臂假装自己在开飞机、假装自己是童话故事中的白雪公主等
规则游戏	规则游戏以规则为中心，至少有两个人共同参与，按照预先规定的规则进行游戏，摆脱具体情节，具有竞赛性质。该游戏是儿童游戏的高级发展水平	丢手帕、跳十字、五子棋、老鹰捉小鸡等
结构性游戏	儿童利用各种各样的物体或游戏材料，经过创造使之呈现一定型式。结构性游戏在 2～4 岁时最为普遍	雪、水、沙土、积木、拼图、积塑、黏土等

（二）从社会性发展维度对游戏类型进行划分

柏顿研究发现，儿童随着年龄的增长其社会性互动也随着增长，呈正相关趋势，然后他根据儿童在游戏中的社会性参与水平将游戏分成6大类。如表4-2所示。同时豪伊斯也密切关注儿童在游戏中的社会发展水平，他根据儿童在游戏中的接触程度把游戏划分成5种水平。如表4-3所示。

表4-2　柏顿游戏分类

游戏种类	释义
偶然的行为或无所事事	行为没有目的性，东游西逛，东张西望，注视碰巧引起兴趣的一切事物，偶然的行为不属于游戏
旁观	儿童只是游戏的旁观者，在一旁观看同伴的游戏，偶尔同同伴交谈或提出问题，但行为上并不介入他人的游戏
独自游戏	专注地玩自己的游戏，不和别人交谈，也不注意同伴做什么事情
平行游戏	儿童玩着与他人相同或相似的玩具，各玩各的，不与其他儿童共同活动
协同游戏	协同游戏也叫联合游戏，儿童与其他儿童一起玩耍，但每个儿童都是根据自己的愿望进行游戏的，他们会讨论游戏或偶尔互借游戏材料，但是没有围绕目标组织游戏，也没有明确的分工与合作
合作游戏	游戏按照儿童共同商榷的目标组织进行，有分工与合作，角色互补

表4-3　豪伊斯游戏分类

游戏种类	释义
互不注意的平行游戏	它是一种简单的平行游戏，儿童与儿童之间进行相似的活动，但彼此不注意对方的游戏，没有眼神的接触和交流，完全忽视他人的存在
互相注意的平行游戏	儿童与儿童之间在空间范围内近距离地进行类似的游戏，能够意识到双方的存在，有视线接触，但没有语言交流或其他社会性互动
简单的社会性游戏	儿童之间进行类似的游戏，有眼神的交流，或微笑、或交谈、或身体接触、或互借玩具，有时候可能会发生攻击性行为
互补的社会性游戏	儿童在一起游戏时有自发的动作配合，有“一起玩”的意识。彼此的行为互相关联，但并不交谈，没有共同的游戏计划
互补互惠的社会性游戏	有共同的游戏计划，懂得合作，有言语的邀请

（三）从游戏的教育作用维度对游戏类型进行划分

根据我国《幼儿园教育指导纲要（试行）》，按照游戏的教育作用把游戏分为创造性游戏（角色游戏、表演游戏、结构游戏）、智力游戏、音乐游戏、体育游戏和娱乐游戏。这种分类方式是目前经常采用的一种分类方法。如表 4-4 所示。

表 4-4　以游戏的教育作用为划分标准

游戏种类	释义	举例
角色游戏	角色游戏又称想象性游戏，儿童根据自己的兴趣和愿望，通过想象和模仿扮演角色，创造性地表演现实生活	扮演父母、宝宝、教师、医生、警察等游戏
表演游戏	表演游戏具有游戏和表演的性质，是儿童按照童话、故事的内容，安排好情节，分配好角色，运用表情、动作、语言、姿势等进行创造性表演的游戏	自身表演游戏、桌面表演游戏、影子戏、木偶戏等
结构游戏	儿童利用积木、积塑、泥、沙等结构性材料进行建造的游戏	堆雪人、用积木盖高楼、串珠、编织游戏、玩沙、玩水等
智力游戏	以有趣、生动、新颖的形式，让儿童在轻松、愉快的情绪中，增进知识、培养技能、发展智力的游戏	猜谜语、找不同的游戏，视、听、触、味、嗅等感官游戏，记忆力、想象力等游戏
音乐游戏	儿童在歌曲或乐曲伴奏下进行的游戏	音乐听觉游戏、唱歌游戏、舞蹈游戏、节奏游戏、奥尔夫音乐等
体育游戏	该游戏也称为活动性游戏或运动游戏，以促进儿童身体健康，增强体质，发展基本动作为主	接力游戏、争夺游戏、角力游戏、猜摸游戏、追拍游戏等
娱乐游戏	以娱乐为主的游戏，寻找乐趣，激发积极情感	不倒翁游戏等

（四）从游戏活动中占优势的心理成分的维度对游戏类型进行划分

奥地利心理学家比勒认为游戏是儿童全面发展的手段，他从儿童对游戏的体验形式的角度把游戏划分为机能游戏、想象游戏、接受游戏和制作游戏。如表 4-5 所示。

表 4-5　比勒游戏分类

游戏种类	占优势的心理成分	举例
机能游戏	好动	手足运动、听音乐等
想象游戏	想象和模仿	过家家、开火车等
接受游戏	儿童处于“观众”地位，愉快地欣赏所见所闻	听故事、看画册、参观活动等
制作游戏	主动创造与建构	绘画、积木、折纸等

（五）从其他维度对游戏类型进行划分

除了上述游戏的分类之外，还有其他的游戏分类方法。如埃里克森以自我发展理论为依据将游戏划分为自我宇宙游戏、微观宇宙游戏、宏观宇宙游戏。如表 4-6 所示。萨顿—史密斯根据游戏活动的不同经验指向将游戏分成四类，分别为模仿游戏、探索游戏、体验游戏、造型游戏。如表 4-7 所示。帕默把游戏分为五大类十小类，有关于发展身体的游戏、关于发展社交的游戏、关于发展言语的游戏、关于发展手的游戏和关于发展人生观的游戏。如表 4-8 所示。

表 4-6　埃里克森游戏分类

游戏种类	释义	举例
自我宇宙游戏	该游戏发生在 0～1 岁的阶段，婴儿探索自己的身体部位和身体运动，逐渐将自己的身体与他人区分开。这是自我发展的最初基础	宝宝玩手、吃手、吃脚丫等
微观宇宙游戏	2 岁以后，婴幼儿探索中心由自身转向外界，逐渐学会用玩具和小型物体进行学习，使得自我得到进一步扩展	婴幼儿玩玩具、用彩笔画画等
宏观宇宙游戏	儿童由自己的身体、物—我关系的掌握，逐渐转移到人—我关系的探索。自我再次得到扩展，儿童意识到自己能在更大的世界中获得成功，更好地理解社会文化和自己承担的角色	分享游戏、合作性的游戏等

表 4-7　萨顿—史密斯游戏分类

游戏种类	游戏活动经验
模仿游戏	在人际交往和角色扮演中获得经验
探索游戏	物质世界的经验获得
体验游戏	自我概念发展的经验，是对自我能力的检验或个体之间能力的竞争
造型游戏	人类社会的经验获得

表 4-8　帕默游戏分类

游戏大类	游戏小类	举例
发展身体的游戏	觉官游戏	听觉、视觉、触觉的游戏
	动作游戏	儿童自己动作的游戏
发展社交的游戏	团体游戏	捉迷藏、各种比赛等
发展言语游戏	言语游戏	讲故事、读童谣等游戏
	唱歌游戏	唱歌
发展手的游戏	手工游戏	积木、画图、折纸等游戏
	球戏	各种颜色球、皮球、木球等游戏
发展人生观的游戏	化装游戏	装作父母、装娶亲的游戏
	手指游戏	用手指在灯光下做各种形状的游戏

三、游戏与年龄的关系

儿童喜欢玩的游戏不一定是青年人所喜欢的，老年人喜欢玩的游戏不一定是儿童所喜欢的，人在一生的不同阶段有不同阶段的游戏。在《陈鹤琴全集》（第一卷）中，陈鹤琴介绍了华特尔的研究结果，揭示了不同年龄阶段儿童游戏的特点。[①]

（一）幼稚期（出生～3 岁）

幼稚期就是现在所谓的早期教育阶段，目前我国对 0～3 岁婴儿的早期教育越来越重视，这个时期，婴儿喜欢的游戏受感觉和动作的支配，他们喜欢各种感官类的游戏，看到小的东西要捻捻它，尝尝它；看到桌椅板凳等大件的东西

① 陈秀云，陈一飞．陈鹤琴全集（第一卷）[M]．南京：江苏教育出版社，2011：162．

喜欢推推它；喜欢玩带响声的玩具，喜欢触觉游戏等。

（二）儿童初期（4~7岁）

儿童幼稚期喜欢独自游戏，儿童初期喜欢与同伴在一起玩耍。如果没有同伴的话，儿童会想象有一个或几个同伴与他一起游戏，他们一起吃饭，一起睡觉。这类想象游戏终归是幻想，所以4~7岁的儿童一定会有几个真实的同伴与其一起游戏，模仿游戏和化装游戏在这一年龄阶段比较常见，两三个儿童经常在一起，把板凳当成花轿抬来抬去，或者把长凳当成火车：呜呜呜，火车进站了，请乘客上车。

（三）儿童末期（8~12岁）

这个阶段的儿童，身体比之前强健多了，精神更充沛，知识更丰富，运动系统更老练，所以认为以前喜欢玩的游戏太简单了，现在不喜欢玩了。现在喜欢玩放风筝、踢毽子、拍气球等复杂的游戏。

四、游戏的价值

游戏对于婴儿来说，它的重要性，仅次于母乳喂养和母爱，游戏是儿童最喜欢的活动，它对儿童的身体、认知、社会性、情绪情感具有重要的价值。

（一）游戏对儿童身体发展的价值

游戏，是一种自然的、有趣的、活泼的运动。游戏的时候儿童不知不觉地会将他的全副精神拿出来。[①]游戏使儿童身体器官得到锻炼，有的是大肌肉运动，有的是小肌肉运动；有的是全身活动，有的是局部活动；有的游戏运动量大，有的游戏运动量小，这些游戏不仅可以帮助儿童锻炼运动技能，还有利于儿童骨骼、肌肉的成熟，内脏和神经系统的发育，辅助儿童消化，促进血液循环，增加肺活量。另外，儿童在游戏时愉快的情绪体验对其身体健康发展也是非常重要的。

（二）游戏对儿童认知发展的价值

游戏可以丰富儿童的知识，游戏是儿童学习知识的有效途径。儿童在游戏中

① 陈秀云，陈一飞．陈鹤琴全集（第一卷）[M]．南京：江苏教育出版社，2011：151．

通过使用器械和材料，能够更好地认识物体的颜色、形状、质地、大小等特征，还会在潜移默化中习得很多概念，如儿童在攀登时体会到空间的变化和高低，在玩水时感受到干和湿的对比，在搭建积木时认识到大小、形状、颜色等。

游戏是儿童智力发展的动力，在游戏中，儿童探索世界，了解事物之间的关系，他们积极去观察、感知游戏中的玩具和同伴，记忆游戏中的角色、内容和情节。游戏激发了儿童的想象力，在假想的活动中他们变换物体，一物多用。儿童在游戏中还会遇到各种各样的问题，他们总是尝试多角度、创造性地解决遇到的困难，使思维得到创造和发展。

（三）游戏对儿童社会性发展的价值

游戏为儿童提供了大量交往的机会。在与同伴交往过程中，儿童认识了自己和他人，并学会处理人际交往过程中的问题，社会性发展得到大大提高。有些儿童比较孤僻，不爱讲话，不喜欢参加集体活动，但游戏为儿童提供了与同伴互动的机会，感受到集体活动的快乐和温暖，慢慢地，儿童会变得合群起来。儿童作为游戏中的一员，他要受到集体规则的制约，按照集体的意志去行动，否则就会被集体所淘汰。所以，游戏有助于儿童掌握各种社会规则。

（四）游戏对儿童情感发展的价值

积极的情绪是儿童心理健康的前提，而游戏能给儿童带来积极情绪的体验。在日常生活中，我们经常可以观察到儿童在专注地做游戏时所表现出来的开心、快乐、兴奋的表情，通常游戏是儿童自主自发的，没有外来强制力的压迫，游戏给儿童带来了极大的满足和快乐。如儿童在成功搭建了一座城堡之后，内心的成就感和自豪感油然而生，自信心倍增。在玩漂亮的玩具时，儿童不仅感受到愉悦，而且还可以提高他们感受美、创造美、表现美的能力。当儿童不开心时，也可以通过做游戏进行宣泄。因此，游戏具有情绪治疗的功能。在游戏中，儿童可以把压抑的情绪“玩出来”，情绪变得平静、缓和，从而抵制消极情绪的负面影响。

五、游戏的活动方法指导

（一）角色游戏

角色游戏对于婴幼儿的身心发展具有重大价值，它是根据儿童身心发展的需要而产生的。3 岁前婴儿的角色游戏以模仿动作为主，3 岁后幼儿对角色扮演很感兴趣，对现实生活中各种角色的认识和情感体验逐渐加深，慢慢进入角色。教师对儿童角色游戏的指导应该根据大、中、小班儿童的身心发展特点和规律进行，具体指导策略如下。

1. 丰富儿童的生活经验

丰富的生活经验是开展角色游戏的前提，生活经验越丰富，儿童的想象力就越丰富，角色游戏的主题和内容就会变得新颖而充实。教师可以利用观察、参观、上课、日常生活、劳动、看图画书、讲故事、娱乐等途径丰富儿童的生活经验。

2. 提供游戏场所，准备丰富的玩具和游戏材料

幼儿园的室内和户外可以划出固定场所便于儿童开展角色游戏，可以提供娃娃、房子、餐具、炊具、家具、装饰、主题玩具、动物玩具等供儿童进行角色游戏。

3. 鼓励儿童按照自己的意愿选择和确立主题

儿童是游戏的主人，角色游戏的主题应该按照儿童的需要和兴趣来进行确定，教师是游戏的支持者、帮助者、观察者。

4. 指导儿童选择和分配游戏角色

角色的分配和选择要体现公平性和针对性。有时儿童会对角色分配产生争执，教师可以提醒、建议儿童用猜拳、投票、轮流、自选等方式公平地分配角色。同时为了体现分配的针对性，可以让性格内向、腼腆的孩子扮演性格外向、活泼的角色。

（二）表演游戏

在表演游戏中，儿童通过对作品角色的扮演，在思想、动作、对话、感情上能够更好地理解文学作品的主题，感受到作品中角色的优良道德品质和性格。教师根据大中小班表演游戏的特点进行指导，指导策略如下。

1. 选择适合儿童表演的文学作品

文学作品思想内容应该积极向上，健康活泼，场景易于布置，具有表演性，情节跌宕起伏，对话较多。

2. 与儿童一起创设表演游戏环境

教师鼓励儿童积极参与，一起准备表演游戏所需的玩具、服装、道具等。

3. 指导儿童进行角色分配

教师要根据儿童担任主角或配角的意愿进行角色分配。

4. 指导儿童提高表演技能和水平

教师可通过个别指导或小组讨论的方式来提高儿童的表演技能，如怎样用夸张的动作和表情来塑造角色，怎样利用语气、语调等。

（三）结构游戏

建构五一广场的游戏案例

五一广场是孩子们周末与节假日常去的地方。我们组织大班幼儿开展了“五一广场”的主题活动，先让幼儿对五一广场主题建筑物、周边建筑物和主要道路有一定的了解，在此基础上开展结构游戏“五一广场”。建构之前，我引导幼儿逐一观察“升旗台、喷水池、三山一水雕塑”等标志性建筑的图片，引发搭建的兴趣。我提供小天使胶粒、宝石花胶粒等，以及用白色药瓶、扁纸盒等废旧材料加工而成的半成品辅助材料，建议小朋友三四个人合作完成。我重点观察、指导幼儿搭建过程中的形状、牢固程度和合理使用辅助材料等情况，观察幼儿的合作情况。大部分幼儿都能大胆尝试用胶粒和辅助材料搭建三个代表性的建筑，出现用不同材料搭建同种建筑的多元搭建方法，但广场其他配套设施的摆放比较单一凌乱。这说明幼儿对五一广场的认识比较零散和片面。因此，我在主题活动中又增加相应活动以使幼儿深入了解广场内设施和广场周边的其他建筑。并在建构区投放搭桌椅、路灯、亭子的材料，让幼儿自主练习拼插五一广场的其他公共设施。

在建构五一广场的游戏案例中，教师不但为儿童提供了结构游戏的材料，而且还利用建筑物的图片来加深儿童的印象，并引导儿童创造性地进行建构，最后还安排了后续的活动来加深儿童对广场内和周边建筑的建构，由此可以看出该教师的指导还是比较到位的。那么在结构游戏中，教师具体的指导策略是什么呢？

1. 丰富和加深儿童对物体的印象

案例中教师利用图片和实地的观察来加深儿童对五一广场的印象，教师还可以利用散步、教学、参观、春游等方式，多角度、多方面地加深儿童的印象。

2. 帮助儿童掌握建构的基本知识和技能

教师可以帮助儿童了解材料的质地、性能，帮助儿童掌握插接与镶嵌、串套与编织等操作技能。

3. 鼓励儿童进行创造性的建构

引导儿童探索、挖掘现有材料的多种玩法，可以变换颜色、体积、形状等。

4. 培养儿童良好的行为习惯

教会儿童爱护、整理、保管玩具的方法，养成良好的习惯，在建构的过程中培养儿童的团队合作精神。

（四）规则游戏

规则游戏是培养幼儿规则意识的最重要的活动，儿童是否能进行游戏，要看儿童是否遵守游戏规则。教师在指导规则游戏时，可参考以下指导策略。

1. 选择和编制合适的规则游戏

教师应该根据儿童的知识经验水平、动作水平和智力水平等选择和编制规则游戏。

2. 引导儿童熟悉游戏的内容和规则

规则游戏要有一定的规则和内容，儿童只有知道这些规则和内容之后才能进行游戏。

3. 引导儿童正确对待输赢

教师要引导儿童认识到游戏的输赢并不重要，重要的是游戏的过程，还要认识到遵守游戏规则的意义。

（五）智力游戏

智力游戏是根据一定的智育任务来进行的游戏，一般都是成人或教师设计的，它有一定的规则，所以智力游戏也是一种规则游戏。智力游戏不但可以提高儿童的智力水平，还可以培养儿童的学习兴趣和习惯。教师进行智力游戏指导时，应从以下两个方面着手。

1. 教会儿童正确地进行游戏

智力游戏一般是成人编制的，教师应该使用简洁的语言和适当的示范把游戏的名称、玩法、规则和结果向儿童介绍清楚。

2. 鼓励儿童积极参加智力游戏

教师应该鼓励儿童自动选择智力游戏，启发他们开动脑筋，可以先从简单游戏玩起，再过渡到比较复杂的游戏。

（六）体育游戏

体育游戏为儿童所喜爱，也是一种有规则的游戏。体育游戏可以锻炼儿童的粗大动作的发展，如走、跑、跳、攀登、钻爬、投掷等。陈鹤琴认为幼儿喜欢到户外玩要，他说："小孩子是喜欢野外生活的。他们在旷野里跑来跑去，看见野花就采，看见池塘就抛石子入水取乐。这种郊游于小孩子的身体、知识、行为都有很好的影响。"[①]乡村幼儿园有得天独厚的条件，有花草树木、绿水青山，幼儿的体育游戏可以在其中进行。

（七）音乐游戏

喜欢音乐是儿童的天性，音乐是儿童生活的灵魂。陈鹤琴先生认为儿童喜欢音乐是与生俱来的；并且儿童具有接受音乐教育的能力，音乐教育是儿童所自觉要求和接受的。陈鹤琴先生主张"从内心而歌"，用音乐陶冶儿童的性情，反对把音乐教育技能化的倾向，指出儿童音乐教育是一种"从内心而歌的精神活动"，更应该注重的是它的审美价值。提出音乐教育要与其他各门学科相结合，把音乐教育融入各领域、科目的教学之中，形成音乐教育的系统。同时，不能只是学校的音乐课上有音乐，还应将音乐教育与家庭、社会、学校的生活相融合，使儿童生活在音乐之中。

陈鹤琴先生在教育实践中，积极创作和改编儿童歌曲，运用民族音乐进行儿童音乐教育，努力对当时的儿童音乐教育进行"中国化""本土化"的改造。

毕节市地处磅礴的乌蒙高地，有着厚重的历史，有着灿烂的文化，有着浓郁的风情。毕节市民间音乐是生活在黔西北这块土地上的人民重要的精神财富和文化宝藏，既有每个民族代代相传的，也有在当下的生产生活中创作和传唱

---

① 陈鹤琴．陈鹤琴教育文集（上卷）[M]．北京：北京出版社，1983：599．

的，并在流传过程中不断经过集体的加工，是无数人智慧的结晶，音乐形式变化多样，是黔西北民族文化的重要组成部分。其中有很多流传很广的儿歌可以运用到幼儿园的音乐活动中来。

案例：

活动案例：黔西北彝族儿歌《啊喽喽》

一、活动目的

1. 通过节奏朗诵，体验音乐乐趣；

2. 用声势伴奏，感受民族音乐的魅力。

二、活动建议

朗诵歌词，边朗诵边用手拍节拍。边朗诵边围成圆圈走，手也跟着拍节拍。分组：一组拍手，一组跺脚，一组朗诵，各组轮换。这个活动适用于3～5岁幼儿，要求幼儿有一定的节奏朗诵基础，如进行字词、句子的练习后再进行，如果发现教学上有难度，要马上简化，如把拍手、跺脚声部分别进行。具体的进度要根据学习对象的接受能力、学生上课时精神集中的情况以及情绪好坏等来掌握，切不可只按预订的教学方案硬教，适度地简化和增加难度都是允许的，具体尺度视经验来掌握。经验越丰富的教师，教学方法就越灵活，教学手段就越丰富。

案例：

音乐游戏：水果歌——大苹果

活动目标：感知2/4拍音乐的旋律，学会唱歌曲，熟悉苹果的特征。

活动准备：《大苹果》音乐；贴有不同水果标记的篮子、相应的水果玩具。

活动步骤：

1. 给每个宝宝一个红苹果，请宝宝说说苹果的形状和颜色。

2. 给宝宝讲述儿歌内容，告诉宝宝“老师可以将这个儿歌唱出来，不信你听”，然后清唱歌曲。

3. 听音乐，带宝宝和家长学唱歌曲。

4. 品尝苹果。

活动图片如图4-1所示。

图 4-1　大苹果游戏活动（毕节市新爱婴早教中心提供）

歌曲内容：

大苹果

1=C2/4

我是一个大苹果，哪个孩子都爱我。

又酸又甜又好吃，皮上红红好颜色。

小朋友们常常吃，脸儿也像红苹果。

注意事项：

品尝苹果时，若时间有限，可将苹果带回，教师灵活把握，注意卫生。

第二节　幼儿游戏的观察与评价

一、幼儿游戏的观察

陈鹤琴记录了自己的孩子（一鸣）从出生后的第 82 天至 808 天游戏发展的情况，包括不同年龄阶段儿童游戏的类型、游戏与性别的关系等内容。[①]儿童游戏观察有重要的意义。

① 陈秀云，陈一飞．陈鹤琴全集（第一卷）[M]．南京：江苏教育出版社，2011：151-172．

（一）儿童游戏观察的意义

1. 了解儿童发展状况

教师通过与儿童游戏，增加了关注儿童的机会。如 0 ~ 3 岁儿童所爱的游戏属于感觉与动作方面，摸到东西就要去捏捏、咬咬它。这个时期儿童通常独自游玩，说明其社会交往技能有待发展。儿童初期（4 ~ 7 岁），同伴游戏增加。通过观察，教师可以了解儿童的认知、语言、动作发展水平。

2. 适时添置游戏材料

游戏材料是儿童游戏的重要载体，好的游戏材料不仅仅是一种娱乐品，它们对儿童的发展有重要的价值。例如积木、象棋能刺激儿童的想象力和创造力。不过，游戏材料并不是越多越好，过多会分散儿童的注意力，不知选什么好；过少容易引起争抢。所以，什么时候应添置游戏材料需要教师观察，通过观察有选择地添置。

3. 有效地指导游戏

观察为教师对儿童游戏的指导提供依据。什么时候指导合适，采用哪种方式介入，需要教师观察、记录儿童的游戏。观察和记录的方法有很多种，这里介绍几种常用的方法。

（二）游戏观察量表的使用方法

1. 柏顿/皮亚杰量表及其使用方法

（1）使用之前，必须熟悉表内各项行为的操作性定义。只有这样才能在现场观察时准确地判断儿童游戏行为的性质并归类。

（2）坚持一个幼儿用一张观察表，如果同时观察多名儿童，应该为每名幼儿准备一张表，可以使用在小格内打“正”字的方式记录。

（3）采用多次扫描—时间取样的方法。每次对一名儿童观察的时间为 15 秒，依次对每名幼儿进行观察。在结束对第一名儿童的观察和开始对第二名儿童观察之间可有 5 秒的间隔准备下一次观察。大约在 1 分钟内可观察三次；依次类推，4 分钟内可对 12 名儿童观察一次，20 分钟内可对 12 名儿童进行 5 次观察。

（4）在观察之前，可以混合所有儿童的游戏观察记录表。随机抽取观察记录表，以保证观察的随机性和可信度。从混合后自然产生的第一张观察表开始。

在对所确定的观察对象进行第一轮观察后，可以开展新一轮观察。观察顺序同前不变。柏顿/皮亚杰量表如表 4-9 所示。

表 4-9　柏顿/皮亚杰量表[①]

姓名			日期	
社会性	认知水平			
	功能性（练习性游戏）	结构性游戏	象征性游戏	规则性游戏
独自游戏				
平行游戏				
群体游戏				

非游戏	行为			活动
	无所事事	旁观	频繁换场	

（5）资料的分析和游戏指导。在对每一个儿童进行 20 ~ 30 次游戏观察后，对收集的资料进行统计分析，得出每名幼儿游戏的特点。

一般来说，两三岁的儿童如果常常独自游戏、无所事事、旁观或转换活动，说明儿童的表现是正常的。但是，如果在四五岁儿童的身上观察到很多这样的行为，则说明儿童的社会性发展水平滞后。教师提供适当的指导和干预，培养儿童同伴交往的技能。

从认知发展角度来说，四五岁的儿童应当有较多的结构性或象征性游戏。如果一个四五岁的儿童较少进行高层次的认知性游戏而停留在对物体简单摆弄的水平上，教师可以通过介入指导提高儿童的认知发展水平。

2. 豪伊斯同伴游戏观察量表

豪伊斯（Howes）根据幼儿之间接触的密切程度把幼儿的社会性游戏分为：① 互不注意的平行游戏。② 互相注意的平行游戏。③ 简单的社会性游戏。④ 互补的社会性游戏。⑤ 互补互惠的社会性游戏。如表 4-10 所示。

1）豪伊斯量表使用方法

时间取样的方法适用于豪伊斯的同伴游戏观察量表，每次观察时间为 15 秒，间隔 5 秒。

2）豪伊斯量表分析和游戏指导

该表每一列的总计表明被试游戏行为的社会性发展水平。如果在一次观察

① 刘焱．儿童游戏通论[M]．北京：北京师范大学出版社，2004：298-306．

中发现一名儿童的游戏行为主要是平行游戏，那么下次可进一步观察他是否有简单的社会性交往行为（水平 3）的出现，或者互补的社会性游戏（水平 4）等。

表 4-10　豪伊斯同伴游戏观察量表①

次数	种类									
	独自游戏	互不注意的平行游戏（1）	互相注意的平行游戏（2）	简单的社会性游戏（3）	互补的社会性游戏（4）	互补互惠的社会性游戏（5）	非游戏活动	旁观无所事事活动转换	教师参与	所使用的玩具或游戏材料
1										
2										
3										
4										
5										
6										
7										
8										
9										
10										
11										
12										
13										
14										
15										
总计										

该量表的每一行（横向）有助于我们了解当儿童在游戏时，教师是否参与；儿童在哪个区域玩；儿童喜欢哪些玩具和游戏材料。

当教师发现儿童社会性游戏行为过少时，如儿童游戏停留在水平 1 和 2 时，教师可以运用参与式方式干预，发展儿童的社会性游戏水平。

① 刘焱．儿童游戏通论[M]．北京：北京师范大学出版社，2004：300-302．

二、幼儿游戏的评价

游戏评价包括两种含义：一是对游戏本身的评价，是否激发幼儿的兴趣。二是对幼儿在游戏过程中发展的评价。对游戏进行评价，目的是观察幼儿游戏的状况，从而引导幼儿更好地参与游戏，在游戏中深度学习，享受游戏带来的快乐。

在游戏中评价幼儿的发展，要从以下几个方面进行。

（1）评价幼儿的能力发展水平，包括运动、认知、情感、社会性、语言、注意力、想象力、创造能力等。

（2）评价幼儿的经验。幼儿通过游戏活动认识世界，在操作中得到发展，幼儿的想象力和创造力需要建立在已有经验的基础上。因此，游戏活动为幼儿经验的积累提供了机会。

（一）对幼儿游戏的评价

对幼儿游戏情况进行评价，可以考虑一些基本指标，如从幼儿游戏的参与、游戏表现、情绪状态、游戏体验等方面对幼儿游戏进行五级评分，如表 4-11 所示。

表 4-11　幼儿游戏评价表

评价指标	评分				
	1	2	3	4	5
幼儿游戏参与意愿					
游戏表现					
情绪状态					
游戏体验					
其他指标					
……					

（二）对教师游戏指导的评价

幼儿游戏时，教师要认真观察，根据实际情况判断幼儿是否需要指导。教师适时指导游戏，对游戏的开展具有重要的推动作用。教师对幼儿游戏指导行为评价表如表 4-12 所示，该表按五级评分进行评价。

表 4-12　教师对幼儿游戏的指导行为评价表①

项目	内容	评分				
		1	2	3	4	5
1. 引导幼儿游戏进程	仔细观察幼儿游戏					
	教师以参与者身份引导幼儿游戏					
	教师使用语言引导					
2. 教师指导幼儿游戏过程	教师及时回应幼儿的需要					
	当幼儿出现问题时，教师提供安慰和个性化指导					
	教师蹲下来与幼儿保持亲密的互动					
	教师语气温和，且多用肯定的语气					
	教师表现出积极参与幼儿游戏的态度					
	教师支持幼儿自主游戏，鼓励幼儿大胆表达自己的想法					
3. 指导策略	指导幼儿游戏使用策略（如及时提供材料、建议，提问/启发、共同参与、示范）					
	较多采用激励式方法指导幼儿					
4. 游戏常规的建立	游戏结束后，教师引导幼儿把材料放回原处					
	教师引导幼儿与其他同伴一起游戏，不独占玩具					

① 曹中平．0～3 岁婴幼儿玩具与游戏[M]．长沙：湖南教育出版社，2021：194-195．

第五模块

幼儿园管理

幼儿园科学化管理是保证幼儿园正常有序运行的关键。幼儿园管理者只有在科学的管理思想指导下，制定管理制度、规范管理体系，才能使幼儿园各项工作目标精准、岗位明确、责任清晰、井然有序、忙而不乱、工作高效。陈鹤琴先生十分注重对幼儿园和中小学的管理工作的指导，他从人事管理和物资管理等方面进行阐述，内容翔实，方法具有可操作性。

怎样管理教室①

关于教室的管理可以分两方面来讲，第一，是物资的管理。第二，是人事的管理。

一、物资的管理

（一）课桌椅应该怎样排列？旧式的课桌椅排列法，总是对着老师的。这种课桌椅的排列法，只适合呆板的讲演式的教学，换句话说，只适于注入式的死教学，是很不好的。

怎样的课桌椅才是适度的呢？要坐着时，小孩子的腿和椅子腿成平行，椅背的高度刚到腋窝下，并且要向后斜，不过高也不宜过低。

幼稚园的桌椅，可以排成半圆形，这样的排法不但学生可和教师发生关系，也可以和别的学生发生关系。

（二）教室中应当注意几点：1. 每天早上没有上课以前，教师应当先到教室去看一次，桌椅排列得是否整齐，地板是否扫得清洁，都应当注意。2. 教室里没有人的时候，窗户应该关好，每星期至少要大扫除一次。3. 一个负责任尽职守的教师，必须最后离开教室。他应当指

① 陈秀云，陈一飞．陈鹤琴全集（第四卷）[M]．南京：江苏教育出版社，2011：258-260．

导值日儿童把椅子沿边揩抹得干干净净，窗户应开的开，应闭的闭，决不能随随便便，马马虎虎，弄得杂乱无章，不堪插足。

二、人事的管理

人事的处理，就是指如何管理儿童。这个问题比物资的管理当然要复杂些，困难些，因为小孩子是活的，不比得那些没有生命的东西，可以随便支配。

我们管理小孩子，通常用一种教师常规。我们先来研究进教室的时候到底应当学生先进去呢？还是教师先进去？对于幼稚生，教师先等在教室门口，欢迎学生进去，然后再互相行礼。小孩子对老师致敬的时候，嘴里说着“老师早！”老师呢，就回答他们说“小朋友早！”这样致敬的时候，在心理上似乎较亲切得多，因为教师和学生的关系是应建构在爱和关切之上的。

【内容导览】

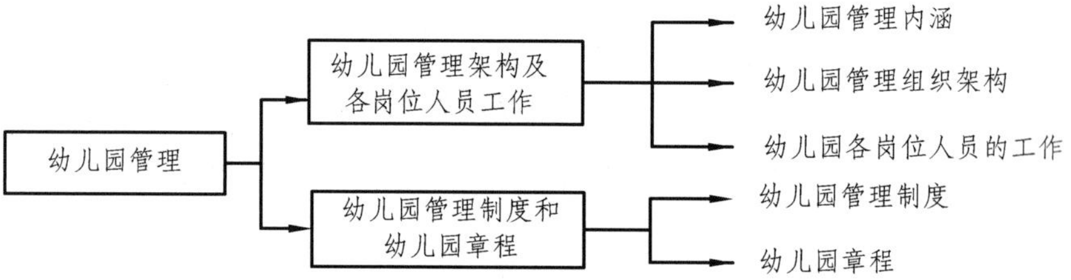

备注：乡村幼儿园教职工不足，例如一所只有 1～3 名教师、管理架构不完整的园所，一人要身兼多职。

第一节　幼儿园管理架构及各岗位人员工作

一、幼儿园管理内涵

幼儿园管理，指对幼儿园内部工作的管理。通过制定工作计划，开展工作活动，完成工作任务，将人、财、物等资源有效整合，保证幼儿园各项任务顺利完成。[1]

[1] 高杰．幼儿园管理工作指导手册[M]．北京：北京少年儿童出版社，2019：2．

精细化管理是保障工作质量，提高工作效率，打造优秀团队的必然要求。如陈鹤琴在“一个理想的小学校”中对怎样管理教室、课桌椅之研究、标准活动黑板、怎样做一个理想的教师等都做了详细的阐述。[①]可见，管理工作事无巨细，包括幼儿园大小事务、人和物等。

二、幼儿园管理组织架构

幼儿园精细化管理首先要做好组织架构建设。幼儿园领导班子做好分工，注重协商，提高管理水平，促进幼儿园高质量发展，幼儿园管理组织架构如图5-1所示。

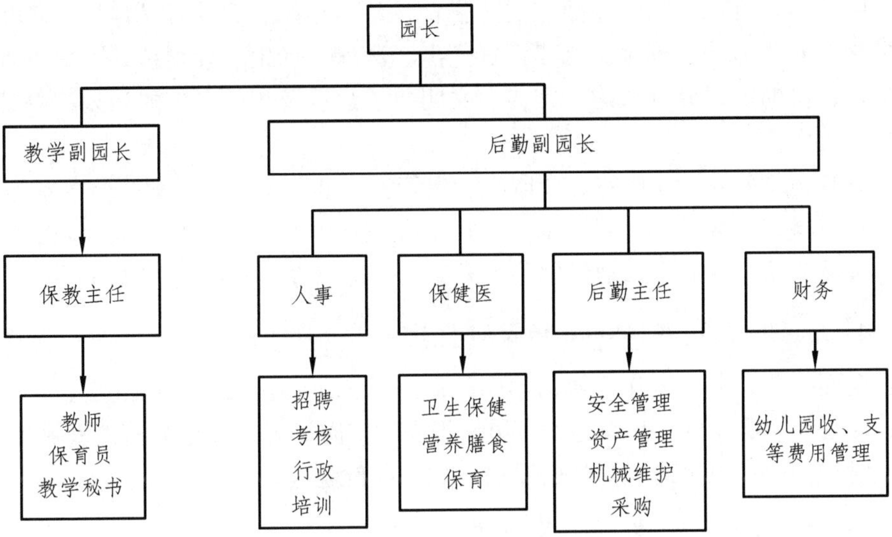

图 5-1　幼儿园管理组织架构

三、幼儿园各岗位人员的工作

（一）幼儿园领导班子及行政人员工作职责分工

1. 园长兼支部书记：×××

负责幼儿园行政全面工作、党支部工作。

① 陈秀云，陈一飞．陈鹤琴全集(第四卷)[M]．南京：江苏教育出版社，2011：51-266．

2. 保教副园长：×××（兼支部纪检、生活委员）

协助园长主持日常保教管理、教育科研、保教队伍建设工作；幼儿管理、家长工作、幼儿园文化建设、网站建设、信息管理、保教用品计划；协助园长（支部书记）分管廉政建设、师德师风建设、组织生活等相关档案、资料管理和相关的工作计划、总结、材料、宣传等。

分管：保教室、教研室、特色室、资料（图书）室、工会、妇联、共青团。

对口科室：教育局、教师进修校、工会、妇联、共青团、纪委、卫生局等其他相关部门。

3. 后勤副园长：×××（兼支部组织、宣传委员）

协助园长负责：卫生保健、幼儿膳食、基本建设、后勤备品计划、备品设施采购、安防综治、校园文化建设、人事、医保、计生、计划统计、对外等后勤工作；协助书记分管党建、宣传、文明单位建设及相关工作的计划、总结、材料等工作。

分管：总务处、保健室、文印室、保管室、办公室、政工室、档案室等。

对口科室：区委办、组织部、宣传部、医保中心、人劳局、卫生局、财政局、食品药品监督局、妇幼保健院、教育局、综治办等其他相关部门。

4. 总务主任：×××（兼职幼儿教学）

全面主持总务处工作，协助副园长做好总务班、伙食班、保健室、备品设施、计划、采购；负责基本建设、统计报表、安防等工作及相关档案资料管理。

对口部门：卫生局、食品药监局、妇幼保健院等。

5. 保教主任：×××（兼职艺术类教学）

全面负责保教处工作。做好日常保教管理工作、幼儿管理、家长工作。管理幼儿相关的统计报表及各种相关档案。

对口部门：教育局、卫生局。

6. 教科研主任：×××（兼职大班教学）

协助保教主任做好保教日常管理具体工作；主持教育科研、教师培训等工作及相关档案管理。

对口部门：教育局、进修校。

7. 团支书、工会主席：×××（兼职中班教学）

具体负责工会、妇联、共青团的工作；兼职幼儿园网站、办公室及相关档案管理工作。

对口部门：工会、妇联、团委、政办等。

8. 政工干事：×××（兼职小班幼儿教学）

负责文件分发、处理、保管；党建工作的具体材料、组织政治学习的内容；园所宣传。

对口部门：组织宣传部、纪委、区委办等。

9. 人事财务：×××

负责教师资格及职称评定；保险；工资、财务、固定资产的核查；人事报表及相关档案管理工作；兼职通讯员。

对口部门：财政局、人劳局、教育局、社保局、医保办等。

10. 出纳员：×××

负责园所的日常收支管理、核对；负责审核各项原始票据，确保报账票据和手续的合法性；把收集的记账凭证编号、装订、保存、归档等。

对口部门：银行、教育局。

11. 保管员、图书员：×××（兼职教师、计划生育员）

负责园内财产的保管、分发；图书资料的订阅、分发、保管；定期整理库存及时上报相关部门；计划生育工作。

对口部门：书店、计生办。

12. 保健医：×××

负责幼儿园的保育卫生和消毒；膳食管理；意外伤害管理；体检体测管理；幼儿带药管理；预防接种等工作。[①]

对口部门：妇幼保健院、食药监局、社区等。

（二）幼儿园中层岗位分工

中层一（保教处）：保教主任，兼所在班组副教研组长。具体协助保教业务口副园长做好以下工作：宣传（含网络宣传、维护、电教管理和园内课件制作、公开课的摄像拍照、园刊、幼儿园网站管理、上级网站资料上传、幼儿园教师及幼儿等基本信息和学籍管理、幼儿园接送智能卡管理、园邮箱校讯通管理、

① 高杰．幼儿园管理工作指导手册[M]．北京：北京少年儿童出版社，2019：86-101．

播放早操音乐等），园各类文稿协助撰写、幼儿园特色打造（含园本课程、特色理念撰写、园专用室及大环境布置等）。协助保教业务副园长主要做好教研、园本培训、科研课题、创建及幼儿园重要的迎检等其他各项工作。随时配合做好幼儿园布置的其他工作。

中层二（保教处）：保教副主任，兼所在班组副教研组长。具体协助做好家长及家长学校工作（含创建）、环保工作（含创建）、各项活动及竞赛组织、对外承办演出协调安排与管理，做好部分党群类各项迎检争创，如党支部、文明单位、团建（青年文明号）、妇联（妇女和计生、巾帼示范岗）、民政（贫困助学）、信访和民事调解、其他类的各项日常和创建工作等，协助保教业务副园长做好常规事务协调、教研组、学科组、教科中心组、师徒结对、师德礼仪等工作。随时配合做好幼儿园布置的其他工作。

中层三（总务处）：总务主任，工会副主席，兼所在班组副教研组长。具体做好全园档案工作（含纸质和电子稿存归档和保管借阅等，需撰写文稿协助），园史（荣誉栏、大事记、幼儿园重大事件纪事撰写及整理），后勤口保育、保健、健康教育等管理、全园保洁区划分和卫生督促检查（无烟单位等），财务财产管理，如师幼图书室借阅管理、专用活动室物品器材卫生管理等、食堂管理等、各室门牌更换等、园公务接待含会场布置音响视频调控、安全综合治理工作（消防安全、平安校园、监控管理、职工稳定、护园队、保安管理等安全工作）。做好部分党群类工作，如工会（五一文明班、职工道德模范先进单位等）等日常工作和创建工作。主要协助总务后勤口做好其他各项工作。随时配合做好幼儿园布置的其他工作。

（三）幼儿园其他兼职岗位分工

×××：保健老师，做好卫生保健、食堂、仓库物资管理，班级配合工作，园务协助工作。

×××：小班正教研组长。×××：中班正教研组长。×××：大班正教研组长。

各行政人员要树立为园、为教职工服务的意识，做到顾全大局，既分工又合作，以身作则，团结一心，讲究工作方法，不折不扣、创造性地开展好各级各项工作，求质求效求精求新，发扬不怕苦、不怕累、不怕难的精神，推进幼儿园各项工作稳步进行，赢得幼儿园应有声誉。

幼儿园领导班子工作职责如表 5-1 所示。

表 5-1　幼儿园领导班子工作职责一览表

姓　名	职务	分管工作
×××	园长（副园长）	1. 负责教育主管部门班子成员及办公室主任安排的所有工作。 2. 负责协调、监督、督促各处室，整体负责幼儿园的全面工作。 3. 负责协调、优化领导班子，最大限度发挥领导班子的整体效能。 4. 负责教师的政治学习。 5. 负责召开园务会议。 6. 负责教职工的招聘工作
×××	保教主任	1. 负责园长或副园长安排的所有工作。 2. 负责保教处日常工作，制订保教处各类工作计划（如：保教工作计划、教科研工作计划、师资培训计划、新教师培养计划等），负责幼儿园及各类活动的开展。 3. 抓幼儿园的教学常规管理，负责幼儿园教师的考勤、评优评先、考核积分、奖惩等工作，并做好记录，每月月初公布上月教师的积分情况。 4. 负责教师、幼儿检测与评价工作。 5. 负责幼儿园的特色建设工作。 6. 负责教师的业务学习及新教师培养工作。 7. 负责全园教师的基本功比赛、公开课、优质课评比等工作。 8. 负责幼儿园的教科研工作，负责教研组活动以及大型教研活动；制定教科研工作评价标准。 9. 指导有关同志搞好各个功能室的建设，加强教学设备、器材、图书等资料的添置和管理，更好地发挥其作用。 10. 指导各班组做好教育教学工作，确保幼儿园保教工作的顺利进行。 11. 深入保教工作第一线，经常听课（每周听课不少于 3 节）。 12. 领导教研组长开展常规教学和分科辅导工作，总结和推广先进经验。 13. 负责幼儿园的家园共育工作，组织家长会，做好家园共育工作。 14. 负责审定教师用书、杂志、音像等各种教具以及玩具、幼儿图书等工作，负责幼儿园的兴趣小组工作。 15. 每周检查一次教师的备课本、计划本、观察记录本、教育教学笔记本，并根据情况及时反馈意见，做好教师的相关考核工作。

续表

姓 名	职务	分管工作
×××	保教主任	16. 负责幼儿园各项档案资料建设工作。 17. 负责各级现场会及各类验收评比的接待工作。 18. 负责各种教学观摩接待与组织等工作。 19. 协助园长做好教师的思想工作，组织和指导教师制订个人发展规划，做好各项临时性工作。 20. 园长不在时要负责幼儿园的全面工作
×××	保教副主任	1. 配合保教主任做好保教处的所有工作。 2. 负责组织、策划、主持各类业务活动、竞赛活动、幼儿活动、升旗活动、主题活动、对外保教交流等。 3. 负责教学常规管理，编制园工作历、园本课程、教学进度表、作息时间表。 4. 指导教师创设适宜的教育环境，发挥环境的教育作用。负责指导活动区、游戏角、家园联系栏、自然角的材料投放。 5. 组织安排好幼儿节日庆祝活动和幼儿运动会。 6. 负责幼儿园园报等工作。 7. 负责检查每周五的班务会议情况，并做好记录。 8. 负责好接待等各项临时性工作。 9. 负责幼儿的社会实践工作
×××	招生办主任	1. 负责新生幼儿的入园、分班、编班工作。 2. 协助保教主任做好相应的保教工作。 3. 负责收集家长提出的合理化建议。 4. 负责招待等各项临时性工作
×××	后勤主任	1. 负责幼儿园所有物品的采购工作，严格按照教体局的财务制度执行，教育全体教职工节约用电，积极做好勤俭办园工作。 2. 负责幼儿园财务科科长安排的所有工作。 3. 负责教职工工资及四金（医疗、公积金、养老、工伤）等工作。 4. 负责幼儿园的固定资产工作，物品登记工作。 5. 负责幼儿园的公物维修工作；负责学校的基本建设和校舍、桌椅、门窗等园产的登记、管理、添置、维修，落实并督促师生执行园产的使用、保管、赔偿制度。 6. 负责幼儿园的网站及网站更新等工作。

续表

姓 名	职务	分管工作
×××	后勤主任	7. 做好幼儿园食堂食品的入门检验工作。 8. 做好后勤队伍的组建，加强对后勤人员的思想政治工作，并做好相应的奖惩记录工作。 9. 定期向家长公布幼儿伙食账目。 10. 审查指导后勤各岗制定的学期工作计划、月重点、周安排和日常性工作，并组织实施检查，给予奖惩。 11. 负责幼儿园招待用品等各项临时性工作。 12. 负责安排教职工假期值班工作。 13. 负责幼儿园各项募捐款的统计工作
×××	后勤副主任	1. 负责幼儿园餐厅人员的管理和卫生工作，使环境始终保持整洁明亮、有序。 2. 负责幼儿园的门卫管理及安全保卫工作。 3. 负责幼儿园的绿化美化工作。 4. 负责幼儿园的各种证件的办理及外部协调工作。 5. 负责幼儿园的室内外的卫生工作
备注	1. 树立以园为家、廉洁奉公、勤俭办园、任劳任怨、无私奉献的思想作风。 2. 工作中严格要求自己，时刻做教师的榜样。 3. 工作中要做到既分工明确，又团结协作	

幼儿园教职工全年工作常规如表 5-2 所示。

表 5-2　幼儿园教职工全年工作常规（从 8 月至次年 7 月）

项目	工作要点
园长	学期初： 1. 召开园长会议，安排教学、行政等相关工作。 2. 指导各部门完成工作计划（秋季学期工作计划），协调各部门做好开学前的准备工作。 3. 指导制定本年度的工作历。 4. 指导制定（修订）规章制度。如幼儿园教职工管理办法、师德师风管理办法等。 5. 指导制定新生招生计划、收费标准等。 6. 与副园长商议开学典礼和迎新生的准备工作。

续表

项目	工作要点
园长	学期中： 1. 组织全园教职工做好幼教法律法规、制度和各岗位职责的学习。 2. 负责建立、修订本园的管理体系，接受教职工监督。 3. 带领全体教师做好师德师风建设工作。 4. 督导教学副园长统筹教学开放月的组织。 5. 督导保教主任检查保教工作落实情况。 6. 做好全园教师职称评聘工作。 学期末： 1. 督导人事部门根据岗位工作评价考核结果。 2. 督导教师业绩考核成绩汇总和评定工作。 3. 安排各部门学期工作总结。 4. 督导副园长寒、暑假值班的常规工作安排。 5. 完成全园总结工作
教学副园长	学期初： 1. 制定春、秋季学期教学工作计划。 2. 指导保教主任制定保教工作计划。 3. 指导并设计新生招生宣传手册。 4. 指导保育主任设计家长会（包括新生和老生）方案。 5. 指导保教主任制定教研计划和教师培训计划。 学期中： 1. 指导保教主任和教师加强对幼儿心理行为的观察、指导。 2. 督导保教主任做好家长反馈、教师工作态度的检查和了解。 3. 协调好各部门做好教学技能比赛工作。 学期末： 1. 做好本园骨干教师的假期研修工作计划。 2. 督导保教主任安排教师做好学期工作总结。 3. 督导各部门做好文案资料归档
后勤副园长	学期初： 1. 检查新生入园物品、收费等前期工作。 2. 指导保教主任做好秋季学期班级家长会的相关准备工作。 3. 指导卫生保健人员做好各类卫生保健准备工作。

续表

项目	工作要点
后勤副园长	4. 领导财务人员做好预算，合理支配幼儿园预算内经费。 5. 做好“安全第一，预防为主”的宣传工作，指导保教主任逐层落实安全稳定工作。 学期中： 1. 协调好各部门工作人员，配合保健医做好幼儿体检和体能测试工作。 2. 督导会计核查全园幼儿托费收缴情况，防止偏差和漏洞。 3. 督导后勤主任安排园所绿化、修整工作。 学期末： 1. 对班级、库房财物进行盘点。 2. 做好下学期全园预算工作。 3. 做好分管工作学期工作总结
保教主任	学期初： 1. 做好新学期保教月工作计划。 2. 指导教师做好新学期班级工作计划。 3. 指导教师设计家长会方案（包括时间、地点、目的、内容等）。 4. 统计在园和待入园幼儿人数，做好编班工作。 5. 做好教学用书、幼儿学习资源包、玩教具的配备计划，并报分管工作的副园长。 6. 协助分管副园长做好各班教室的调整。 学期中： 1. 指导教师一日常规和教学常规工作开展。 2. 指导教师科学地组织户外活动。 3. 组织各类节日的庆祝活动。 4. 指导教师开展家长开放日活动。 5. 深入教师的工作实际，深入了解教师的工作。 学期末： 1. 做好教研工作总结。 2. 督导教师做好学期教研工作总结。 3. 指导教师撰写成长档案。 4. 督导教师做好班级物品，如图书、玩教具、幼儿日常生活用品等的整理。 5. 指导各班检查文案资料是否齐全、规范

续表

项目	工作要点
后勤主任	学期初： 1. 检修教育教学设备，如桌、椅、多媒体、床、室内外游戏活动器械等是否完好。 2. 购置新生生活用品、床上用品、教玩具等，注册登记。 3. 做好后勤学期工作计划，并提交后勤副园长审核。 4. 指导保洁工作人员做好开学消毒、杀菌等卫生防疫工作。 学期中： 1. 根据后勤副园长制定的计划，有目的地指导后勤人员开展工作。 2. 加强日常管理，巡查后勤各岗位的人员工作开展情况，并做好登记，作为年终评优的印证材料。 3. 召开后勤人员的业务培训工作，促进专业能力提升。 4. 督导教职工做好安全稳定工作。 5. 完成各类临时工作。 学期末： 1. 做好后勤工作总结。 2. 督促各班对办公用品、日用品、玩教具、图书等进行盘点，将耗材统计表上交分管后勤副园长。 3. 督促后勤工作人员做好园所安全检查、园舍的维修工作。 4. 加强对食堂的食品安全等检查
保健医	学期初： 1. 指导全园教职工做好防蚊、蝇叮咬的预防工作。 2. 做好防烫伤、烧伤、摔伤、防暑、防食物中毒等。 3. 做好新生入园健康档案的建立。 4. 做新生家长新学期保健、卫生、伙食安全宣传工作。 5. 做好常规药品储备工作。 6. 检查教职工的健康证。 学期中： 1. 对全园教职工开展卫生讲座。 2. 组织幼儿大体检。 3. 指导各班级做好体能测试的工作。

续表

项目	工作要点
保健医	4. 做好卫生安全工作宣传。 5. 做好幼儿免疫接种工作。 6. 落实保健工作计划中的所有工作。 学期末： 1. 完成学期卫生保健工作。 2. 做好园所各区域的消毒、防潮、防霉变等清理工作。 3. 做好幼儿营养计算和统计。 4. 做好幼儿体质测试。 5. 做好学期末安全检查。 6. 整理卫生保健相关资料并归档
教师	学期初： 1. 制定班级学期工作计划。 2. 做好班级大扫除工作。 3. 做好新生家访。 4. 统计本班幼儿花名册。 5. 制定个人发展计划。 6. 组织本班教师讨论，做好开学工作，包括图书、玩教具等物品的选择。 7. 关注幼儿情绪，做好家园互动。 学期中： 1. 加强对幼儿生活的照护。 2. 开展各种类型的户外活动。 3. 做好家长开放日迎接工作。 4. 配合做好幼儿体能测试相关工作。 5. 按幼儿园要求认真做好本班幼儿发展评价。 6. 做好教学管理工作，保证幼儿安全。 学期末： 1. 做好学期工作总结，填写业务档案，上交保教主任。 2. 完成班级工作工作总结、个人工作总结、教研工作总结。 3. 整理班级物品、幼儿作品、生活用品

第二节　幼儿园管理制度和幼儿园章程

一、幼儿园管理制度

幼儿园根据本园情况制定切实可行的管理制度，幼儿园领导班子应带头执行。

（一）幼儿园安全制度

1. 幼儿园安全检查制度

（1）教师、保育员对幼儿园的安全隐患要勤检查，预防园所潜在的安全风险，及时排除安全隐患。

（2）上班人员交接时一定要认真清点幼儿人数，户外活动外出返回均要认真清点人数，家长来接孩子一定要刷卡或办理登记手续，按照接送程序进行，不能违反。

（3）值午睡班时，保育人员勤巡视，细心观察，防止幼儿在午睡期间发生意外。

（4）经常检查幼儿的口袋，不让幼儿玩带玻璃、刀片等呈尖角的危险物品，以防伤害幼儿。

（5）注意活动室、户外场地、家具、用具、玩具、活动器械、电器设备的安全使用，每月检查一次，大型体育器械、电器每周检查一次，并做好检查记录。避免触电、砸伤和摔伤等事故发生。

（6）必须妥善保管药物，喂药时要仔细核对，有毒物品由专人管理，严禁在班上存放，药物的保管和服用由医务人员负责，以免发生中毒事故。

（7）开水瓶置于幼儿触不到的地方，热汤热粥要加盖，防止发生烫伤事故。

（8）一旦发生人身意外事故必须交医务人员处理，由园保健医生诊断伤势。

（9）若发生事故，事故责任人必须在一天内写出报告，园内召开事故分析会，做好事故的善后处理。

（10）每周召开一次全园安全工作会议，各部门成立安全工作小组，各部门的负责人为安全责任人，加强防护措施，消除事故隐患，并做好记录。

（11）任何人不得私自留人在幼儿园住宿，如有亲属要暂时留宿，必须先报告给园长审批，同意后方能留宿。

（12）机动车辆按要求停放在规定区域内，非职工车辆未经批准禁止停放。

2. 幼儿园安全防火制度

（1）幼儿园的全体教职员工要认真学习安全防火知识，学会使用灭火器、消防栓，学会保护幼儿。

（2）幼儿园通过消防演练、游戏活动、观看视频等方式对幼儿进行防火安全教育，使幼儿懂得不能玩电插头，发现情况及时报告大人。

（3）各班卧室、活动室之间的门口、安全通道要保持畅通，孩子在室内时，不准上锁，发生火灾事故时，教师、保育员要沉着镇静，迅速从安全通道疏散幼儿，确保幼儿人身安全，绝不能丢下幼儿不管。

（4）幼儿园安全检查小组每周检查一次幼儿园电路、电器、防火设备情况，做好记录，消除隐患。

（5）幼儿园的所有电器（电脑、洗衣机、电视机、录像机等）用完后，马上拔出插头并放置在干燥的地方，以保证安全。

（6）保育员下班前，要检查所有电器是否关好，每天下班前要切断电源。

3. 幼儿园安全保卫制度

（1）幼儿入园后，早、中、午各时段都要清点一次人数；开展活动时保证幼儿身边有人，随时清点人数，严防幼儿走失。

（2）加强对幼儿安全知识的常规教育，加强自我保护意识，提高自我保护能力。培养良好的行为习惯，随时检查幼儿鞋带、衣物，发现不安全因素，及时处理解决。教会幼儿知道幼儿园的名称、家庭地址、父母姓名等，防止意外事故发生。

（3）一切不安全用品、药品必须由专人妥善保管，热水、热汤应放置在适当位置，电器设备应安装合理，严防中毒、烫伤、触电等事故的发生。

（4）带领幼儿外出活动，必须提前拟定活动方案报领导批示，选好安全场地，有组织有纪律地进行。并随时清点人数，走路时注意不离队、不掉队。

（5）做好防火、防盗工作，下班后应关好门窗，做好巡视工作，安排好节假日值班人员，切实做好保卫工作。

（6）全体教职工应自觉遵守门卫制度，教职工应协助门卫做好保卫工作。

（7）要注意玩具、房屋、场地、教具的安全，定期进行检查维修，避免砸伤、摔伤等事故发生。

（8）幼儿在园若发生骨折、触电等重大安全事故，当班教师必须及时向园领导汇报并送医院治疗，并及时通知家长，写出事故发生情况报告，根据情节轻重，给予当事人相应处理。

4. 幼儿园门卫制度

（1）按照规定的时间，及时开、关园门。

（2）参观访问人员须出示介绍信、有关证件或向园长核实是否预约，外来人员必须登记后方能入园；门卫和当班教师严格把关幼儿接送程序，建立健全幼儿接送制度，不准陌生人来园接幼儿，防止冒领。一般情况当班教师不能会客和接私人电话。

（3）严禁无牌无证机动车辆进入幼儿园。园属车辆必须停放在指定地点，外来车辆必须停在指定区域，严禁进入幼儿活动场所或停放在走道上。

（4）节假日加强值班保卫工作，安排好值班人员，并认真做好值班记录。

（5）外来人员不能在园留宿，特殊情况需经园领导批准。

（6）门卫工作人员必须坚守岗位，切实做好安全保卫工作。幼儿接送时间，认真做好接待工作，严防幼儿走失。

5. 幼儿园班级日常安全制度

（1）遵守陈鹤琴卫生习惯的“二十五条原则”，如“小孩子吃东西以前需洗手，吃饭后需揩手”，“应当叫小孩子独自先吃饭”[①]。

（2）幼儿安全教育“五不”。不把小物件或尖利物品（如筷子等）含在口中；不触摸各种电器开关；不乱食花、草、种子、药物、食品；不放脏东西和危险品在口袋里；不私自离开老师。

（3）带班时间不得与人聊天，不得离开幼儿；不允许幼儿离开老师的视野。

（4）活动前做“三检查”（即检查场地，设施设备，幼儿状态、情绪、衣着）；“一交代”（向幼儿交代游戏玩法与纪律）；活动时注意观察幼儿活动内容和方式；活动后清点幼儿人数并讲评。

（5）取饭、取水时要打招呼，走路速度要慢、要躲开幼儿走。刚煮沸的汤和水要加盖放在幼儿碰不着的地方。开饭时，饭菜、汤不烫手才能让幼儿端，饭、菜、汤不能从幼儿头上过。倒开水时要避开幼儿。

（6）加强对幼儿安全知识指导，不让幼儿接触电源开关、刀器、开水和火。

（7）幼儿进食时不得谈笑，不得含饭在口中就去做大运动。

① 陈秀云，陈一飞．陈鹤琴全集（第二卷）[M]．南京：江苏教育出版社，2011：548-570.

（8）药品和洗涤水（粉）的保管：① 写好名，（幼儿的药品要写好药名和人名，洗衣粉和清厕剂要写好品名放置在幼儿够不到的地方）；② 大人的任何药都不能放在外面。

（9）下班前要仔细核对幼儿人数；关好门窗；关掉电器、开关；锁好贵重物品。

（10）幼儿受伤后，当班老师要冷静沉着，耐心询问、仔细查看伤口。如果是烫伤要迅速离开热源，是骨折要固定好伤口位置，再迅速护送到医务室处理。

（11）发生事故后，要立即报告医生和园长。

6. 幼儿园消防安全制度

（1）消防安全实行专人专项管理制度。经常组织教职工学习消防知识，参加消防安全知识培训，增强消防安全意识。

（2）安全管理员及时检查安全隐患，更换老化电线，消除安全隐患。及时更换破旧的消防器材。

（3）不定期向幼儿传授简单、基础的消防安全知识。

（4）注意厨房用火的安全管理工作。

（5）节假日实行人员值班制度。

（二）幼儿园卫生工作制度

1. 幼儿园卫生保健制度

（1）必须严格执行《托儿所幼儿园卫生保健工作规范》（卫妇社发〔2012〕35 号）和省、市有关卫生保健制度。

（2）坚持晨检、午检、晚检制度，发现疾病及时处理，并做好记录。

（3）制定合理的一日生活制度。每日体育活动不少于 1 小时；每日户外活动不少于 2 小时。注意饮食卫生，两餐间隔不少于 3.5 小时。

（4）三岁以上幼儿每学年全面体检一次，每 2 个月测量身高体重一次，每学期测视力一次，对弱视幼儿每 2 个月测查一次；每学期验血色素一次；每 2 个月对幼儿身体健康发展状况进行分析；建立幼儿健康档案登记、统计制度。

（5）新生入园和新工作人员到岗均要先做体检，以后半年验血复查一次，发现肝炎或其他传染病立即离园隔离或治疗。

（6）配合卫生部门做预防接种工作。

（7）为幼儿提供合理膳食，每周制定带量食谱，定期计算营养摄取量，每月召开膳食委员会。

（8）每天保证供应充足的、温度适中的开水，每天起床后、课间、运动后提醒幼儿饮水，培养幼儿自觉饮水的习惯。

（9）培养幼儿良好的大小便习惯，提醒幼儿每天大便一次。

（10）建立体弱幼儿档案，定期对体弱儿进行检查和分析，提出保健措施。

（11）夏季注意为幼儿抹汗、换衣、洗澡、洗头、洗脚；冬季注意为幼儿防寒。

（12）教师必须注意培养幼儿良好的卫生和生活习惯，对幼儿进行安全教育，增强自我保护意识，养成正确的坐、立、行、走姿势，为幼儿成长奠定良好基础。

2. 幼儿园班级卫生工作制度

（1）每周五大扫除 1 次，彻底搞好班上和包干区的卫生。

（2）幼儿玩具每周用有效氯 100 ~ 250 mg/L 浸泡消毒、表面擦拭 15 分钟，书籍阳光下晒不少于 6 小时。

（3）保持室内外清洁、空气流通，每日早晨、下午起床后开窗换气。

（4）每天用紫外线消毒灯消毒 1 次休息室和活动室，每次 30 至 40 分钟（幼儿不在场时）。

（5）班上厕所每天保持卫生、清洁无异味，周五用洁厕剂洗 1 次。

（6）班上活动室每次餐后拖地清理。周五用消毒水拖地 1 次。桌椅柜每天抹 1 次，电风扇每月抹 1 次。

（7）班上睡室每天扫地 1 次，每周拖地 2 次。

（8）枕巾、被子、床单每月洗 1 次。

（9）幼儿饭前便后要用香皂洗手。开饭前要抹桌子。

（10）工作人员要保持仪表整洁，不留长指甲。

3. 幼儿园卫生保健统计制度

（1）做好十项记录工作，记录要清楚。

（2）每天晨检、午检，并做好记录。

（3）对每次幼儿、职工查体均做好记录，根据查体情况对幼儿体格发育、膳食营养进行评价。

（4）对幼儿的各种疾病做好记录，分析原因，及时采取措施。

（5）各种卫生检查均做好记录，对每天的消毒情况、幼儿的特殊情况均做好记录。

（6）收好幼儿的中药、中成药、西药，并按时为幼儿服药，中药烫后让幼儿服，并做好记录。

（三）幼儿园教育、科研制度

1. 幼儿园学习制度

（1）以年级组为单位，每周安排一次政治理论学习和教研活动时间。

（2）学习时做到严肃认真，不迟到、不早退、不闲聊、积极参加讨论、认真做好记录，无特殊情况不得请假。

（3）外出学习时，事先准备好笔记本，不迟到、不早退，做好记录并主动向领导汇报。

（4）每月举行一次班级工作汇报。每月写一篇教育笔记，每学期进行一次各年龄班一日教育活动、环境布置、游戏活动的相互观摩、检查。

（5）各年级组根据幼儿园计划的培养目标，结合幼儿园实际情况，制订学期教研计划，及时吸取国内外幼教信息，有计划地组织保教人员搜集、整理、编写资料，定期组织学习与讨论，并在实践中探索，不断交流总结经验，使教研活动有针对性，有特色性。

（6）业务园长（或保教主任、教研组长）定期或不定期抽查教师的教育计划、教研组计划、教师的教育总结笔记。检查保教人员一日组织活动或某生活环节，及时与保教人员交换意见。

（7）每学期进行一次园、科室、班级全面总结。每学年进行一次教育、教学专题总结，并将其载入个人档案资料，经评选出的总结、论文装订成册，并给予表彰奖励。

2. 幼儿园备课、听课制度

（1）教师必须认真学习《幼儿园工作规程》（简称《规程》）和《幼儿园教育指导纲要（试行）》（简称《纲要》），以《规程》和《纲要》为依据，研究制订好各类教育教学计划。

（2）认真学习教育理论知识，不断吸收新的信息，指导、运用于教育工作。

（3）深入钻研教材，结合本班幼儿年龄特点和实际发展水平备好课，突出重点，突破难点。

（4）按时按质制订好系列计划，如：学期计划、月计划、周计划、日计划、课时计划、游戏计划等，每周写一篇以上的观察笔记和教育笔记。每周星期五上午准时将下周计划和笔记交园领导审阅。

（5）备课时间除做案头工作外，还必须制作教育活动所需的各种教具、学具，准备提供各种玩具、材料。

（6）坚持集体备课与个人备课相结合。主班教师每天下午准时来备课室备课，不得迟到。

（7）备课时不得外出或闲谈，不做与备课无关的事情。需要外出时需向园领导请假，经同意后，方可外出。

（8）鼓励改革、创新，每学期进行一次评比，对设计新颖、富有创造性的计划、笔记、教案、教育活动设计等予以奖励。

（9）组织相互听课、相互学习，取长补短，每学期组织相互听课不少于 20 次，并认真做好记录和评议工作。

（10）园长每学期必须有针对性地进班听课不少于 15 节，保教主任进班听课不少于 30 节，做好听课记录，及时进行评议，肯定成绩，找出差距，提出建议和希望。

3. 幼儿园教研制度

（1）成立教研组，订立教科研计划，按照计划定期开展教学和科学研究活动。

（2）在学期初，教研室拟定教研工作计划，各班根据教研室拟定的工作计划和班内实际，写出班级教学科研计划及实施方案，期末写出专题总结或经验论文等，在园内进行交流、评比。

（3）每学期期末，由教学副园长牵头，组织教研室对各班进行教育质量检查和班级工作评估，开展评选优秀班级活动。

（4）每学期开展一次教学评比活动，邀请兄弟园进行教学观摩和教学研究活动，加强兄弟园交流合作，鼓励创新，观摩后，组织讨论、评议、评分，并作为教师业务考核内容存档。

（5）每周进行业务学习，提升教师专业素养。经常开展学术研究讲座，定期组织教师、保育员进行业务学习和培训。

（6）积极参加各级教育领导部门组织的各种教研活动，提升教师专业技术水平。

（7）对在市级、省级、国家级等各类正规刊物上发表或参加市级以上交流的经验论文、实验报告等，给予奖励。

（8）每年组织保教人员到其他幼儿园参观学习一次，开阔视野、取长补短。

4. 幼儿园学习、会议制度

1）政治、业务学习制度

（1）领导班子和其他行政管理人员每两周开展一次学习交流活动。

（2）全体教职工每周政治学习、业务学习各一次。

2）会议制度

（1）全园会：每学期召开三次，在学期初、学期中和学期末进行。

（2）园务会和部门会议：每月一次，月底进行。

（3）领导班子会：每周或两周一次。

（4）党组织生活会：一月一次。

（5）共青团组织生活会：一月一次。

（6）工会委员会：一年一次。

（7）后勤会：每月一次，月底进行。

（8）班务会：每月一次，月底进行。

（9）家长会：一学期至少一次。

（四）幼儿园经费管理制度

1. 幼儿园财务财产管理制度

（1）幼儿园各项费用收支必须规范入账。根据上级批准的计划和预算，支付各项资金，保证资金使用合理。会计、出纳管理财务收支事务，依上级财政规定，做到经常核对账目，保证账目相符。

（2）园内各种财产都要登记入册，贵重物品必须由专人负责保管，对自然损坏的物品做到定期维修，对人为的不合理损坏物品应追究责任，并按制度赔偿。

（3）规范报销程序。支付款报销手续要健全，报销单据必须有经手人及验收人签署，方可由会计审核报销支付，凡违反财经制度的，一切开支有权拒绝报销。

（4）重大开支须通过领导班子会研究，财务人员要加强请示汇报，重大开支不得擅自处理，要经领导审批方能支付。

（5）管理人员要定期、不定期地到各班检查掌握物资使用情况，避免积压与浪费，各部门和班级根据需要领取，并建立物资领取台账，在节约的基础上保证各项供应工作。

2. 幼儿园园务财产管理制度

（1）园内固定资产管理。凡园内公共活动场地、音体室、会议室等所陈设的体育器械、电器设备、教具、玩具、桌椅床铺等均由后勤主任立册登记、管理。这些物资需事先报后勤主任同意签字后方可借用，在规定的时间内归还原位。未经后勤主任同意不得擅自搬动，挪作部门使用，违反者，后勤主任有权追究责任，对毁坏、遗失者要处理并赔偿。

（2）放置于体育器材室内的体育活动器械，班级因授课需要移动使用后，要负责放回存放地点，有损坏应向该室负责人报告，及时检修。

（3）各功能室的财产、物资要分类编号，列册登记，专人保管，每学期清点一次，发现毁、损、错、漏要报告后勤组长，检查原因，及时修缮，并制作台账保存。

（4）各班级向教具室、资料室借用的教材教具要登记，定期退还。遗失或损坏，视情节轻重负责修理或赔偿，医疗室除做好医疗器材的保管外，还要进行药物建账核算，每学期清点一次。

3. 幼儿园班务财产管理制度

（1）班级财产由各班班主任负责。分配各班使用的财产、物资要分类编号，立册登记，由班主任负责保管，每学年结束前，其他人员要协同班主任清点班务财产，如数交班。新接管的班主任按册验收，数目相符在交接栏内签名，以示班务财产物资交接清楚。

（2）班务财产日常管理要求。班务财产在使用期间有损坏、遗失，由班主任向后勤主任报告，属合理损耗的准予注销并根据需要重新补发，登记入册。如属不合理损耗，当事人负责赔偿。

（3）规范班务财产借用管理程序。各班保管使用的财产、物资，非本班人员不得擅自拿用，特殊需要的可向该班的班主任借用，定期归还，如有损坏负责赔偿。

4. 幼儿园物品购买、领取、借用制度

（1）班级办公用品预算计划。各班必须在每学期开学第一周制定出本班一学期所需的办公用品计划，经园长审批后，由后勤主任统一购买。

（2）急需物品申请和报销要求。需购买急用物品时，必须先写一份申请报告，经园长批准后，派专人购买，购买物品票据齐全，园长审批签字后方能报销。

（3）保育员必须在前一周报幼儿生活用品计划交后勤主任，由后勤主任统计交园长签字，后勤主任清点缺少物资及时补齐。下周一时派专人领取，然后根据领物计划统一登记收发。

（4）各教职工平时需要领物品，必须提前一周把领物计划交后勤主任。

（5）各领物计划的预算量按需分配，应实报实销，不得积压。

（6）借用幼儿园财产（包括图书等），须写借条或签名，并在规定时间内归还。如有损坏或不按时归还者，视情节轻重，照价赔偿或加倍赔偿。赔偿金从本月工资中扣除。

（五）幼儿园、家庭联系制度

1. 幼儿园家长工作制度

幼儿园高质量发展离不开幼儿园、家庭、社会“三位一体”形成的合力。因此，需要建立幼儿园和家庭联系制度。为使家长工作做到制度化、系统化，特制订以下家长工作制度。

1）建立健全家长委员会

（1）家长委员会由各班一名家长代表组成，设正副主任各一名，家长委员会主任是幼儿园园务委员会成员之一。

（2）每学期初召开家长委员会会议，商讨幼儿园工作，制订工作计划，年末家长委员会向家长汇报总结家长工作。学年中根据幼儿园工作需要，委员会可临时召开会议。

（3）家长委员会应通过各种形式听取并及时反映家长对幼儿园工作的意见和建议，并协助幼儿园组织交流家庭教育的经验。

2）做好家园联系工作

（1）建立家访制度。新生入园前家访，以后每学期普访一次，对三天不来的幼儿要电话访问或家访，对个别特殊幼儿或遇到问题应随时家访，并做好记录。

（2）建立家园联系手册，每周向家长公布教育教学内容，评定幼儿在幼儿园表现，学期末对幼儿进行全面评估，写出幼儿发展评估报告。平时利用家长接送幼儿时间，随时做好家园联系工作。

（3）每月开展一次家长育儿专题活动，为家长解答有关幼儿教育问题，指导家长正确进行家庭教育。

（4）每月末为园长接待日，并设立家长信箱，及时了解家长对幼儿园工作的要求和意见，随时改进幼儿园工作。

3）家长来园提示

（1）家长出入幼儿园要服装整齐，仪表整洁，不穿拖鞋，不穿睡衣。言行举止要讲文明礼貌，成为幼儿表率。

（2）家长遵守幼儿园规章制度，按时交费。如幼儿因病、因事缺勤应及时请假。

（3）尊重幼儿，尊重幼儿园教职员工，积极参加园内组织的家长会以及各项活动，及时了解、反映幼儿情况，提供意见和合理建议，主动配合幼儿园及教师完成教育任务，共负教育幼儿的责任。

（4）幼儿间有矛盾、纠纷，家长不得私自随意斥责、恐吓幼儿，应采取积极正确的方法引导教育幼儿或向教师反映，由教师妥善解决，以保护幼儿身心健康。

（5）讲究卫生，进园不随地吐痰，不乱扔果皮纸屑，不吸烟，家长及幼儿患传染病时必须及时向幼儿园报告，并及时采取措施治疗。

（6）爱护公物，不随意采摘花朵，教育幼儿爱护园内的各种玩具、体育器材及各种设备。

（7）注意安全，有事委托他人接送幼儿时，进门应主动出示出入证并进行登记，以防幼儿丢失。接幼儿后于晚间六点前离园。

4）成立家长学校，组织各种形式的家长活动

（1）成立家长学校，每学期按照园所制定的《家长学校工作章程》及《家长学校工作人员岗位职责及规章制度》开展工作。

（2）每学期初召开一次家长会。

（3）每学期开展一次科学育儿讲座。

（4）每学期开展一次家长观摩或家长参与的半日活动。

（5）每学期开展家园同乐活动，如庆祝节日、运动会、春秋游等。

（6）每学年召开一次家庭教育经验交流会。

2. 家长联系制度

（1）幼儿园门厅和各班设立“家长园地”，宣传科学育儿的知识。

（2）园长定期在幼儿园门口接送幼儿来园和离园，及时听取家长意见和要求。

（3）建立家长委员会，定期召开会议，每学期一至两次，并向家长委员会汇报幼儿园工作计划和工作情况，虚心听取意见，不断改进工作。

（4）各班设立“家园联系本”（或联系卡），及时与家长交换意见，同步教育好幼儿。

（5）各班定期向家长开放半日（每学期 1 至 2 次），让家长了解幼儿生活、学习情况，并虚心听取家长意见，改进本班工作。

（6）保教人员定期有计划有目的进行家访，了解幼儿在家生活和行为习惯情况，并征求家长意见。

（7）园内设立征求家长意见的“意见箱”，随时听取家长要求和建议。

3. 家园联系常规工作制度

（1）在园长的领导下，每学期由副园长具体负责主持制定全园的家长工作计划和撰写家长工作总结。

（2）每学年在各班推选两名家长代表成立家长委员会，具体按照幼儿园的《家长委员会工作章程》开展工作。

（3）根据工作的需要聘请有专长的家长为幼儿园的特别顾问，颁发顾问聘书。也可以开展家长助教（客座教师）活动，充分利用家长资源丰富幼儿的生活和教育活动，鼓励家长积极参与。

（4）幼儿园每学年根据实际情况对班级进行“班级开展家长工作情况评价”“家长对幼儿园整体工作情况评价”等工作，各班对家长开展“家长参与幼儿园活动情况评价”工作。

（5）学期初、学期中或学期末由各班组织召开一次家长会，特殊情况可随时召开。

（6）每学年开学初召开一次全园新生家长会。了解园所文化、办园理念；了解家长的想法，为做好家园共育打基础。

（7）每学年初完成新生和插班生的家访工作，并做好家访记录。对于特殊儿童可根据情况增加家访次数。

（8）建立每周二的园长接待日，开展家长咨询、约访、接待工作，平时有问题可随时解决。

（9）建立家长宣传栏，定期更换一次家教宣传栏和班级家长园地内容。

（10）幼儿园每学期开展 1 次亲子活动，或向家长开放 1 次教育教学活动，让家长体验幼儿园的工作和生活，找出幼儿教育的价值。

（11）各班根据实际情况成立家庭联络小组，利用休假日开展园外家庭联谊活动。

（12）各班与家长进行单独约访，向家长详细介绍幼儿在园的发展情况；平时根据工作需要随时与家长交流沟通，并做好约访、交流工作记录。

（六）　幼儿健康管理制度

1. 幼儿园健康检查制度

（1）入园检查。幼儿入园前必须在指定的市妇幼保健院进行全面健康检查，经体检、化验等项目检查，确无传染性疾病，且最近两个月内无传染病接触史者方可入园。离园 3 个月以上，须按照入园（所）检查项目进行健康检查，体检合格后方可回园。

（2）晨间检查及全日观察。认真做好一摸，有否发烧；二看：咽部、皮肤和精神；三问：饮食、睡眠、大小便情况；四查：有无携带不安全物品，发现问题及时处理。

（3）定期体检。每半年为幼儿测身高、体重、视力一次，每年 5 月份为幼儿进行全面检查一次，按体格发育评价标准对幼儿身高、体重进行评价。体检中发现有异常情况要采取相应措施，对于一般性疾病给予及时处理。有营养不良、中度以上贫血、中度以上肥胖、佝偻病等的幼儿应转入体弱儿管理或建专案管理；发现体弱儿或患儿应进行登记管理，及时给予矫治。

（4）工作人员体格检查。托幼机构工作人员上岗前必须经县级以上人民政府卫生行政部门指定的医疗卫生机构进行健康检查，取得《托幼机构工作人员健康合格证》后方可上岗。托幼机构应当组织在岗工作人员每年进行 1 次健康检查；在岗人员患有传染性疾病的，应当立即离岗治疗，治愈后方可上岗工作。精神病患者、有精神病史者不得在托幼机构工作。在工作中发现患急、慢性传染病，病原携带者以及有碍于幼儿身体健康的疾病，要及时隔离与调离。工作人员每年至少全面体检一次，发现以上疾病应离职治疗或调离。

2. 幼儿园患儿、体弱儿管理制度

（1）幼儿摔伤，须送医务所处理。幼儿无其他原因长哭不安，情绪低落，也应送医务室诊断。

（2）体弱儿常规管理：① 体弱儿筛查。在体格发育测量中，筛查出营养不良幼儿；在全园幼儿体检和每年新生体检中筛查出贫血幼儿。② 对体弱儿进行档案管理，建专案病例；针对患儿的病因，指导家长进行科学喂养；召开家长会或专家讲座，加强对患儿或体弱儿的护理和防治。[①]

（3）对佝偻病、贫血、身高、体重低于 2 个标准差及患有哮喘、营养不良、过于肥胖的幼儿要建立卡片，专案观察，加强与家长的联系，加强生活护理，适当参加活动。

（4）医务人员为患儿、体弱儿调配营养餐。

3. 幼儿园体弱儿防治照护制度

（1）对新入园的贫血幼儿，与家长联系，采取药物治疗和食物疗法。

---

① 武长育，栾琳．托育园所卫生保健工作实用手册[M]．北京：中国农业出版社，2018：71-74.

（2）对体弱儿进行登记，分析原因，采取措施，及时掌握身体健康情况，做好记录。

（3）了解患儿的发病原因，家园配合加强护理。

（4）疾病治疗后，及时结案转为健康系统管理。保健人员对体弱儿生活、保健、营养、护理及治疗等要全面关心负责，给予必要的照顾。

4. 幼儿园体格锻炼制度

（1）有计划地开展户外游戏和体育活动，天气正常时，要有充足的户外活动。

（2）组织春游、秋游，召开运动会，使幼儿在多方面得到锻炼。

（3）每周抽查户外活动及体育锻炼情况，并做好观察记录。

（4）回归大自然，常带幼儿呼吸新鲜空气、接受阳光照射，有计划地锻炼幼儿，运动量和项目循序渐进，适合幼儿特点。

5. 幼儿园预防疾病制度

（1）按年龄和季节完成防疫部门布置的预防接种工作，接种率在95%以上。

（2）及时了解社会疫情，在园内采取措施进行消毒、预防，如发现传染病及时报告，进行治疗、隔离。

（3）对社会上季节性流行疾病，做到早预防，降低园内幼儿发病率。

（4）每年春秋两季为全园幼儿熬服中药，以预防为主。

（5）加强体格锻炼，增强儿童体质，提高对疾病的抵抗力。

6. 幼儿园幼儿发展情况的报告制度

（1）各班教师要重视本班幼儿发展情况。接新班和新入园的幼儿、制订教育目标及各项教育工作计划前，都必须充分了解、研究幼儿发展情况。

（2）必须在本班两位教师充分研究的基础上，写出本班幼儿发展情况报告。报告可由两位教师轮流执笔。

（3）幼儿发展情况报告是对幼儿群体健康状况的分析评价。关于幼儿个案观察记录，可根据报告内容的需要附在报告后面。

（4）报告的内容应真实、具体，能有效反映幼儿实际的发展状况，为后期的干预提供基线数据。

（5）报告中必须体现以下内容：① 教师接班时幼儿发展水平。② 分析幼儿发展状况的原因，并找出需要干预的项目。③ 提出下阶段改进的措施。

（6）教师于学期结束时向主管教育工作的园长上交幼儿发展情况报告。

（7）教师提交的幼儿发展情况报告由主管教育的园长审阅后归档，由资料室保管。接班的教师制订本班教育目标及工作计划时，可向资料室按制度办理借阅手续。

（七）幼儿园教职工管理制度

1. 幼儿园劳动纪律制度

（1）爱岗敬业，增强服务意识，认真做好本职工作，用心观察幼儿，耐心指导幼儿。

（2）上班注意仪容端庄大方，不披头散发，不浓妆艳抹，不穿高跟鞋、拖鞋，不穿低胸装、露背装，不留长指甲，不戴戒指、耳环等首饰。

（3）上班不做私活，不擅自会亲友，无特殊情况不打私人电话，不发送短信。

（4）上班时间严禁串班，聊天，要坚守岗位，未经领导批准不能随便调班、离开幼儿、离开幼儿园，如有发现，依旷工处理。

（5）工作人员严禁使用幼儿物品及幼儿园公家用品。

（6）不能强求家长为个人办事，如造成不良影响，按规定处理。

（7）为幼儿开餐要戴口罩和围裙。

（8）领操活动，上音乐课和体操课时，教师要穿平跟鞋，体操课不穿裙子。

（9）幼儿户外活动时，教师站立，时刻关注幼儿活动情况，不得与其他班级老师交流、攀谈。

（10）爱护园内花草树木，不随便私自采摘，如有损坏，应当赔偿。

（11）进入幼儿园严禁吸烟、酗酒。

2. 幼儿园考勤制度

（1）全体教职工必须严格遵守作息制度，不迟到、不早退、无大事不随便请假。

（2）教职工事假必须经园长批准，病假须出具学校医务室的转诊证明及医院病假单方能生效，凡未请假或请假未经园长批准而离开岗位者按旷工论处。

（3）因事需临时调班，必须经保教主任批准，无特殊事情不能随便调班。

（4）凡园规定的学习教研活动时间及集体活动时间，晚到者以迟到论处，不到者（特殊情况除外）按旷工论处。

（5）当班或值班时间，一律不接待亲友，不接私事电话，不能因私事离开幼儿。

（6）一月公布一次出勤。并将考勤列入奖惩、评比条例中。

3. 幼儿园教职工培训制度

（1）教职工要积极参加培训，提升自己的专业能力，鼓励教职工利用业余时间进修或学习。根据实际需要，鼓励教师参加奥尔夫、感觉统合训练等幼儿特色课程培训，形成在某一方面的突出特长。

（2）提倡互帮、互学，有经验的教职工要对青年教师进行传、帮、带。有计划地对保教人员进行英语、音乐、舞蹈、美术等方面的培训。

（3）坚持“走出去”和“请进来”的方针，每学期邀请专家或同行来园讲学或交流。每学期组织一次外出参观学习活动。并根据需要有计划地派送教师外出学习。

（4）坚持业务学习制度，有计划地安排业务学习内容，使全体教职工不断获得新的知识，了解幼教发展前沿信息。

4. 幼儿园教职工劳动纪律

（1）廉洁自律，高标准要求自己，不接受家长的礼品和礼金，不吃拿卡要，严禁用公款消费等。

（2）教职工严格遵守园内作息时间，不迟到、不早退、不旷工，请假应该提前报备，必须经园领导批准后方可离岗。

（3）禁止搬弄是非、挑拨离间、搞小团伙等有损教职工团结的言行。不允许在园内争吵辱骂和打架。

（4）上班时间没有重要的事情不接不打私人电话。在工作时间内不闲逛、不扎堆、不串班、不办私事等与工作无关的活动。

（5）不用幼儿的东西，不吃幼儿的食品。班内的电视机、电脑、打印机、数码相机等不能随意拿到园外使用。

（6）教职工穿着打扮、言谈举止要得体，做好幼儿的表率，不穿奇装异服，不浓妆艳抹。不说脏话、痞话。

（7）带班时要做到爱心、耐心、细心、热心；不谩骂和体罚幼儿。

（8）每天保持本班组的清洁卫生，玩具、用品等各类物品放置整齐、有序。

（八）幼儿园班级管理制度

1. 幼儿园班级外出活动制度

（1）幼儿园各班级开展外出活动必须事先写好计划，向园领导报备后才能带幼儿外出。

（2）外出活动计划中应编组，明确带队组长。出发前对幼儿进行安全教育、纪律教育。清点幼儿人数，检查幼儿身体状况和情绪。外出时必须有 5 名以上工作人员跟随照顾。

（3）外出前教师对活动地点进行考察，事先熟悉活动地点的环境，了解周围是否存在安全隐患和其他危险物。

（4）活动进行时教师应时刻走在幼儿队伍的外侧和两头，保证每名幼儿在教师的视线范围内。

（5）上车时老师必须在两头照顾，上车后清点人数。行车时，不能让幼儿将头、手伸出窗外。下车时，必须有一名工作人员先下车接幼儿。

（6）活动时，每换一个活动地点或内容都要及时提醒幼儿注意安全，并清点人数。

2. 幼儿园班级交接班制度

（1）为保教工作的顺利进行，各班教师、保育员必须认真做好交接班工作。交接班教师要互相沟通，齐心协力共同做好班级交接工作，发现问题及时交换情况，研究解决的办法。

（2）当班老师应及时认真完成当班的各项任务，并对幼儿的健康、学习等情况做好记录。接班老师认真检查每一个幼儿的身体状况，幼儿人数与交班记录相符，方可签上自己的名字，谁签名谁负责，如接班人未签名，发生事故由交班人负责。因此，交班人应要求接班人在检查幼儿身体后签上自己名字方可离岗。

（3）交班记录内容如下：

① 幼儿基本情况（人数、情绪、健康状况、带药情况及对体弱儿照顾等）。

② 幼儿进食、睡眠、运动、学习、活动情况。

③ 有无事故发生（包括小伤、破皮情况）。

④ 与家长沟通情况记录。

⑤ 无论任何情况，交接班程序不能简化，交接班记录不能漏写或补写。

⑥ 交接班记录本每学期末应上交给园领导，园领导平时要随时抽查。

（九）幼儿园工作质量评估制度

1. 幼儿园工作考核制度

（1）幼儿园建立教职工考核制度，考核与评估相结合，日常考核与期末考核、年度考核相结合，个人考评与园内评估相结合，确保考核工作的科学性、客观性、真实性。

（2）考核采取定量与定性相结合的方法，教职工必须真实填写考核表格，保证考核工作顺利进行。

（3）教职工必须自觉遵守幼儿园的考核评估，通过考核不断提高自身素质和业务能力，促进工作质量的提高。

（4）幼儿园对教职工考核包括思想品德、职业道德、业务能力、素质等方面，考核结果将记录在档案，作为评定职称、实施奖惩和工资评定的依据。

（5）每年对外聘教职工进行一次岗位技能考核，对末位排名者进行培训、指导；对连续三次排名末位者进行淘汰。

2. 幼儿园工作质量评价考核制度

（1）凡本园工作人员都必须按时接受工作质量的评价考核。

（2）幼儿园成立工作质量考核领导小组，由园长担任组长，副园长及保教主任参加。考核领导小组的职责是：

① 拟定考核内容及评价标准。

② 确定考核方法。

③ 确定考核时间。

④ 研究奖惩办法。

⑤ 写考核总结。

⑥ 根据考核中发现的情况提出改进、提高工作的意见和建议。

（3）考核内容包括：出勤情况、工作态度、履行本岗职责情况、工作效果等。由考核领导小组根据不同时期的要求及各岗工作范围拟定详细考核提纲。

（4）每学年考核一次。

（5）考核结果填入业务档案。考核结果作为全体教职工晋级、职称评定、选先进及选送外出学习的重要参考资料。

3. 幼儿园教育评价制度

（1）幼儿园应逐步完善教育评价制度，开展对教育工作的全面评价。

（2）成立教育质量评价小组，由园长担任组长，教研组长及教师代表、保育员代表参加。

（3）教育质量评价小组在全面教育质量评价的基础上参考本园每个学期教育工作重点，研究确定评价的内容，制订评价标准，确定评价的方法及时间，并对评价后的材料进行分析，做出评价总结报告，提出本园改进教育工作的意见及建议。

（4）每学期末开展评价活动。教育质量结果与奖惩制度挂钩。

（5）每学期教育质量评价总结应作为下阶段制订教育工作计划的重要参考资料。

4. 幼儿园奖惩制度

（1）幼儿园制定奖惩制度，完善激励机制，鼓励教职工关心幼儿园，发扬当家做主精神，凡被采用的合理化建议，视其贡献作用大小，给予适当的奖励。

（2）鼓励教师积极参加教研活动，积极撰写教育论文，凡被选用登载的奖励×元，市一级的奖励×元，省一级的奖励×元，国家一级的奖励×元。

（3）全勤的教职工每月发全勤奖，迟到、早退、旷工、请假等，按奖励工资分配条例扣发工资奖金。

（4）凡出现事故，隐瞒不报，自作主张处理，当成责任事故处理。

（5）出现责任事故扣发第一责任人当月全部奖金，其他责任人视情节轻重酌情处理。

（6）凡借用教具、图片、仪器、录像带、录音带等，因保管不慎造成损坏、遗失的，视情节轻重、损失大小罚款赔偿。

（十）其他

1. 幼儿园园务会议制度

（1）成立园务委员会，成员由园领导、教师代表、保育员代表、保健医生、后勤代表及家长代表组成。

（2）每月召开一次，重大问题集体讨论、决策，保证民主管理。

（3）园务会议内容包括：

① 全园工作计划的制订与总结。

② 研究、贯彻执行上级各项工作任务。

③ 规章制度的修改、补充及废除。

④ 研究幼儿园工作中的重要问题，探讨解决方法。

⑤ 分析研究家长对幼儿园工作的意见与建议。

⑥ 征求幼儿园管理工作的意见。

2. 幼儿园值班制度

（1）节假日值班（包括平时值夜班），值班人员必须准时交接班，不得无故缺席、迟到或早退。

（2）值班时要提高警惕、坚守岗位、按时巡视，发现问题要及时向有关部门报告，一般情况必须在值班记录簿上做好记录。

（3）对个别离园较晚的幼儿，要保证幼儿情绪稳定和安全，并做好和家长的联系工作。

（4）值班时由于特殊情况需要调班，必须请示领导，经领导同意后方可调班。

（5）值班期间要做好来电、来信、来访的接待和记录工作。

3. 幼儿园业务档案管理制度

（1）认真学习档案工作有关文件和基本知识，努力提高档案人员业务能力和思想政治素质，认真接受上级领导检查，不断改进工作。

（2）做好文书材料的整理归档工作，收文、发文登记工作。健全业务档案、教职工业务档案和幼儿档案，做好各类档案的收集和归类整理工作。

（3）管理好档案，切实做好防潮、防湿、防蛀、安全工作。

（4）严格执行档案借阅和档案保密制度，防止人为散失、泄密和缺损，确保档案完整、安全。

4. 幼儿园膳食管理制度

（1）幼儿伙食实行民主管理，定期召开膳食管理委员会，不断改进工作，提高膳食质量。

（2）炊管人员定期召开业务会议，虚心听取群众意见，提高烹调技术，讲究科学烹调（如蔬菜要先洗后切等）。

（3）炊事人员及保健人员每两周制定幼儿食谱，食物的调配力求做到平衡，主副食品种多样，并定期计算幼儿进食量和营养素摄取量。

（4）炊事人员认真搞好饮食卫生和个人卫生，一切炊具、餐具，要定期擦洗，严格消毒（用蒸气煮沸 15 分钟以上）。

（5）严格执行幼儿的作息制度，按时送饭菜到班，两餐间隔不少于 3.5 小时。

（6）保教人员注意进餐护理，进餐前后不处理幼儿发生的问题，以保证幼儿愉快进餐。

（7）严格分清幼儿与职工伙食，做到公私分明。

5. 幼儿园图书、资料管理制度

（1）专业图书、教材（音像制品），可借阅一套，为期一学期。有特殊情况欲延期，需办理续借手续。

（2）教师借阅有关参考书（音像制品）每次不得超过三本（盘），为期一个月。有特殊情况欲延期，需办理续借手续。

（3）字典、词典、百科全书、手册等工具书只能在资料室阅读，不得外借。

（4）读者应爱护书籍，不得损坏，不得代借或转借。

6. 幼儿园的内部管理

幼儿园管理者普遍认识到，落实《幼儿园教育指导纲要（试行）》精神，推进改革应发挥教师的主体积极性、专业能动性，因此幼儿园内部管理改革必须体现民主管理的思想。

（1）管理者的专业引领。支持教师专业发展应从帮助教师自省教育行为开始，引领教师走过“不愿意反思—主动反思—有效反思”的历程，认识到教师不愿意反思其实是严格管理状态下的一种防御心理，为了打开这一屏障，管理者应在宽松管理的状态下促进教师愿意反思、主动反思；而教师会不会反思，反思的质量如何，则需要管理者发挥专业引领作用。

（2）弹性管理。教育改革需要民主管理，管理者需要思考的是如何通过放权给教师自主的空间、表现的舞台。“放”不是不管，而是“放中有引”“放而有序”，管理权下放也就放大了集体智慧。

（3）现场管理。现场管理是指抓住日常教学中寻常时刻的即时管理行为。管理应注重过程、注重事实、注重时效。管理者应在事实情景中与教师对话，避免事过境迁的马后炮式的、概念式的管理指导。

（4）人性化管理。管理应以人为本，渗透人文关怀，激发教师的专业热情和工作乐趣。创设自助、开放、富有人性化的教研氛围，如创设“休闲吧”，并提供便条本、资料卡、信息袋等，使教师的工作变成高质量生活的一部分。

（5）发展性教师评价。管理者应把对教师的评价转化为教师自我发展的途径。在一系列的管理指导中，他们特别关注教师对评价的感受，即评价给教师带来的是压力还是动力。如果评价只是一种检查教学任务是否完成的手段，那么就是压力；如果评价能让教师感受到是自身发展的需要，那么就是动力，所以他们特别强调唤醒教师参与评价的主体意识，使评价转化为教师自身发展的需要。

（6）服务与支持的管理理念。管理者应进行角色转换，树立自己是服务者、支持者的意识。管理者的主要任务是整合各种资源，充分发挥各方面的积极性和创造性，为教师的专业发展提供保障，为支持教师转变观念和专业成长服务。

（7）以儿童发展为本。课程管理思想试图从完全封闭走向完全开放的两个极端中寻找平衡点，经历“教师中心—儿童中心—儿童发展为本”的历程。教师从刚开始的高控制、高封闭转向全开放，有些不知所措，不敢管也不敢教，生怕被视为不尊重孩子。后来在学习《纲要》进行反思以后，他们意识到问题出在从“教师中心”走向了“儿童中心”，而并没有抓住“儿童发展”。实际上儿童主体很重要，但教师主体也很重要；儿童的生成很重要，教师的预设也很重要；幼儿园教育重要，家庭教育也很重要。幼儿园应从“单中心”走向“多中心”，在儿童、教师、幼儿园、家庭的关系中看待儿童的发展。

7. 幼儿入园、离园制度

（1）新生入园必须经幼儿园批准，根据有关规定取得正式通知后，携带户口簿、体检表、预防接种卡等，按规定日期来园办理入园手续，过时不予补报。

（2）幼儿应于 7:30—8:20 来园，16:30 或 17:00 离园。（根据春夏秋冬季节调整）。

（3）凡幼儿因患传染病不能来园，或幼儿因病、因事离园 3 个月以上的，必须按照入园（所）检查项目进行健康检查，合格后方可入园。

（4）学期结束时，幼儿园应向家长发放幼儿生活、学习情况报告单。

（5）幼儿毕业离园时，除幼儿园组织的有关毕业活动外，家长应到财务部门办理好结算手续后方可离园。

（6）幼儿未到毕业，中途需要退园时，必须办理退园手续，以便备案。

8. 幼儿园工作常规制度

1）如厕环节的常规工作要求①

（1）带领幼儿熟悉班级如厕环境，学习使用厕具的方法。

（2）耐心指导幼儿脱、提裤子，以及掌握使用手纸正确擦屁股的方法。

2）午睡环节的常规工作要求

（1）午睡前组织幼儿散步、如厕，做好餐前准备。

（2）值班午睡时不能离岗，要巡视、观察幼儿的睡眠情况，及时纠正蒙头睡等情况。

（3）幼儿起床后开窗通风，鼓励幼儿自己穿衣服，指导中、大班幼儿叠被子等。

---

① 时松．幼儿园管理[M]．长春：东北师范大学出版社，2019：85-102.

3）喝水环节的常规工作要求

（1）为幼儿准备 30 °C 左右的白开水。

（2）指导幼儿有序取水，端稳水杯慢慢喝水。

（3）提醒幼儿喝完水后把水杯放回原位。

4）盥洗环节的常规工作要求

（1）引导幼儿排队有序盥洗。

（2）帮助或指导幼儿挽起袖子，学习七部洗手法洗手。

（3）幼儿盥洗完成后拖干净地面的水，等所有幼儿洗完后再离开盥洗室。

5）消毒标准、消毒内容、消毒时间、消毒方法

幼儿使用的擦手毛巾、漱口杯、水杯等按时消毒，做到分项专人专用。

餐巾 1 次/餐，洗干净后，放消毒柜消毒 45 分钟。玩具 1 次/周，用 1∶200 的 84 消毒液浸泡 15 分钟。桌椅 1 次/日，用 1∶200 的 84 消毒液擦洗。门把、水龙头 1 次/日，用 1∶200 的 84 消毒液擦洗。毛巾 1 次/日，用 1∶200 的 84 消毒液浸泡 10 分钟。水杯 1 次/日，放消毒柜消毒 45 分钟。厕所 1 次/日，用 1∶200 的 84 消毒液冲刷 10 分钟。空气 1 次/周，用紫外线照射 30 分钟。冬季每半日通风 10～15 分钟。床单、枕巾、被套 1 次/月，用 1∶200 的 84 消毒液浸泡 20 分钟，清洗，然后用洗衣粉洗涤，用清水洗净。被褥、图书，一月一次，阳光暴晒不少于 6 小时。

二、幼儿园章程

第一章　总则

第一条【制定目的与依据】 全面贯彻党和国家的教育方针，积极推进素质教育，提升幼儿园的办园质量和办园效益，规范幼儿园内部治理体系和运行机制，保障幼儿园依法自主管理，促进幼儿体、智、德、美、劳全面发展。根据陈鹤琴“幼稚教育”[①]“我们的主张”等幼儿教育思想，以及《中华人民共和国教育法》《幼儿园教育指导纲要（试行）》《中华人民共和国教师法》《3—6 岁儿童学习与发展指南》《幼儿园管理条例》《幼儿园工作规程》等法律法规和有关规定，结合幼儿园实际，制定本章程。

第二条【幼儿园名称与地址】 幼儿园全称为×××幼儿园；园所地址为×××，邮政编码为×××。

① 陈秀云，陈一飞．陈鹤琴全集（第二卷）[M]．南京：江苏教育出版社，2011：12-75.

第三条【幼儿园性质及隶属关系】 幼儿园依法经×××登记管理局登记，隶属于×××教育局管理。

本园为全日制×级×类幼儿园，具有法人资格，园长是本园的法人代表，独立承担民事责任。

第四条【办园理念与办园目标】

办园理念：以儿童为中心，自由、自主、开放的“活教育”。

办园目标：建设以学会做人为根本；以大自然、大社会课程建设为抓手；以做中学、做中教、做中求进步为基本方法的“活”的幼儿园。

第五条【幼儿培养目标和教师发展目标】

（一）幼儿培养目标：培养幼儿健康的体格，养成良好的卫生习惯；有研究的态度、有充分的知识；培养良好的情绪；养成合作的精神，爱护团体、爱护国家。

（二）教师发展目标：

坚持正确的政治方向，热爱人民教育事业，具有高尚的职业道德、合作精神、服务意识和良好的心理品质；

具有扎实的专业基础知识，掌握幼儿身心发展特点，具备观察和分析幼儿行为的能力；根据“五指活动”组织或编制幼儿园课程；

具有教育教学基本功和履行相应级别教师职务的教育教学能力，积极参与课程与教学改革实践，掌握并运用先进的教育技术和方法；

具有教育科研意识和从事教育教学研究的能力。

第六条【招生对象与规模】 本园面向×××区教育局规定的教育服务区域内招生，招生对象为3～6周岁的幼儿，招生人数及编班应当符合×××区教育局规定。

第七条【幼儿园标识】 园标图案为双手托起一棵幼苗，寓意自然、自由，让幼儿在绿色、自由、开放、和谐的大自然、大社会中健康成长。

第二章　组织机构和管理体制

第八条【园长负责制】幼儿园实行园长负责制，园长按照本章程自主管理，对内主持幼儿园全面工作，对外依法行使法人代表职责。

第九条【园长职责】 园长依法履行下列职责：

（一）组织起草制定幼儿园章程、发展规划，并负责贯彻实施；

（二）组织制定幼儿园的各类规章制度、工作计划，并负责督促实施、检查和评价；

（三）组织教职工学习上级各部门的文件，执行上级教育行政部门的决定和指示；

（四）领导幼儿园各职能部门，完善岗位设置，维护幼儿园秩序；

（五）负责幼儿园日常事务管理，主持园务会议，审议重大事项并做出决策；

（六）领导幼儿园课程实施，统筹保育教育、卫生保健、安全保卫工作；

（七）负责教职工队伍建设，促进教职工综合能力全面发展；

（八）负责管理园舍、设备和经费收入和支出；

（九）指导家长委员会工作，有效发挥家园共育作用；

（十）负责与所在社区合作事宜。

第十条【管理机构】 本园设置园长室、副园长室、保教主任室和保健室等职能部门，各职能部门及其常设机构各司其职、分工合作，分别承担相应的管理职责，以确保管理效能和各项工作的圆满完成。

第十一条【基层党组织】 中国共产党支部委员会作为中国共产党在幼儿园的基层组织，发挥党组织政治核心作用、战斗堡垒作用，领导幼儿园思想政治工作和精神文明建设，保证、监督教育方针的全面贯彻执行。

第十二条【园务委员会】 幼儿园根据办园实际需要建立园务委员会，园务委员会由园长、副园长、党组织负责人、教师、保育员、后勤、财务人事等人员的代表及家长的代表组成，参与审议本园章程、发展规划、工作计划和其他规章制度、人事与财务方案等事项。

第十三条【工会与教职工大会制度】 幼儿园建立工会基层委员会组织，并通过教职工（代表）大会制度，保障教职工参与幼儿园的民主管理和监督。

教职工（代表）大会行使幼儿园工作的审议权和监督权。凡与教职工利益直接相关的福利和校内分配实施方案以及有关教职工聘任、考核、奖惩的办法，都须经教职工（代表）大会审议通过。

本园工会作为教职工（代表）大会的工作机构，依法保障学校民主管理、民主监督的落实，维护教职工的合法权益。

第十四条【人事制度】 本园执行国家教师资格制度、公开招聘制度和教师专业技术职务评聘制度，依法实行幼儿园用人制度。医务保健人员、财会人员、保育员等均须具备相应任职条件。

根据编制部门核定的编制数额、岗位数和岗位任职条件及教育行政部门、幼儿园相关规定聘用教职工，公开招聘，竞争上岗，对聘用人员实行岗位管理和绩效工资制度。

第十五条【园内重大事项的园务公开】 本园的重大事项实行园务公开制度。凡属于教职工大会职权范围的事项，都应提交教职工大会审议。重大事项应在充分调研与征求意见的基础上，由园长召集并主持园务会议审议，经集体讨论，由园长做出决定并组织实施。中国共产党支部委员会对园务公开的重大事项进行监督。

第十六条【法律顾问制度】 本园建立法律顾问制度。与律师事务所签订《聘请法律顾问合同》，聘请律师作为法律顾问。为本园的行政行为、合同行为、重大决策等非诉讼性法律事务提供法律意见；就涉及本园的诉讼、仲裁、执行等法律事务提供法律意见；经本园指派，以本园法律顾问身份对特定事项进行调查、协调、代理诉讼，反映实情并提供相关的法律意见。

第十七条【维权制度】 本园建立健全园内权益救济制度，努力保障幼儿和教职工的合法权益。

申诉制度：分别成立园内幼儿家长申诉处理委员会和园内教师申诉处理委员会，不断完善受理幼儿家长和教师申诉的部门和程序。

调解制度：建立园内劳动（人事）争议调解委员会，就教职工与幼儿园的劳动（人事）争议进行调解；建立园内人民调解委员会，对幼儿家长、教职工、幼儿园间产生的纠纷进行调解。

第十八条【财务管理制度】 幼儿园建立健全财务管理制度。依法向政府部门提出年度预算安排意见，经批准后执行，并主动接受政府教育主管部门的领导和财政、税务、审计、监察等相关职能部门的监督。

本园执行国家统一的会计制度，配备合格的会计人员，依法进行会计核算，建立健全内部会计监督制度，保证会计资料合法、真实、准确、完整。

本园财务情况按照园务公开制度的规定公开。

第十九条【收费制度】 本园执行《幼儿园收费管理办法》及相关收费政策，规范收费行为，按照物价部门确定的项目和收费标准收费。各项收入按照有关规定实行收支两条线管理。

幼儿园应当建立经费预算和决算审核制度，经费预算和决算应当提交园务委员会审议，并接受财务和审计部门的监督和检查。

第二十条【办园监督】 幼儿园依法接受教育及其他政府相关部门的管理和监督，接受社会、家长的监督，听取社会各界对本园工作的意见和建议。

切实保障教职工、幼儿家长、社会公众对本园重大事项、重要制度的知情权、参与权、表达权和监督权。

第三章 幼儿园的权利和义务

第二十一条【幼儿园的权利】 幼儿园依法享有下列权利：

（一）按照章程自主管理幼儿园；

（二）按照规定招收适龄幼儿；

（三）组织实施幼儿保育教育活动；

（四）依法聘任教职工和其他职工，实施奖励或处分；

（五）对本园的设施设备、经费等享有管理和使用权；

（六）法律法规规定的其他合法权利；

（七）对幼儿园保教活动的非法干涉享有拒绝权。

第二十二条【幼儿园义务】 幼儿园应履行下列义务：

（一）自觉遵守国家的法律法规；

（二）贯彻国家教育方针，具有良好品德，热爱教育事业，尊重和爱护幼儿，具有扎实的专业知识和技能，为人师表，忠于职责，身心健康；

（三）维护幼儿及教职工的合法权益；

（四）以适当方式为家长或监护人了解幼儿在园及其他情况提供便利；

（五）按照规定收取费用并公开收费项目；

（六）依法接受政府、教育主管部门、幼儿家长的监督。

第二十三条【档案管理制度】 幼儿园应当建立业务档案、安全管理、人员奖惩、财务管理以及家庭、小学联系等档案管理制度。

第四章 卫生保健与安全管理

第二十四条【卫生保健管理】 幼儿园应切实做好幼儿生理和心理卫生保健工作，严格执行《托儿所幼儿园卫生保健工作规范》，遵守其他有关卫生保健的法规。

第二十五条【幼儿健康检查】 幼儿园制定幼儿健康检查制度，建立幼儿健康档案（一人一档），了解幼儿病史，对幼儿身体发展状况做出记录和分析。

第二十六条【卫生消毒和疾病预防】 本园建立卫生消毒制度，制定突发性传染病应急预案，配合卫生部门做好免疫和疾病防治工作。

未经家长同意，幼儿园不私自带领幼儿参加商业性活动和无安全保障的活动。

第二十七条【环境卫生管理】 本园严格管理园内环境卫生，营造卫生整洁的工作、学习和生活环境。园内严禁饮酒、吸烟。

第二十八条【园所安全制度】 幼儿园建立健全校园安全制度，严格执行国务院印发的《中小学（幼儿园）安全工作专项督导暂行办法》，制定安全应急预案，防范安全事故发生。

第二十九条【一日生活管理】 本园遵循幼儿的年龄特点和身心发展规律，建立科学合理的幼儿一日生活常规，培养幼儿养成良好的卫生习惯。

第三十条【营养膳食】 幼儿园编制营养均衡的幼儿食谱，并每周向家长进行公示，且按照相关规定进行食品留样。为幼儿提供合理膳食和符合卫生要求的饮用水。

第三十一条【体格锻炼】本园制定与幼儿生理特点相适应的体育锻炼计划，培养幼儿基本运动技能和锻炼习惯，促进幼儿身心健康。对体弱和有残疾的幼儿给予特殊照顾。

第三十二条【园方责任险】 幼儿园按照国家有关规定投保学生意外伤害园方责任险并鼓励幼儿家庭自愿参加人身意外伤害保险。

第五章 教职工

第三十三条【教职工组成】 幼儿园教职工由园长、副园长、教师、保育员、卫生保健人员、财会人员、事务人员、炊事员和其他工作人员等组成。

（说明：本条依据是《幼儿园工作规程》第三十八条。）

第三十四条【教职工权利】 本园教师依法享有下列权利：

（一）依据国家规定的幼儿园课程标准，结合本班幼儿的具体情况，制定和执行教育保育工作计划，开展保育教育改革和实验；

（二）参加教育教学科研活动，并充分发表意见；

（三）按时获取工资报酬，依法享受国家规定的寒暑假带薪休假以及福利待遇；

（四）通过教职工大会或其他形式参与幼儿园管理，对幼儿园管理提出意见和建议；对幼儿园管理事宜享有知情权、监督权以及依法申诉的权利；

（五）对幼儿园设施设备、图书音像资料及其他保育教育用品享有使用权；

（六）参加学习、进修、教育研究或者其他方式的职后培训；

（七）法律法规规定的其他权利。

第三十五条【教职工义务】 本园教师应履行下列义务：

（一）自觉遵守法律法规、职业道德规范、幼儿园章程及规章制度，为人师表；

（二）贯彻国家教育方针，执行幼儿园工作计划，履行教师聘约和岗位职责，完成保育教育工作任务；

（三）践行幼儿本位理念，终身学习，与时俱进，不断提高保育教育水平；

（四）关心、爱护全体幼儿，尊重幼儿人格，指导、管理本班幼儿生活，促进幼儿身心健康发展；

（五）制止有损幼儿健康或者其他侵犯幼儿合法权益的行为，对一切妨碍幼儿健康成长的现象进行批评和抵制；

（六）按时参加业务学习和保育教育研究活动。

第三十六条【教职工考核】 本园依法建立教职工考核制度，对教职工定期进行考核，考核结果作为续聘或者解聘、奖励或者处分的依据。

第六章 幼儿的权利和监护人的义务

第三十七条【幼儿权利】 幼儿享有下列权利：

（一）学习机会。幼儿有享受启蒙教育的学习与发展机会，并获得体质、智力、品德等方面和谐发展。

（二）尊重人格。严禁虐待、歧视、恐吓、侮辱、体罚和变相体罚等有辱人格尊严的行为。

（三）平等相待。在保育教育中平等对待幼儿，关注幼儿个体差异，因材施教，促进幼儿健康成长。家庭困难、身心有障碍的幼儿应当享受与其他幼儿平等的关爱和照护。

（四）抵制性侵。对幼儿性侵害、性骚扰等违法犯罪行为予以坚决抵制。幼儿园不得隐瞒，应当及时向公安机关、教育行政部门报告。

（五）尊重隐私。保护幼儿个人信息，未经监护人同意，不得随意使用、披露幼儿个人信息。

（六）设备使用。幼儿享有使用保育教育设施设备、图书资料和玩具的机会。

（七）法律法规规定的其他权利。

说明：本条依据是《中华人民共和国未成年人保护法》，幼儿园可结合实际情况表述。

第三十八条【家长义务】 家长作为监护人必须履行下列义务：

（一）支持、配合幼儿园保育教育工作，共同营造良好的育人环境；

（二）支持幼儿参与幼儿园各项活动；

（三）遵守本园的有关管理制度。

第七章 幼儿园与家庭、社区

第三十九条【家园共育】 幼儿园主动与家庭沟通与保持联系，为家长提供科学育儿宣传指导，加强幼儿园、家庭、社会密切配合的育人体系建设，形成教育合力。

幼儿园吸收家长、社区对幼儿园管理与教育工作的建议和意见。

幼儿园开展符合幼儿年龄特点的社会实践活动。

第四十条【家长委员会】 幼儿园成立家长委员会。对幼儿园重要决策和重要事项提出建议和意见。充分利用家长的资源优势和专业特长，支持幼儿园的保教工作。

帮助家长了解幼儿园工作规划和要求，在学校的指导下履行参与幼儿园管理、参与教育工作、沟通幼儿园与家庭等职责。

建立与家长委员的联席会议制度，通报本园发展规划及其进展、保育教育工作情况，听取家长委员会的意见和建议，取得支持和帮助。此外，应当为家长委员会的召开提供一定的条件。

第四十一条【家长联系】 通过家长学校、微信、微博、QQ 群、家园共育沙龙、亲子活动、网络论坛等平台指导家长正确了解幼儿园保育和教育的内容、方法，定期召开家长会议，并接待家长的来访和咨询。

本园将充分发挥家长的优势，努力拓展、提升幼儿园的教育实践活动以及家长助教和志愿者活动。

第四十二条【社区联系】 本园加强与社区的联系及合作，向社区宣传科学育儿知识，支持社区开展有益的早期教育活动，争取社区支持和参与本园建设。

第四十三条【综合治理】 幼儿园利用社区、街道办事处（镇）、公安派出所，共同开展幼儿园周边地区的综合治理工作，确保校园平安、文明。

第八章　幼儿园资产与财务

第四十四条【资产管理与使用】 本园建立健全财产、物资管理制度，做到账目清楚、专人管理、专款专用。

幼儿园的经费，应当保证保育和教育的需要，有一定的比例用于园舍的修缮、改善办园条件和开展教职工培训。

幼儿膳食费保证全部用于幼儿膳食，每月向家长公布账目。

第四十五条【开办资金与经费来源】 幼儿园由举办者依法筹措办园资金。国有企事业单位办园、集体办园和民办园等幼儿园都应当接受财务、审计等相关部门的检查监督。

第四十六条【资产保护】 幼儿园所有财产受法律保护，任何单位、个人不得侵占、私分和挪用。对侵占园舍、场地、设施等的行为和侵犯幼儿园名称权及无形资产的行为依法追究行为人的责任，对幼儿园财物造成损坏的应当依法赔偿。

第四十七条【社会捐赠】 本园依法接受社会各界的捐赠，建立健全受赠财产的使用制度，加强对受赠财产的管理并接受社会监督。

第九章　附则

第四十八条【制度体系建设】 本园建立健全本章程统领下的幼儿园规章制度体系，规章制度的“立、改、废”事宜均依照民主程序进行。

第四十九条【法制统一原则】 本章程未尽事宜按照法律法规及上级规范性文件政策执行。如有矛盾，均以法律法规或上级规范性文件为准。

第五十条【章程生效程序】 本章程经教职工（代表）大会审议，园务委员会通过，并经×××区教育局备案之日起实施。

第五十一条【章程修订程序】 本章程的修订由园务委员会或 1/3 以上教职工（代表）大会代表提出，经教职工（代表）大会审议，园务会议通过，报×××区教育局备案后生效。

第五十二条【章程解释】 本章程由本园园务委员会负责解释。

附：幼儿园检查工作记录表

1. 行政领导检查工作记录表

附表 1　(　　　　　　)检查工作记录表

检查时间		记录人	
检查内容			
检查过程			
检查分析			
改进及反馈			

2. 保育工作检查评分表

附表 2　保育工作检查评分表

______月______日　　　　　　　　　　　　组长____________

班级	内容										
	师德	家长工作	安全	卫生消毒	晨检	生活管理	中餐	午餐	配合教育	班级物品管理	总分
大一											
大二											
大三											
中一											
中二											
中三											
小一											
小二											
小三											
托班											
评分说明	① 有投诉不得分　② 有事故不得分　③ 其他不合格每项每次扣 2 分										

第六模块

家园共育

陈鹤琴在《如何使幼稚生适应新环境》一文中提到“家庭教育与幼稚园教育显然是不同的。家庭教育是单独地进行使儿童得到教养，而幼稚园的教育是使儿童在集体的教育下得到发展，如果家庭教育与幼稚园教育差别大，孩子所发生的矛盾也大”，这样就需要建立家庭与幼稚园之间的联系，“单单从幼稚园一方面去做工作，还是不够的，应该跟家庭配合，要对新来的小朋友作家庭访问，了解儿童的家庭环境，与儿童及家庭建立感情，取得密切联系，并协助家庭改正不正确的教育方法。使家庭教育与幼稚园教育取得一致的步伐，这样，才能使儿童得到合理的教养而健康地成长”。

陈鹤琴先生通过对长子一鸣和女儿秀霞的观察，结合儿童发展、成长规律，总结出 101 条教导原则，并于 1925 年将教导原则撰写成著作《家庭教育》，该著作成为中国最早的现代儿童教育传世经典，愿天下父母共读之。

《家庭教育》目次[①]

第一章 儿童的心理

一、小孩子好游戏的。

二、小孩子好模仿的。

三、小孩子好奇的。

四、小孩子喜欢成功的。

五、小孩子喜欢野外生活的。

六、小孩子喜欢合群的。

七、小孩子喜欢称赞的。

① 陈秀云，陈一飞．陈鹤琴全集（第二卷）[M]．南京：江苏教育出版社，2011：516-520．

第二章　学习之性质与原则

一、学习的性质。

二、学习的原则。

第三章　普通教导法

原则一：对于教育小孩子，做父母的最好用积极的暗示，不要用消极的命令。

原则二：积极的鼓励比消极的刺激好得多。

原则三：小孩子既好模仿，做父母的一方面要以身作则，一方面还要替他选择环境以支配他的模仿。

原则四：做父母的不可常常用命令式的语气去指挥他们的小孩子。

原则五：做父母的不应当对小孩子多说“不！不!”事属可行，就叫他行；事不可行，禁止他行。

原则六：别人做好的事情或坏的事情的时候，做父母的应当以辞色来表示赞许或不赞许的意思给小孩子听，给小孩子看。

原则七：我们应当按照小孩子的年龄知识而予以适当的做事动机。

原则八：待小孩子不要姑息也不要严厉。

原则九：不要骤然命令小孩子停止游戏或停止工作。

原则十：做父亲的应当同小孩子做伴侣。

原则十一：游戏式的教育法。

第四章　卫生上的习惯

原则一：小孩子不肯穿衣服的时候，我们最好用诱导的方法去叫他穿。

原则二：小孩子应当天天刷牙齿。

原则三：小孩子洗面刷牙，应当在一定的地方做，不应当在任何地方刷牙。

原则四：小孩子洗面的毛巾，应当独自一条。

原则五：小孩子洗面需注意到耳鼻和眼睛。

原则六：小孩子穿衣洗面刷牙以前，不宜吃东西。

原则七：小孩子吃东西以前需洗手，吃后需揩手。

原则八：小孩子吃饭的时候，应当有适当的盘匙。

原则九：小孩子吃饭时，应当要有适当的椅桌。

原则十：小孩子吃饭的时候，需要有围巾。

原则十一：小孩子小食的分量不宜太多，而且要有定时。

原则十二：应当叫小孩子独自先吃饭。

第五章 卫生上的习惯（续）

原则十三：对于食物不准小孩子自己随便乱拿。

原则十四：做父母的不应当因为小孩子要偷食物，就把食物随便乱藏。

原则十五：做父母的不宜将食物随便乱摊。

原则十六：小孩子吃午饭后，最好安睡一点中觉。

原则十七：小孩子晚上未睡以前，应该有适当的娱乐。

原则十八：小孩子夜里睡眠的时候，应当穿睡衣。

原则十九：小孩子不应当有人抱了睡。

原则二十：不准小孩子点灯而睡。

原则二十一：小孩子最好独睡一床，独睡一室。

原则二十二：小孩子便溺需要有定所。

原则二十三：小孩子大便需一日一次，而且要有定时。

原则二十四：婴儿不应当终日感受到外界的浓厚刺激。

原则二十五：小孩子不应当终日抱在手里。

第六章 游戏与玩物

原则一：小孩子需要有适宜的伴侣。

原则二：小孩子应有与动物玩弄的机会。

原则三：小孩子平时宜穿运动套衣。

原则四：小孩子玩好东西以后，应当立刻整理好放在原处。

原则五：小孩子最好有玩水的机会。

原则六：小孩子玩的玩物是要“活”的，不要“死”的。

原则七：玩物的作用，不仅仅是博小孩子之欢心，也要使他因此得着自动的机会。

原则八：凡凶恶丑陋、不合卫生而有危险的玩物，一概不要给小孩子玩。

原则九：小孩子应当有适当的地方以储藏他的所有物。

原则十：小孩子的玩物应当合乎几种标准的。

第七章 游戏就是工作，工作就是游戏

原则一：小孩子应有画图的机会。

原则二：小孩子应有看图画的机会。

原则三：小孩子应有剪图的机会。
原则四：小孩子应有剪纸的机会。
原则五：小孩子应有着色的机会。
原则六：小孩子应有穿珠的机会。
原则七：小孩子应有锤击的机会。
原则八：小孩子应有浇花的机会。
原则九：小孩子应有塑泥的机会。
原则十：小孩子应有玩沙的机会。

第八章　小孩子为什么怕的，为什么哭的

原则一：做父母的切不可暗示小孩子使他发生惧怕。

原则二：小孩子的惧怕有时要迁移的，所以我们做父母的要格外当心，使小孩子不致发生惧怕。

原则三：不要以“父亲”的名义来恐吓小孩子。

原则四：小孩子发生惊慌时，需慎防其他大的声响，以免增加他的惊慌。

原则五：小孩子常常哭泣是不好的，我们应当设法把它免除才好。

原则六：小孩子疲倦了是要哭的，或是容易发脾气的。

原则七：小孩子以哭来要挟的时候，做父母的应当绝对地拒绝他。

原则八：当小孩子不高兴的时候，做父母的不应当去暗示他哭。

第九章　做父母的要以身作则

原则一：做父母的待子女要公平。

原则二：对于教育小孩子，做父母的应当在小孩子面前取同一态度。

原则三：做父母的对待子女应当有相当的礼貌。

原则四：要打破一个坏习惯的时候，留心不要养成一个新的坏习惯。

原则五：做母亲的不可教小孩子打骂他的父亲以取乐，做父亲的也不可那样。

原则六：切不可欺骗小孩子。

原则七：做母亲的不应当背着丈夫去宠爱她的小孩子。

原则八：小孩子作伪是由父母养成的。

第十章　小孩子怎样学待人接物的

原则一：小孩子要从小教起的。

原则二：做父母的应当教训小孩子顾虑别人的安宁。

原则三：家里有人生病的时候，非有特别的关系，做父母的应当使小孩子得着与病人表同情的机会。

原则四：应使小孩子养成收藏玩物的好习惯。

原则五：我们应当教小孩子对待长者有礼貌。

原则六：不准小孩子对待保姆有傲慢的态度。

原则七：做父母的需禁止小孩子作伪。

原则八：不准小孩子打人。

原则九：小孩子在家里应当帮助他的父母做点事体。

原则十：做父母的应当教训小孩子爱人。

第十一章 我们应当怎样责罚小孩子的

原则一：诱导比恐吓、欺骗、打骂都来得好。

原则二：做父母的应当探索小孩子作恶的原因。

原则三：做父母的责罚小孩子以前，应当平心静气考查他究竟有无过失。

原则四：不应在别人面前责罚小孩子。

原则五：早上和晚间都不宜打骂小孩子。

原则六：做父母的不应当迁怒于子女。

原则七：小孩子弄坏东西，做父母的去责罚他，并不是因为可惜东西，是因为要改正他的行为。

原则八：当小孩子做错了事的时候，做父母的应当重责其事，轻责其人。

原则九：倘若父亲或母亲打骂小孩子的时候，旁人不宜帮着说“可怜！可怜！苦呀！”这许多话。

原则十：不宜痛打小孩子以致打后懊悔不及。

原则十一：当小孩子做错事情的时候，做父母的不应当因为要博小孩子的欢心，就去责备别人。

原则十二：做父母的不要常常去骂他们的小孩子。

原则十三：做父母的不应当以一己之喜怒来支配小孩子的动作。

第十二章 怎样可以使小孩子的经验格外充分些

原则一：做父母的应当常常带领小孩子到街上去看看。

原则二：凡小孩子能够自己做的事情，你千万不要替他代做。

原则三：叫小孩子做事，不宜太易，也不宜太难，需在他的能力以内而仍非用力不可的。

原则四：不应当禁止小孩子去探试物质。

原则五：做父母的应当利用儿子的好问心，以作教育儿童的一种良好动机。

第十三章　为儿童造良好的环境

一、游戏的环境。

二、劳动的环境。

三、科学的环境。

四、艺术的环境。

五、阅读的环境。

【内容导览】

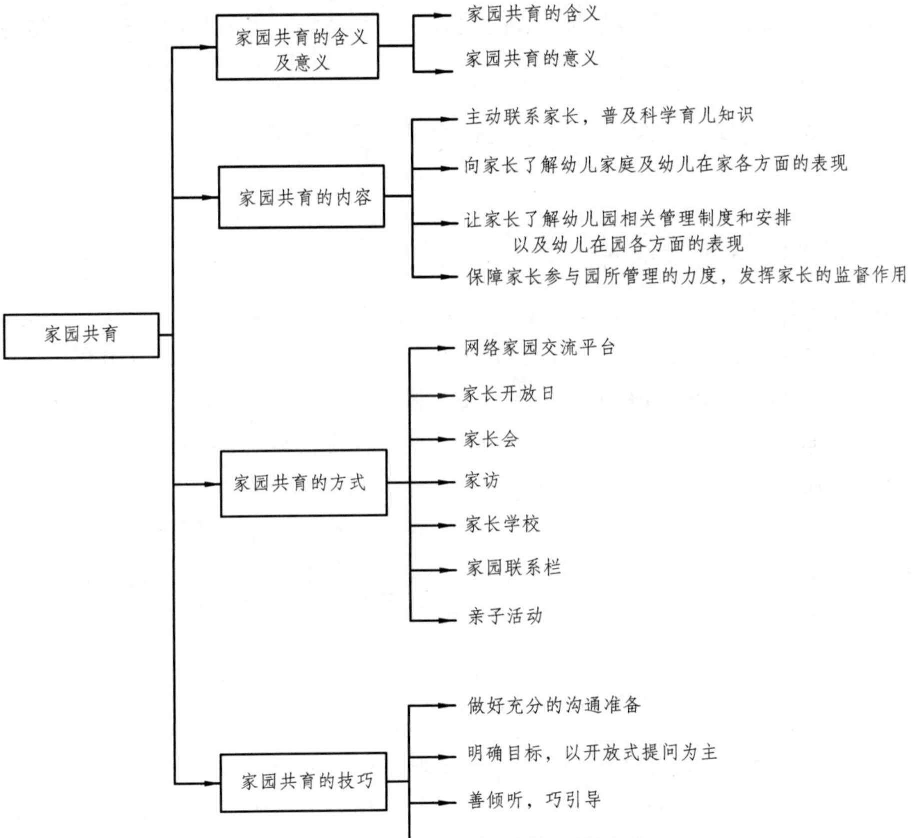

《幼儿园教育指导纲要（试行）》明确指出，“家庭是幼儿园重要的合作伙伴”，

家长作为教师的合作者，共同对幼儿进行施教，这样有利于提高幼儿教育的质量。《3—6 岁儿童学习与发展指南》也指出，“家长工作是幼儿园工作的重要组成部分”。幼儿期是人生最重要的奠基期，幼儿的性格、品格、情感等方面的发展都与其和家长的亲密程度密切相关。

良好的教育应该是社会、学校与家庭教育密切配合的，这样才能促使幼儿在原有水平上有所提高。但父母不是天然的“教师”，他们没有受过专门的训练。而家园合作为教师和家长、家长与家长之间提供了一个交流和经验共享的机会。家长可以学习幼儿教师先进的教育观念、教育技能和教育经验；教师也可以从家长那里获取更多有关儿童的有效信息，了解家长对教育的理解和期望，并从他们所拥有的专业知识和工作经验中获得帮助。幼儿园事实上变成了一个成人的“继续教育学院”，交流与分享使每个人既是学习者，又是教育者。因此如何加强教师自身的指导能力，从而转变家长的观念，提高家长对幼儿的科学教育能力，加强家园合作共育，促使每个幼儿得到最好的发展，这是我们广大教师面临的一大难题。

第一节　家园共育的含义及意义

一、家园共育的含义

家园共育是指幼儿园和家庭作为促进幼儿发展的主体，双方主动积极地相互了解、相互配合、相互扶持，通过两者的双向互动，共同促进幼儿的身心全面、和谐地发展。《幼儿园教育指导纲要（试行）》指出：“幼儿园应与家庭、社区密切合作，与小学相互衔接，综合利用各种教育资源，共同为幼儿的发展创造良好的条件。”同时也指出：“家庭是幼儿园重要的合作伙伴，应本着尊重、平等、合作的原则，争取家长的理解、支持和主动参与，并积极支持、帮助家长提高教育能力。”新入园的幼儿从熟悉的家庭环境进入陌生的、迥然不同的幼儿园新环境中，家园合作的意义显得尤为重要。

二、家园共育的意义

家园共育有助于综合利用各项教育资源，提高教育质量。首先，家长以及与家庭有关的社会资源被纳入幼儿园教育中，拓展和丰富了教育资源。同时，幼儿园较为丰富全面的教育资源也有利于改变单个家庭教育资源匮乏的状况。其次，幼儿园能为家长提供专业的育儿指导，从而实现家园互惠。最后，家园共育也为促进亲子互动以及增进亲子间的相互了解提供了新途径。

家园共育有助于学前教育相关政策法规的进一步贯彻执行，提高家长科学育儿的能力，形成科学的教育观。由于农村家庭受教育程度普遍较低，家长和其他养育者普遍对于学前教育相关政策法规不了解，对于乡村幼儿园来说，家园共育有利于幼儿园向家长宣传和普及学前教育相关规章制度，使家长能够知晓科学育儿的理念，提高家长的认识和教育水平。学前教育法规和政策的贯彻执行情况可通过不同的方式传递给家长，同时，幼儿园可以通过家长委员会等方式听取家长的意见，并接受家长的监督，改善幼儿园与家长的关系，提高幼儿园教育的质量。

家园共育有助于促进幼儿全面、和谐地发展。家园合作有利于家长了解幼儿园课程实施情况以及孩子的发展情况，也有利于教师掌握孩子在家的表现，互通有无，形成合力，共同促进幼儿健康、全面、和谐地发展。

第二节　家园共育的内容和方式

一、家园共育的内容

乡村幼儿园和农村家庭的共育是乡村幼儿教育工作的重要组成部分，家园双方各自承担着不同的责任，家园共育主要包括以下几方面的内容。

（一）主动联系家长，普及科学育儿知识

乡村幼儿园作为正规的教育机构有责任和义务向农村家长普及科学育儿知识，成立家长学校，有效地发挥自己所拥有的教育资源的优势，引领家长树立科学的育儿理念，改善家长的教育行为和教养方式，提高家长的教育能力。

（二）向家长了解幼儿家庭及幼儿在家各方面的表现

家庭作为幼儿最先接触的环境和教育资源，对幼儿个性等方面的发展具有任何环境都不可替代的作用。幼儿园应本着尊重、平等、合作的原则，向家长了解幼儿的家庭环境以及幼儿成长过程中的典型行为表现，争取家长的支持与理解，帮助家长对自己孩子的行为表现做出正确的判断与评价，以便协助幼儿园做好教育工作。

（三）让家长了解幼儿园相关管理制度和安排以及幼儿在园各方面的表现

幼儿园要主动向家长公开幼儿在园的一切活动，包括孩子的饮食起居、情绪情感的发展、社会性的发展、幼儿园教学计划的制订、教学内容的实施与取得的效果等，争取获得家长最大限度的支持。因为这样可以使家长感受到幼儿园教师保教工作的严谨性与对幼儿实施早期教育的重要性，增强家长参与幼儿园教育教学活动的责任感。

（四）保障家长参与园所管理的力度，发挥家长的监督作用

首先引导家长参与幼儿园的日常管理，家长会根据孩子的情况和日常生活中发现的问题提出自己宝贵的意见和建议，完善幼儿园管理制度。其次幼儿园教师要重视家长的建议与意见，虚心向家长学习，充分调动家长在幼儿园课程制定和选择等方面的参与力度，以有效补充幼儿园教育资源，提升组织活动的效率。最后让家长参与到保教人员工作质量评价和幼儿园管理中来，这样能够更加全面地掌握和了解保教人员的工作情况和管理情况，避免盲目性、主观性，从主观经验型管理模式逐渐地向科学化的管理模式过渡，使保教人员对自己的工作有清晰和全面的认识，从而有针对性地进行改善和提高。

二、家园共育的方式

（一）网络家园交流平台

由于很多农村家长外出务工，无法和幼儿园教师面对面交流，幼儿园应发挥网络沟通优势，共建家园成长平台，为幼儿家庭搭建学习交流的平台，如建立班级 QQ 群或微信群，家长将自己在育儿中积累的经验，以及育儿中碰到的问题放到群中与大家讨论，相互学习，共同探讨家园互动的方法。同时，幼儿园可以在网上建立“园长信箱”“班级信箱”，幼儿教师与家长可以通过电子邮箱进行反馈与交流。这种网上沟通的方式快捷、便利、节省时间，效果明显。

（二）家长开放日

家长开放日是指家长在幼儿园指定的时间进入幼儿园进行参观和了解的一种形式。在家长开放日，家长可以进入幼儿园内部参观，参与教学活动。对于没有外出务工的农村家长来说，家长开放日是乡村幼儿园和家长合作交流的一种重要方式，家长开放日为家长进一步了解幼儿园的办学条件、师资水平、课程实施情况及教学模式等提供了良好的机会，家长也能通过孩子在饮食起居、

参与活动、同伴交往等方面的真实表现，发现孩子在幼儿园和家庭中的不同表现，加深对孩子的了解，提高对幼儿园教育的认识，促进家园共育。

（三）家长会

家长会是最常见的一种家园共育方式，家长会是在学期中的某个时间段，针对幼儿在园的基本行为表现，采取相应的教育策略，与家长交流并达成教育共识的一种形式。幼儿园在组织和召开家长会的过程中，能够在广泛地听取家长意见的基础上，对本园的各项工作进行反思、总结。幼儿教师在家长会中可以认识到自身工作上的不足并改进。通过交流与家长建立良好的关系，有助于促进教师的专业化发展。

参加家长会可以让家长更好地了解孩子并获取更多的教育方法和经验。家长会有明确的目的性，家庭与幼儿园就幼儿在园表现进行沟通，使家园教育资源优势互补，提高教育质量。在家长会上，幼儿园教师要主动向家长了解幼儿在家的行为表现，给家长发表观点的机会，耐心地听取家长的意见与建议，允许家长提出不同的看法。教师和家长只有在互相尊重、互相平等的基础上进行交流，才能更好地发挥家长会的作用。

（四）家访

家访是进行个别家庭教育指导的一种常用的有效方式，也是乡村幼儿园老师联系幼儿家长最好的形式之一，是加强学校与家庭的联系、争取家长最大限度的支持、共同教育幼儿的重要手段。农村家庭的家访对于乡村幼儿园来说非常有必要，因为很多农村幼儿都是留守儿童，比起父母在身边的幼儿，由爷爷奶奶或者其他亲属抚养的幼儿身心发展或多或少会出现些许问题，那么乡村幼儿园老师通过对这类家庭的家访了解幼儿身心发展的实际情况就显得尤为重要。同时农村家庭的家访也存在一些困难，如语言不通、路途遥远、沟通困难等问题。当下家访也因为通信手段的发达和教师工作量大，造成很多家访被老师“疏忽”。作为幼儿园教师，需要克服困难担当起家访的责任。幼儿家访的时间既可以根据教学计划来安排，也可以根据实际情况灵活调整。当幼儿患有重大疾病或有严重的不良行为习惯等时，幼儿园教师要对幼儿及时地进行家访，并做好家访记录。保教人员进行家访要有计划、有准备。

（五）家长学校

家长学校是为了对在家里承担抚养教育子女责任的父母和其他家长进行系统教育和训练所开办的成人业余学校。

开办家长学校是提高家长素质、转变家长教育观念、改进教育方法、提高家教水平的有效途径。首先，建立由正副园长及家委会代表参与的家长学校委员会；其次，组建素质较高的讲师队伍，讲师应结合幼儿园的工作实际，注重理论联系实际，内容深入浅出，并贴近家长的要求进行专题讲座；最后，讲求实效，具体分析、解决各种问题。因此，家长学校既能提高家长的认识、转变教育观念，又能帮助家长解决实际问题，达到家园共育的良好效果。

（六）家园联系栏

家园联系栏是幼儿园设置在班级周围，促进家长与老师联系和互动的窗口和平台，作为家长了解幼儿园的重要窗口，它可以分为几个不同的板块，如“本周活动安排”“健康快车”“家教指南”“请您配合”“本周好宝宝”“童言稚语”“早期阅读”“亲子游戏”“育儿宝典”“交流园地”……教师要根据园内的统筹安排以及班级的实际情况确定每一期由哪几个板块组成，利用这些板块，让家长逐步参与到教育中来。家园联系栏首先向家长明确地表达某一个时段的重点内容。其次向家长介绍一些经典的教育教学案例，加深家长对幼儿教育的认识。再次向家长强调一些在家园教育衔接方面需要注意的问题。许多家长在教育孩子方面都有急功近利的倾向，拔苗助长的现象较为普遍，家庭教育和幼儿园教育相互脱节的问题也比较突出。因此，“家园联系栏”可以在家庭与幼儿园相互衔接方面发挥较大的引领作用。最后向家长反馈幼儿在园内的基本表现。“家园联系栏”一方面可以在幼儿开展良性竞争方面起到引导作用，另一方面还可以把部分幼儿和全班幼儿在各类学习活动中的情况及时反馈出来，让家长随时了解和掌握幼儿情况。

（七）亲子活动

亲子活动是家庭与学校合作的主要途径，是幼儿园为了促进家长对幼儿园课程与幼儿园管理的理解，加强家长与孩子之间的情感联系，增进家长与孩子、家长与幼儿园的交流、沟通与合作而专门组织的一类教育活动。亲子活动可以作为一种正式的教育活动纳入课程计划中。亲子活动，如亲子游戏、亲子运动会等，有明确的目标，并在教师指导下完成，便于充分利用家长资源，使孩子身心健康发展。

第三节　家园共育的技巧

沟通是合作的基础，成功的家园合作需要建立在幼儿教师与家长的良好沟通基础之上，家园携手合作，实现共育，必须争取家长的理解、支持和主动参与，建立相互间的信任。因此，幼儿教师应掌握与家长沟通的技巧。

一、做好充分的沟通准备

幼儿教师和家长的沟通需要制订沟通计划，这个计划有时是书面的，有时也无须形成书面文字，但一定要做到心中有数，选择合适的沟通时间、沟通方式以及查询相关资料。沟通方式可以是电话联系、书信往来、家访、约谈等。

二、明确目标，以开放式提问为主

幼儿教师要真正做到“心中有目标、眼中有孩子”，与家长交流自己观察到的幼儿的细微变化，让家长真切地感受到教师对自己孩子的关爱，提升家长的信任度。同时幼儿教师应明确目标，主要以开放性问题为主，引导家长在畅所欲言的同时，谈话内容紧紧围绕主题展开，防止偏离主题，这样教师可高效地收集有用的信息。

三、善倾听，巧引导

幼儿教师的说话技巧充分展示了自身的专业素质，直接影响沟通效果，如脸部保持亲切的笑容、认真倾听对话、必要时通过点头等肢体语言表示认可。同时，幼儿教师要善于抓住关键矛盾，直接引入主题，使家长感受到教师是为了追求幼儿的最佳发展而努力，以真诚赢得一致性意见，这样有助于家长接受幼儿教师的意见和建议。

四、语气委婉，真诚友善

幼儿教师对幼儿的态度和评价是家长的敏感点，真诚而有分寸的评价对家长和教师都特别重要。由于个别家长自尊心强，把幼儿的缺点看作教师对自己的批评，感到有压力。因此，幼儿教师对所有幼儿的评价都要语气委婉、先扬后抑，首先要肯定、赞赏幼儿，然后再指出幼儿的不足，而且应该持真诚、善意的态度，充满对幼儿进步的欣慰和过失的谅解；要让家长意识到，教师与家长谈论幼儿的缺点，目的在于希望得到家长的支持，通过家园共同合作引导幼儿形成良好的行为习惯。

第七模块

幼儿园教研、科研指导

陈鹤琴在谈论"我们为什么办幼稚园"中提到，我们教育儿童究竟要教养到什么地步？什么技能什么习惯儿童应当养成？什么知识什么做人态度儿童应当学得？这些问题，办幼稚园的大概没有想过，或想过而不去研究。结果这些办幼稚园的，天天虽忙忙碌碌，到底没有什么成效，而儿童也没有什么进步。办幼稚教育，需要不断地研究，才能取得办学成绩，改进教育的方法。比如鼓楼幼稚园的试验，在课程和教材的建设、幼稚园的教学法等方面做了大量的教研。《幼稚园课程》经过了三个时期：散漫期、论理组织期和设计组织期，经过不断教研、改进，形成了可推广的科研成果。

幼儿园须开展教研、科研活动，培养研究型教师。

【内容导览】

- 幼儿园教研、科研指导
  - 幼儿园教研指导
    - 1. 园本教研的含义
    - 2. 园本教研的价值
    - 3. 园本教研的特点
    - 4. 园本教研的角色定位
    - 5. 园本教研的类型
    - 6. 园本教研的基本流程
    - 7. 园本教研案例要素解析
  - 幼儿园科研指导
    - 1. 教育科研的内涵
    - 2. 教育科研的选题
    - 3. 课题与论文的题目
    - 4. 论文的摘要
    - 5. 研究的背景意义
    - 6. 文献综述的写作思路与表述
    - 7. 课题界定的表述
    - 8. 课题研究的目标（或预期效果）表述
    - 9. 课题研究的操作与实施写作思路
    - 10. 课题成果报告与论文结语的写作思路
    - 11. 参考文献的规范
    - 12. 对教师教育科研的理解与期待

第一节　幼儿园教研指导

陈鹤琴在《我们的主张》中指出："幼稚园是要适应国情的。"那么，如何使我们幼儿园的教育适应国情呢？幼儿园教研是使我们幼儿园的教育适应国情的必不可少的关键性工作。

一、园本教研的含义

园本教研就是以幼儿园为本的教育教学研究。园本的含义有三个：第一，园本是指在幼儿园中教研一定是围绕幼儿园全体老师或者说绝大多数老师。第二，基于幼儿园，也就是说要扎根在幼儿园。第三，教研是教育教学研究的简称，它包含三个要素：研究对象、在实际当中碰到的真问题、研究主体（研究主体就是老师）。

园本教研是一种教育教学研究制度。幼儿园园长在制定幼儿园的发展规划、课程方案、每学年的教育工作计划的过程中，园本教研是作为幼儿园的教育教学研究制度来制定的。

二、园本教研的价值

第一，有利于架起教育理论与实践之间的桥梁。通过园本教研，在实践当中不断观察，不断反思，不断调整自己的行为，然后反过来又能找到理论依据。

第二，有利于提升幼儿园教育质量的内涵发展。教育质量提升的关键，在于广大的一线教师，而一线的教师对幼儿园课程的理解和实施是什么样的程度和水平，决定了课程实施的质量和教育的质量。

第三，有利于教师反思性实践和专业成长。园本教研是以幼儿教师作为主体来进行的，教师从事的教育教学实践工作，也属于一种研究工作。

第四，有利于激发和唤醒老师的工作热情，让幼儿教师克服职业倦怠，体会到职业的成就感。

三、园本教研的特点

（一）主体性

（1）教师是园本教研的主体。幼儿教师是最熟悉幼儿园教学工作的人员，也是园本教研的研究对象之一。

（2）尊重教师主体性的发挥。在园本教研的过程中，我们不仅需要依靠教师，相信教师，也需要激励教师积极参与，充分发挥教师的主体性。

（二）实践性

（1）园本教研研究的问题一定来自教育实践，这些问题常常来自幼儿教师在工作中遇到的各种问题，这些问题是需要在实践中解决的。

（2）开展园本教研的过程很多时候就是解决实践中遇到的问题的过程。

（3）园本教研的各种成果资料，经过整理，就是指导我们开展各种实践活动的“指南”。

（三）互动性

互动性是指园本教研的社会交往活动。在园本教研的过程中，幼儿教师、保教管理者都会参与，在教研的过程中处处充满了互动。

（四）思辨性

（1）教研活动是十分注重理性思考的。园本教研的内容不能就事论事，就方法论方法，应该在一定的理论指导下进行深入的研究。

（2）一切从实际出发，实事求是，不要盲从，不要盲目崇拜所谓的权威。

（五）创造性

幼儿教育本身具有一定创造性。在幼儿园，除了国家颁发的《纲要》和《指南》外，在不同的条件，不同的场地，不同的发展背景下，幼儿园课程的建设都会有不一样的特色，都有可能出现多纲多本的现象。

四、园本教研的角色定位

（一）园长的角色定位

（1）园长在园本教研中是领导者，园长要把握教研的方向。

（2）园长是组织者，要研究自己的工作方式，研究不同教师的需要，研究教研活动的不同形式和内容，保证教研活动的效果和质量。

（3）园长是参与者，要与教师进行平等的对话，特别忌讳“一言堂”。

（二）保教管理干部的角色定位

保教管理干部一般是副园长。保教管理干部在园本教研当中同样也有三个不同的角色。

（1）协调者。作为协调者，就要去协调教研活动开展的各个环节的因素，要为园本教研活动的组织和开展创设各种有利的条件，尤其是要做好教研任务的确定，以及老师工作之间需要的磨合和沟通。

（2）组织者。作为组织者应该合理安排有针对性的教研活动。比如体验式的、参与式的。

（3）参与者。需要平等地和老师们共同探讨，发表和交流自己的想法和观点，真诚地倾听他人的观点和想法，要做到互动启发，相互启发，相互尊重。

（三）教师的角色定位

（1）参与者。教师在教研活动中，最具发言权，最清楚有什么样的问题，最知道什么是急需解决的问题和怎么解决问题，所以教师是积极的参与者。

（2）组织者。因为很多问题来自一线，来自实践。所以老师可以作为组织者，将碰到的最棘手的、最迫切的问题提出来，和大家共同进行研讨。

五、园本教研的类型

（一）专题教研

专题教研是指围绕某一个教育问题开展的有针对性的研究活动。

（二）随机教研

当出现不在计划之内，但又是大家必须解决的问题的时候，就可以通过随机调研的方式来解决问题。随机教研可以是班组的，也可以是某个年龄段的，也可以是全员的。

（三）案例式教研

案例式教研具有三个特点：① 有事件。② 真实性。③ 局部发生的问题。

（四）辩论式教研

辩论式教研需要通过正反两个方面来辩论，在教育实践当中存在着的许多问题，并不是只有唯一的标准答案、正确答案的，而是需要去争论的。

六、园本教研的基本流程

（一）寻找和确定教研的问题

教育教学中遇到的实际问题，即真问题。

（二）问题的分析和诊断

（1）是否具备普遍性？

（2）是否具有迫切性？

（3）是否具有发展性？

（三）制定教研方案

（1）有明确的目的。通过教研要解决什么问题，要把问题明确地提出来。

（2）参与人员要有针对性。

（3）要做好充分的准备，包括时间、场地，教研需要的经验，需要阅读的书籍，需要用到的材料，教研活动中是否需要通过游戏的方式来体验、参与，是否需要准备纸和笔等。

（4）不同的教研活动要有不同的过程设计。

（四）教研活动的组织与实施

（1）主持人一定要特别关注教研的问题。问题是教研活动整个过程当中要思考、讨论、判断、分析，最后解决的核心。

（2）注重客观描述，看待问题一定要客观，要帮助老师理解表述者的想法，也需要进一步解释和澄清表述者的想法，以此帮助老师思考关键信息。

（3）善于将讨论的问题聚焦。当教师讨论的话题拓展到其他方面时，作为主持人要善于把老师们讨论的问题再次聚焦到讨论的核心问题上面来。

（4）注重感悟体验方法的使用。提前设计用什么教研方式。

（5）营造平等和谐的教研氛围。

（6）要形成相对明确的结论。通过教研得出的结论，还需要在实践当中再去完善。

（五）教研活动的效果反思

（1）多元主体参与评价。教研活动不能是“一言堂”，应该是多元主体的参与评价。

（2）要遵循正向的、积极的评价原则。接纳不完美，要鼓励、敢于尝试。

（3）整体性的评价。教研效果评价要涵盖教研活动的全方位内容，对目标、诊断、组织、方案、参与的教师、过程等进行全方位的评价。

（4）多种评价方式。可以是问卷调查、访谈、量表、老师的记录笔记等。

（5）评价和反思可以分为多阶段进行。一个阶段可能是一个学期或者一个月。

（6）关注教研活动成果的应用和推广。教研活动效果好，就要在幼儿园里去应用和推广。

备注：教研活动记录表、幼儿园考核评价表、听课评价表如表 7-1、表 7-2 和表 7-3 所示。

表 7-1　幼儿园教研记录表

<table>
<tr><td>时间</td><td></td><td>地点</td><td></td><td>主持人</td><td></td></tr>
<tr><td>教研主题</td><td colspan="5"></td></tr>
<tr><td>教研成员</td><td colspan="5"></td></tr>
<tr><td>教研形式</td><td colspan="3"></td><td>记录人</td><td></td></tr>
<tr><td>教研记录</td><td colspan="5"></td></tr>
<tr><td>教研反思</td><td colspan="5"></td></tr>
</table>

表 7-2　幼儿园考核评价表

项目	考核内容	占分	自评分	园评分
师德师风	1. 遵章守纪，严守规范制度；上班准时，不无故外出。 2. 团结协作，乐于奉献；态度认真，责任心强。 3. 以身作则，为人师表；着装大方，便于活动。 4. 热爱幼儿，师生关系融洽，一视同仁，无体罚与变相体罚	3 2 2 3		
常规管理	1. 班级整体常规好（优秀 6 分、良好 4 分、一般 2 分）。 2. 幼儿安全无事故。 3. 门窗水电管理和物品保管好。 4. 一日活动组织管理、安排到位	6 6 4 4		
教育教学	1. 认真制定和执行各类计划及总结，遵守作息时间。 2. 认真组织一日活动，不串岗离岗，不玩手机。 3. 运用普通话教学，注意语言规范及教师配合良好。 4. 教案等资料用字规范，填写详细、规范书写评语。 5. 活动质量高，教学环节紧凑。 6. 家长园地更换及时，环境创设良好。 7. 班级抽查教学效果有提高。 8. 家长工作主动热情。 9. 备课、教学等各类资料完成及时	3 3 3 2 3 3 3 3 2		
保育工作	1. 出勤率高（大班 90%、中班 88%、小班 83%以上）。 2. 班内幼儿卫生习惯好。 3. 班内卫生清洁、消毒及时。 4. 关注幼儿冷暖、饮食，及时提醒幼儿喝水	4 2 2 2		
教科研究	1. 认真听课评课，记录详细、评价恰当。 2. 按计划上好课，随堂课效果好。 3. 认真参加教研活动，积极参与讨论，不无故缺席。 4. 主动学习业务知识	4 4 4 3		
考勤情况	1. 全勤。一学期请假累计 3 天以上无分。 2. 会议。迟到 1 次扣 1 分，缺勤 2 次无分。 3. 教科研，1 次缺席扣 1 分，2 次无分	3 3 4		
家长工作	1. 各班要有家园联系册，家园联系册内容完整。 2. 班级的幼儿整体卫生良好，有良好的卫生习惯。 3. 定期召开家长会及家长开放日，开家长会时准备充分，材料齐全，有家长反馈意见及建议。 4. 有家长的反映情况及领导意见	3 2 3 2		
总分				
考核结果				

表 7-3　幼儿园听课评价表

班级		课题（教学内容）		涉及领域	
执教者		听课时间	年　月　日星期　（上、下午）		
评课量表		评价等级（打“√”）			
		优秀	良好	合格	不合格
活动目标（1分）	1. 三维目标明确				
	2. 符合幼儿年龄特点及认知发展规律、难易适中				
活动准备（1分）	1. 准备充分，提供丰富多彩的教学情境，发挥信息技术作用				
	2. 材料准备与环境创设能为完成目标而服务				
活动过程（4分）	1. 教态自然大方，富有感染力、亲和力				
	2. 普通话标准，语言简练、儿童化，提问富有启发性				
	3. 活动设计符合教学内容实际，能激发幼儿兴趣，满足幼儿学习需要				
	4. 活动设计思路新颖，具有独创性				
	5. 活动设计脉络清晰，层层递进				
	6. 活动结构安排得当，时间把握有度				
	7. 了解幼儿，预设充分，善于引导，课堂调控能力强				
	8. 教学方法与手段灵活多样，富有艺术				
	9. 尊重幼儿，保护幼儿自尊心，培养自信心				
活动效果（4分）	1. 幼儿知识、技能、情感态度得到提高				
	2. 每个幼儿都得到关注				
	3. 活动氛围宽松、民主，幼儿参与积极主动				
	4. 活动过程中充分体现幼儿主体性，幼儿能主动探究，合作交流				
	5. 幼儿有充分的提问和思考的时间				
总分		综合评定			
评议与建议					

七、园本教研案例要素解析

（一）教研要素

主题活动是共同性活动的一种呈现方式，也是幼儿园进行适应性发展课程实施的内容之一。基于主题活动的教研包括三个要素：

（1）主题活动的选择与设计。

（2）主题活动的实施策略。

（3）主题活动的梳理与反思。

（二）如何利用网络图设计主题活动脉络

1. 问题的来源

（1）“主题”从何而来？

（2）如何选择主题下有价值的活动？

（3）主题网络图怎么设计绘制？

2. 教研问题分析与诊断

（1）教师缺乏相关的理论认知，所以对主题的实施就会存在偏差。

（2）开展主题活动的实践经验不足。

（3）主题活动实施途径单一。

（三）制定教研方案

1. 教研目的

深入理解主题活动来源，学会利用网络图设计主题，活动发展脉络。

2. 教研准备

（1）经验准备。思考以往班级开展主题活动的情况，和大家分享。

（2）物质准备。《纲要》《指南》、便条、白纸等。

（3）教研时间。某一个固定的时间。

（4）参与人员。园长、副园长、各班老师两名、主持人、保教主任。

（四）教研过程

（1）各班老师分享对主题来源的理解，归纳主题来源的依据，并各自将依据写在小纸条上，便于主持人归纳、分享。

（2）展示讨论。出示各自的小纸条，共同梳理归纳主题来源的依据，主持人进行小结。通过讨论，要让老师真正理解主题活动的来源。

（3）教师分享对网络图的理解。

（4）学习利用网络图设计主题活动发展脉络。

园本教研的基本流程如图 7-1 所示。

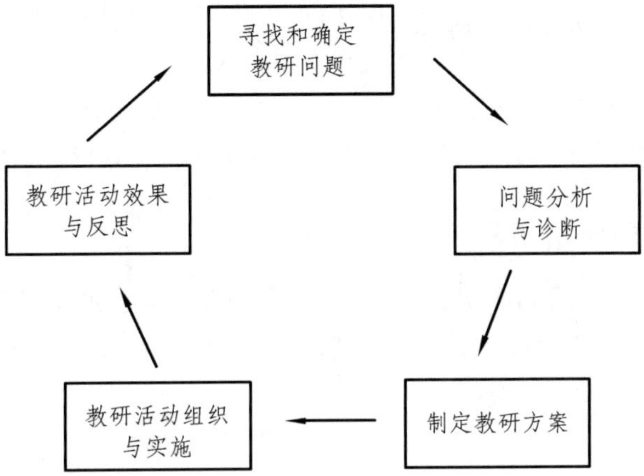

图 7-1　园本教研的基本流程

特别强调：

（1）不同的教研专题，要有不同的设计方案，应该多形式、多方法地开展园本教研。

（2）主持人要充分做好教研活动准备，尤其是要在理论上提升，做好知识储备。

（3）要善于做好教研过程的实录和资料的收集、保存。

第二节　幼儿园科研指导

陈鹤琴在《我们的主张》中指出：“无论对于任何事体，要想去办，总得先计划一下，规定哪儿种步骤去做……我们现在办这个幼稚园，得先有了研究，再根据儿童的心理……”由此可见，陈鹤琴先生是比较注重教育研究的。

一、教育科研的内涵

这部分主要阐述三个问题：教育科研是什么？它与我们的日常工作有什么

区别？它对于我们一线老师的专业成长究竟有什么价值？

（一）关于教育科研的基本认识

幼儿园一线教师做科研，与大学教师做的理论科研不一样，与严格意义上的自然科学研究也不一样。幼儿园一线教师做的科研大多是实践导向的行动科研，也就是说，是为了更好地解决现实问题而进行的科研。我们的科研不是为了发现规律，建构理论。当然，实践导向的行动研究，又不能缺少教育理论的支持和科研方法的运用，否则就不能称之为“教育科学研究”。因此，教育科研，就是在教育理论支持下，为了更好地解决某一实践问题而进行的理性思考和行动。

（二）教育科研与日常工作的区别

第一，教育科研的问题更聚焦。一个课题或一篇论文只解决一个问题，而且，这个问题可以用一句话来阐述清楚。如果用一句话说不清楚要解决的问题是什么，就说明还不是在做科研。

第二，科研更讲究理性。科研行动不仅仅是经验的，而更是有理论依据的，即可以清楚地阐述为什么这么做。

第三，科研更讲究逻辑。能否把研究者的做法建构出一个直接指向问题解决的、层次完整的、逻辑清晰的行动体系？具体而言，科研行动直指问题解决，是指与问题解决的一些保障性措施（如理论学习、人员配备、制度建设、环境创设、考核评价等），都是日常工作范畴，不属于科研行动本身，因而需要剔除，但并不意味着它们不重要。科研行动的层次完整性是指这个行动体系的层次至少应该涵盖理念、策略、方法、活动四个层次的内容。科研行动的逻辑是指做法虽然很多，但这些做法之间是什么关系？能否提炼出一个不交叉重复、不自相矛盾、上下层次不相互包容的结构？

第四，科研更讲究实证。就是说，做了这么多，是否真正解决了原来的问题？究竟有没有达到想要的目的？这里不能自说自话，也不能像工作总结汇报一样，而是需要拿出客观证据来，证明问题的哪些方面得到了解决，哪些地方还存在不足。

第五，科研更讲究严谨。有一分证据，绝不说两分话；它的语言表达是平实的，不能用艺术性的美化、文学性的修辞或工整对仗的口号来表达。

（三）教育科研与教师专业成长

科研一方面能让我们事半功倍地做好日常工作，另一方面通过科研训练的经历，使得我们慢慢形成一种理性的科研思维。当这种思维形成后，就会养成一种深度思考的习惯，会对自己日常教育教学工作做经常性的反思，如果能把反思写出来并积累下来，就会成为自己专业成长的见证。科研在教师专业成长中的作用是帮助教师提炼教学策略、形成教育理念与教学风格。教育科研与专业成长的关系如图 7-2 所示。

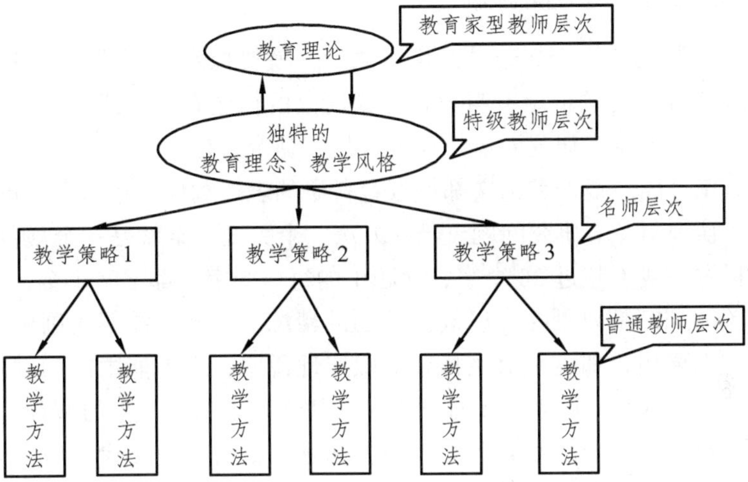

图 7-2　科研在教师专业成长中的作用

从这张图中我们归纳出了这么一个规律：教育家型教师和特级教师，大多把自己的实践经验与智慧总结提炼成丰富的科研成果，他们的专业影响力主要是通过教育科研的途径来实现的。因此，教育科研本质上不是一项工作，而是蕴含在各项教育工作中的一种深度思维。这种思维是一种模型化思维，至少包括三个要素：教育问题的敏感性、教育行动的结构性与理性反思的深刻性。通俗地讲，就是能清楚地意识到自己所面对问题的本质是什么，解决问题的实践行动逻辑是什么，以及实践行动后能辩证反思问题是否得到解决，目的是否达到。

二、教育科研的选题

教育科研始于问题，没有问题就无所谓研究。选定了一个好的问题就等于成功了一半。

在选择一个研究问题的时候，不建议一下子就确定一个主题，然后马上就动笔写方案或论文。而是要先罗列自己现实中的问题与困惑，多多益善。第二步，根据自身经验和同事评议，合并同类项，删除一些细枝末节和老生常谈的问题，确定三到四个最需要解决的问题。第三步，根据问题检索文献，看哪个问题更有前瞻性、价值性以及可行性。这里的文献，不仅包括相关学术论文、专业书籍，还包括最近三年省市立项、获奖的课题名称，然后优中选优，确定一个研究选题。

三、课题与论文的题目

当一个课题或一篇论文选题确定了之后，就要拟定一个题目。我们一线教师的课题与论文标题的拟定，与教育理论研究的标题有或多或少的差异，但均应包括三个关键要素：研究对象、研究问题、研究方法。

课题方案、成果报告和论文都是教育科研的表述载体，标题完全可以通用，只要涵盖了研究对象、研究问题、研究方法三个关键要素就是一个规范的标题。

一个标题一般不超过 20 个字，标题中的每一个字，都字字千金，与三个关键要素无关的词汇都要剔除，以确保标题的精练。因此，能不用副标题就不用副标题，实在要用，那也是对主标题的限定性说明，而不能主次颠倒。如《初中生学习品质及其影响因素的实证研究——基于某市初中学生的调查》，这个副标题就是限定了主标题的对象范畴，而主标题已经清楚地交代了研究对象（初中学生）、研究问题（学习品质及其影响因素）、研究方法（实证研究）。再比如：《跨界学习：小学传统节日课程的校本实施路径》《幼儿园主题课程链式统整实践研究》，这样的标题里都涵盖了研究对象、研究问题和研究方法。

四、论文的摘要

如果没有单独提到论文，那么以下所有内容，论文、课题是通用的。

摘要，顾名思义，就是摘录论文的要点，以便读者不读论文全文也能知道论文的主要内容。可以说，摘要就是一篇短小精悍的小论文。那么论文要点或主要内容应该包括哪些？一般来说，论文的要点包括如下几个要素：研究的问题、研究的方法和研究的结论（或成效）。只要把这三个问题写清楚了，一篇论文摘要就算完成了。论文摘要一般 300 字左右即可，且不分段。

试举一例：

【摘要】概念是构成学科理论知识体系的基本元素和基本单位。历史学科的核心素养是学生在学习历史过程中逐步形成的具有历史学科特征的思维品质和关键能力。如何依托学科概念教学培育学生核心素养，是当前一线教师最为关心的话题之一。有了历史概念的研究，历史的研究才能深入；有了历史概念的学习，历史教学才能逃脱蛮荒状态；有了历史概念的传承，学术的薪火就能得以传播。可见，历史概念是历史学科知识的重要组成部分，概念教学在历史教学中具有举足轻重的地位。现就依托“概念教学”对历史学科核心素养培育的实施策略问题谈些粗浅思考，并期能引发大家对这一话题的深入探讨。

这个摘要的大部分内容在做观点论证，最后一句引出正文，是引言，这样是不恰当的。因为这个摘要并没有交代研究的问题或目的，也没有交代研究这个问题的方法途径，更没有描述研究取得了怎样的成效，姑且观点论证算是结论，但又过于冗长，且包含了概念界定这种不必要的文字。

再看一例：

【摘要】为探究幼儿自主创生体育游戏规则的可行性和生成路径，从幼儿主体出发，以经验、兴趣和自主三要素为切入口，探索自主创生规则中意识的萌芽—认识的建构—共识的实践—知识的迁移这一动态发展路径，并实践运用微品时段话规则、思维涂鸦画规则、游戏过程探规则、留白区域待规则等教师支持策略。实践研究表明，上述策略使得幼儿在体育游戏中变得更加自主，并乐于创造。

这个摘要里，“为探究幼儿自主创生体育游戏规则的可行性和生成路径”是研究的问题，“从幼儿主体出发，以经验、兴趣和自主三要素为切入口，探索自主创生规则中意识的萌芽—认识的建构—共识的实践—知识的迁移这一动态发展路径，并实践运用微品时段话规则、思维涂鸦画规则、游戏过程探规则、留白区域待规则等教师支持策略”是研究策略方法，“实践研究表明，上述策略使得幼儿在体育游戏中变得更加自主，并乐于创造”是研究成效。这样的摘要就是一个完整规范的摘要。

摘要下面一般要写关键词。关键词是用来索引文献的，一般是单一的名词，而且这几个名词都是从研究对象、研究问题、研究方法策略名称中提炼的，一般三到四个即可。动词不能做关键词。

五、研究的背景意义

不论课题方案、成果报告还是论文，开头都要交代研究的背景意义，告诉读者研究这个问题的理由。背景意义包括两个部分，一是背景，二是意义。但是有些老师经常会把背景写成宏观的时代背景，这是一种误解。这里的背景，主要应该聚焦于我们所面临的问题，而宏观的时代背景，在研究意义中蜻蜓点水地写一两句即可。

那么研究的背景意义这部分如何写作？我们的建议是，先写意义，再写背景。意义就是研究的重要性，需要理论阐述。有老师喜欢在这里引用一些国家政策文件，或某个专家的言论，特别是幼儿园老师喜欢开门见山：“《纲要》或《指南》指出，……”不是不可以，但这样的引用，还达不到理论论述的高度，显然这是一种退而求其次的选择。那么怎样才能达到理论论述的高度呢？前面已经提到，学术文献阅读，从学术文献中寻找相关论述，用自己的语言表达。若实在是加工能力有限，可以引用专家的论述，但要注明出处。

背景部分实际上就是要阐述研究所面临的实际问题，也就是研究的必要性。这部分的写作建议：先有一句转折，承接意义，引出问题，最后写一段总结性的语言来收尾。

六、文献综述的写作思路与表述

文献综述既要有综合的叙述，也要有评论。文献综述是在确定了选题后，在对选题所涉及的研究领域的文献进行广泛阅读和理解的基础上，对该研究领域的研究现状（包括主要学术观点、前人研究成果和研究水平、争论焦点、存在的问题及可能的原因等）和发展前景等内容进行综合分析、归纳整理和评论，并提出自己的见解和研究思路。因此，它不是相关领域研究的“堆砌”，更不是一些研究论文或课题名称的罗列。

文献综述一般有三种写作思路：第一种是年代序列式结构，是将某领域的研究成果按照一定的年代顺序由远及近依次叙述；第二种是学派发展式结构，是指将某领域的研究成果以某些学派代表性学者的观点为主要脉络依次分别叙述；第三种是货架问题式结构，就是指将某领域的研究成果归为某几个问题或议题并加以详细叙述。一线老师在写文献综述时，我们更建议采用第三种，因为第一种和第二种需要系统地收集所有的典型研究，这对我们老师而言是非常困难的，而且会占据大量的文章篇幅。用第三种方式写文献综述，我们自己归纳了一个简单易行的思路。

研究综述的内容包括两个方面，两个维度：第一个方面是研究问题综述，比如你要研究提升学生学习品质问题，那么学习品质就是第一个需要综述的内容；第二方面是研究策略综述，即提升学生学习品质，有哪些研究者总结了哪些策略方法。两个维度是指理论综述维度和实践综述维度，一般而言，研究问题综述采用理论研究综述，研究策略采用实践研究综述。以提升学习品质这个问题为例，关于学习品质的综述，一般要寻找些理论文章，看研究者对这个概念的内涵和外延有哪些观点，学习品质形成的机制规律是什么，研究的侧重点分别是什么，忽略了哪些关键要素，这些研究的启示是什么（一般而言是提供了有价值的问题分析框架）；关于如何提升学习品质的综述，一般要参考国内外其他地区或同类学校所做的实践研究，看其他地区或学校在这个问题上，总结出了哪些策略、方法、途径、载体，再看看研究还存在哪些不足的地方（研究对象的范围或代表性不够、研究效果的实证性不足等），对你的研究启示是什么（一般而言是启发了实践操作框架的建构思路）。

七、课题界定的表述

课题界定包括两个部分：一是课题的核心概念界定，二是课题选题的总体界定。

那么课题的核心概念是什么呢？核心概念有两个，一个是研究的问题，一个是研究的策略。如果研究策略名称还不清晰，可以不界定。关于研究问题的界定，需要从两个方面来进行，一是内涵，一是外延。内涵就是这个问题是什么，外延就是这个问题在本课题中具体包括哪些方面。

例如：

> 深度阅读既是一种阅读方式，也是一种阅读素养。它以提高认知的覆盖面、增强知识之间的语义关联、扩展阅读的纵深度为基础，以价值观塑造、思维品质提升、精神审美滋养为目的，在阅读中达到一种安静的、注意力高度集中的、思维充分活跃的精神状态。在本课题中，小学生深度阅读具体包括如下四个方面：指向知识建构的分析式阅读、指向审辩思维提升的评价式阅读、指向价值观塑造的体验式阅读和指向精神生命滋养的沉浸式阅读。

课题选题的总体界定有一个通用的模板，即基于什么问题，本研究拟采用什么方法策略，达到什么目标。也就是研究问题、研究策略、研究目标的综合。

例如：

> 小学生深度阅读四维融合支持策略模型研究，是基于当下我校学生在课内海量阅读过程中存在的阅读内容碎片化、阅读思维板结化、阅读拓展扁平化以及阅读心态浮躁化等问题，采用分析式阅读、评价

式阅读、体验式阅读和沉浸式阅读相融合的支持策略，以期引导学生有效建构知识图式，提升审辩思维品质，形塑人生价值观、滋养精神生命。

由于论文与课题在结构上的差异，论文不单列概念界定，这绝不意味着论文不需要概念界定。一般而言可以把概念界定放在背景意义中，最好是放在意义论述的最前面，也就是文章的起始句，开门见山。

例如：

学习策略是学习者在完成特定学习任务时选择、使用和调控学习程序、规则、方法、技巧、资源等的思维模式，它既有内隐外显之分，又有水平层次之别【概念界定部分】。学习策略既是儿童问题解决的重要组成部分，也是制约学生学习效果的重要因素。因此，是否掌握学习策略已成为衡量学生学会学习、学会思考的根本标志，是衡量学生个体学习能力的重要尺度【意义论述部分】。我市当前“学为中心，先学后教，以学定教”的教育改革重心从关注教师的“教”转向关注学生的“学”，中心焦点指向教会学生学习、教会学生思考【背景部分】。在这一背景下，我们需要以建构主义理论和认知心理学信息加工论的视角对小学生学习的状况进行深入研究，特别是小学生的学习方法与策略【总括部分】。

八、课题研究的目标（或预期效果）表述

课题研究有两个目标即可；一是解决问题的方法目标，另一个是研究对象的发展目标。这是我们一线教师的课题研究性质决定的。首先我们做的是实践研究，那么一定是会形成一套解决某个问题的策略方法供同行借鉴，这本身就是一个最重要的目标。其次，我们的研究是为了解决学生或教师存在的某个问题（这里只能二选一，因为一个课题只研究一个问题，特别是只研究一个对象身上的问题），那么，研究第二个目标就是解决提出的那个研究对象身上存在的问题。其他的目标都是课题研究的派生性或间接性目标，不建议放在课题中。

例如，一个课题的研究目标这样表述：

（一）通过研究，形成小学生“专家型学习者”培育的深度教学策略体系；

（二）通过研究，培育出一批具有高水平学习品质的小学生专家型学习者。

这样的目标表述，一方面与背景中的问题相呼应。另一方面条文式表述非常简洁，无须包括太多，太多的目标往往实现不了，而且会偏离研究的问题，导致逻辑不对应。

此外，研究目标是可以证实的，而不是虚幻的、抽象的。科学研究讲究实事求是，有一说一，有二说二，无法证实的目标，就是说大话，而不是严谨的科学研究。所以我们在撰写研究目标的时候，就需要认真审慎地思考，通过这项研究究竟能达成怎样的目标，这样的目标应该通过怎样的事实或数据来证实，证实不了的，就不要随便写进去。

九、课题研究的操作与实施写作思路

这部分是我们老师课题或论文的主体，也是读者最关注的部分。

如果在课题方案中，这部分需要写清楚你计划怎么做；如果在成果报告或论文中，不仅要写清楚做了什么，还要把为什么这么做也写清楚。

（一）课题方案的操作与实施

第一，课题方案是可操作的。方案就是一个行动的蓝图，既然是行动蓝图，那么就要写清楚每一步计划如何行动。因此，在操作与实施部分里无须展开论述为什么要这样做，也不用再回过头去阐述存在的问题。这里需要写清楚具体的方法策略及其操作步骤，让读者拿到你的方案，也能照着蓝图去实施。因此，课题方案的这部分内容，是说明性文字，而不是论述性文字，是将来时态，而不是完成时态。这是与论文最大的区别所在。

第二，课题方案的操作实施步骤，应该是具有一定逻辑结构的，让读者一眼就能看明白操作步骤的内在关系是什么。这就需要一个逻辑结构图或者叫操作框架图。这个框架图，一般应该包括四层结构：第一层是课题标题层，第二层是策略层，第三层是方法层，第四层是目标层。第二层和第三层，需要清晰的、统一的逻辑。这种逻辑一般分两种类型：并列式与递进式。递进式研究框架如图 7-3 所示。图里策略层与方法层都是递进结构，是最理想的逻辑框架。这个框架意味着，任何一条策略、任何一个方法步骤，都是实践操作不可或缺的一部分，去掉其中任何一条，这个结构就不完整。

理想的框架是策略层是并列结构，方法层是递进结构；再略微差一点的框架是策略层是递进结构，方法层是并列结构；更差的框架是策略层和方法层都是并列结构，这样的结构方法很多，但如同一盘散沙，去掉任何一块都不影响整体。最差的框架是策略与方法混杂在一起，或者方法与方法交叉不清，互相包含，让读者理不清头绪。

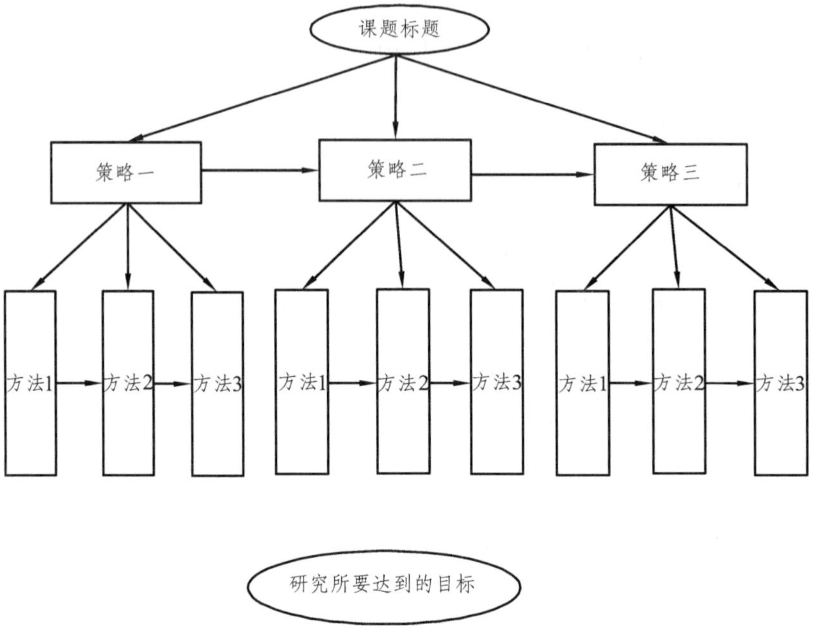

图 7-3 研究框架示意图

不管结构图怎么画，万变不离其宗。也有的作者将子目标层放进去，把方法层拿出来，放在后面的各个策略子图里，如图 7-4、7-5 所示。

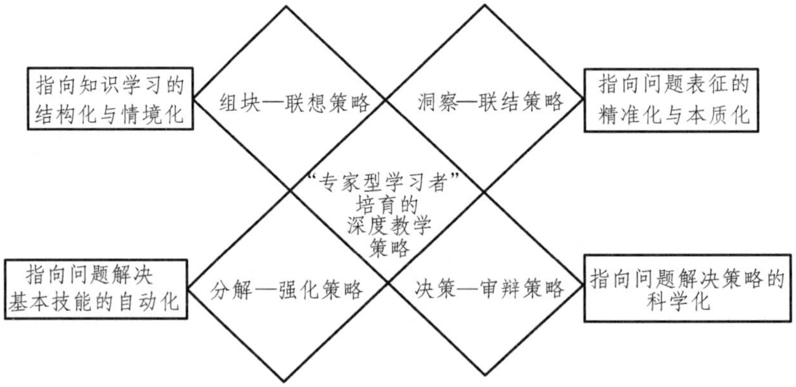

图 7-4 小学“专家型学习者”培育的深度教学策略研究框架图

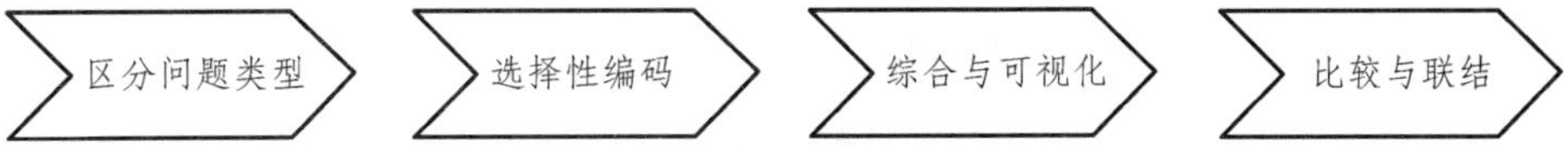

图 7-5　指向问题表征精准化与本质化的“洞察—联结”教学策略流程图

第三，课题方案的操作实施步骤，是直指问题解决的，与之无关或关系不大的内容，都要剔除。这就是课题研究的聚焦性。

有的老师在操作实施部分里，会把前期调查、理论学习、统一认识、组建团队、制度保障、营造氛围，后期的评价考核、展示平台都放进来，变成了一个面面俱到的工作计划，这是科学研究最忌讳的。

第四，课题方案操作实施是需要创新的。这里的创新，不是在语言文字上变换花样，而是在操作框架图的说明性文字里，看到你研究的创新办法。要在实践操作上创新并不是一件容易的事情，但有两条途径可以实现：第一，从文献阅读中，将理论框架或教学建议进行引申，变成自己的操作策略；第二，将别人的实践研究框架进行嫁接整合。如果只是靠自己埋头冥思苦想，多半是闭门造车，你所想到的，很可能是大家都能想到的常规做法。所以，创新，还是要靠阅读文献，才能激发灵感。

（二）课题成果报告中的操作实施

课题成果报告中的操作实施，与课题方案中的有所区别。主要有以下几个方面。

第一是语言的时态。成果报告是完成时，不是将来时，或者是应然的表述（即教师要如何如何，或应该如何如何）。这一点要认真细心，态度端正，不能拿课题方案的内容复制粘贴，直接作为成果报告。

第二是框架结构图的要素。成果报告的结构图中，不仅仅是呈现研究者的做法（研究者视角，也叫自变量），还应包括研究对象的发展变化（对象视角，也叫因变量），以及研究的理论或理念（理念视角，也就是联结自变量与因变量的逻辑）。包括了这三个要素，才能称之为“学术结构图”，这是高水平课题成果的标志。而研究对象的变化和研究的理论理念这两点，在课题方案的结构图中可以不呈现。

那么，什么样的结构图才叫学术结构图呢？现举几个例子大家对比一下，如图 7-6 至 7-11 所示。

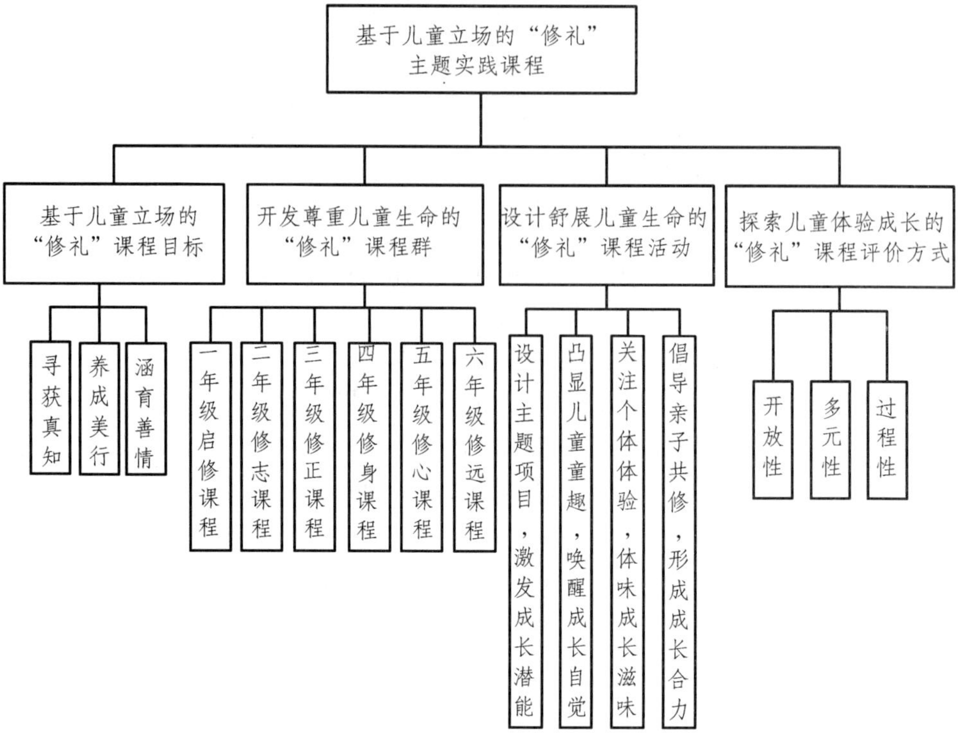

图 7-6 “修礼主题课程”的课题成果框架

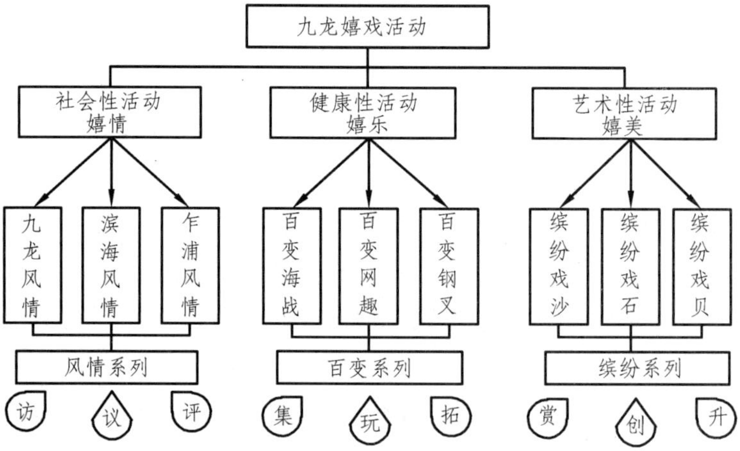

图 7-7 “九龙嬉戏活动路径设计与载体创新”结构图

图 7-6 有三层结构，与课题方案框架并无二致。所有做法都是研究者（教师）视角，缺少研究对象（学生）视角，更没有体现研究理念或理论依据。这种框架缺少了两个关键要素，且采用的是一级递进，二级并列的结构。

图 7-7 是“九龙嬉戏活动路径设计与载体创新”结构图。这幅图里，呈现了活动名称的结构框架，以及活动实施的关键词，这里的活动实施视角是研究对象（幼儿），但也缺少研究主体（教师）的操作策略和研究理念。该图中，活动内容是并列结构，活动方式看不出来是递进还是并列，有点过于简单。

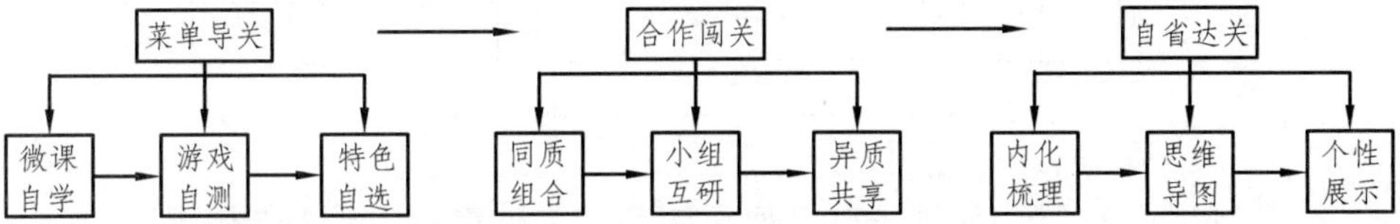

图 7-8　“智能支持下课堂游戏化学习活动的设计与实施”结构框架图

图 7-8 是“智能支持下课堂游戏化学习活动的设计与实施”的成果结构框架图。这个框架图里，只有对象（学生）视角，缺少研究者视角和理论理念。但这个结构一、二级都是递进式，逻辑非常紧凑。

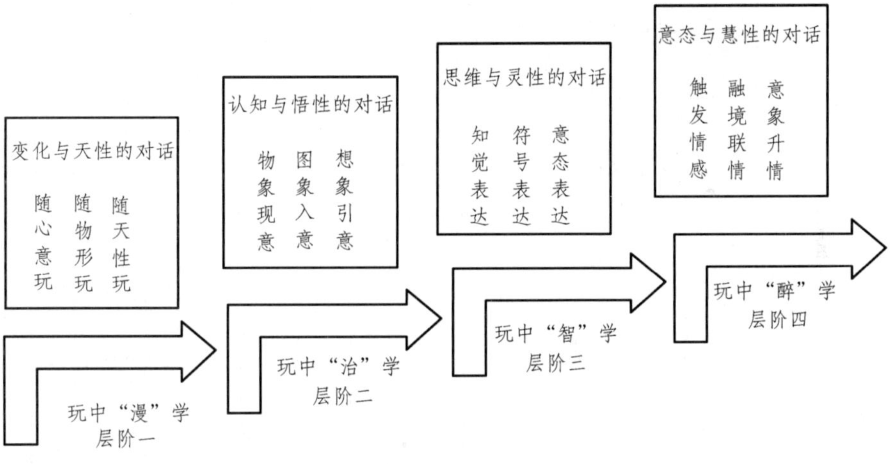

图 7-9　“幼儿意象陶玩四学渐进新样态”成果结构图

图 7-9 与图 7-8 类似，也是只有对象（学生）视角，缺少研究者视角和理论理念。采用的是一级递进，二级并列结构。

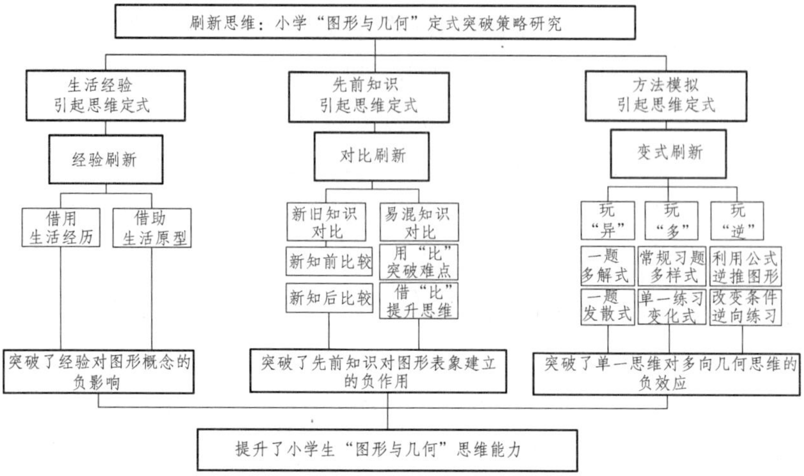

图 7-10 “小学图形与几何思维定式突破策略”成果结构图

图 7-10 第二层增加了问题分解，第三层是策略，第四层是具体方法，第五层是学生变化，第六层是总体成效。这个框架图，有研究者视角也有对象视角，问题分解虽然不是理论理念，但也粗具雏形。只是，这个框架全部是并列式，有点松散。

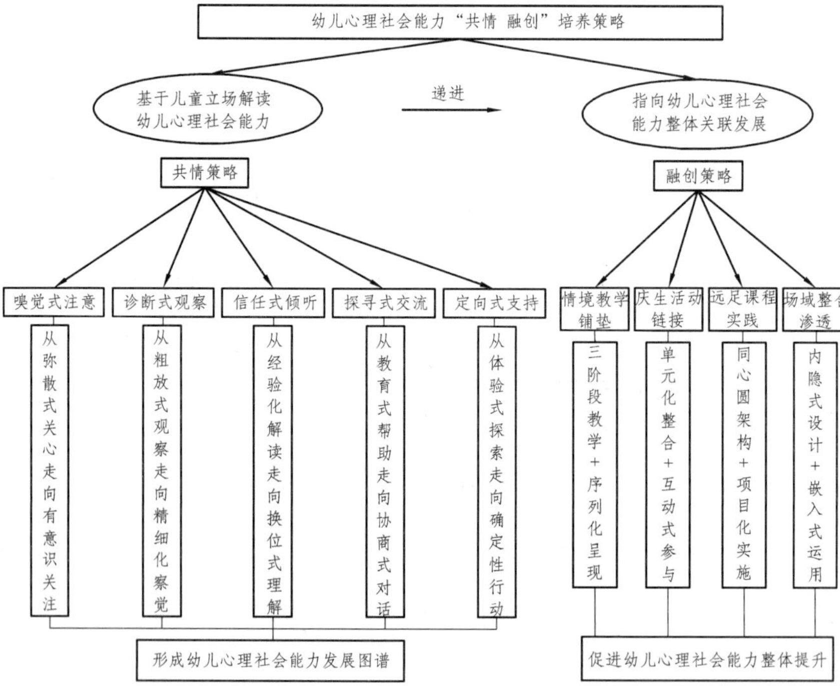

图 7-11 “幼儿心理社会能力培育策略”成果结构图

图 7-11 中第二层是理念，第三层是操作策略，第四、五层是方法，第六层是学生变化。这个结构图比较完整，且理念、策略、方法（共情策略下位的方法）都是递进结构，逻辑非常紧凑。这个图就可以称之为初步的“学术结构图”。

第三是操作实施文字的结构要素。课题成果的操作实施部分，一般包括三个要素：一是理性思考或理论论证，二是操作策略方法的流程说明，三是案例佐证，这与论文结构相似。

（三）论文的主体框架结构

论文和课题成果一样，都是研究后的成果呈现形式，可以说，论文就是课题成果报告的简化版。因此，操作实施部分可以照搬成果报告的样式，不再赘述。但大家可以思考一下，课题方案的操作实施部分，与成果报告和论文的操作实施有何不同？

十、课题成果报告与论文结语的写作思路

课题成果报告与论文的结语都需要阐述研究的成效以及研究的结论，论文结语要比成果报告的结语简略一点。

成果报告的结语包括四个部分，一是成果，二是成效，三是结论，四是展望。

研究成果实际上就是策略性目标的实现，也就是形成了一系列解决该研究问题的方式方法，这一系列方式方法或策略体系，具有哪些特征和优势。

研究成效是指研究对象和研究者发生了哪些变化，以及成果的影响力。特别是研究对象的问题是否得到解决，有哪些事实数据能证实。这里需要回到原来的问题阐述中，对照着课题方案中的几个子问题分别阐述，而不是一个笼统的总问题阐述。最好能有研究对象子问题前后的比较数据，或者研究对象与其他同类对象的对照比较数据。

研究结论就是在研究成果与研究成效的基础上，得出一个明确的答案，即上述操作策略对解决该问题是否有效，以及在何种程度，何种条件下有效。

研究展望就是指出该研究还有哪些不足或尚未深入研究的地方，以及下一步的研究打算。

关于论文的结语，很多老师会写成感想，甚至抒发感情或者发出号召，这是不恰当的。论文也是科研，时时处处都是理性的、客观的文字表达，不能掺杂个人的主观情感。论文的结语，可以参照成果报告结语的四个部分来写，只是文字要简单一点。

十一、参考文献的规范

无论是课题方案，还是成果报告、论文，结尾处都需要有参考文献。但参考文献绝不是随随便便增加几条就可以的，而是你在方案设计或研究过程中，特别是写作过程中，看了或引用了哪些重要的文献，要真实地罗列出来，而且在文中哪些地方引用了哪些参考文献，要用[1][2][3]……上标作标注。参考文献中对应的文献序号也是[1][2][3]……大家可以仔细阅读任意一篇核心期刊论文学习使用。参考文献的规范引用，也是研究者遵循研究伦理的体现。

参考文献的规范格式如下：

[序号]+作者.+文献名称[文献类型].+文献出处.

常用的5种不同类型的参考文献写法举例如下：

【参考文献】

[1]斯滕伯格，威廉姆斯．斯滕伯格教育心理学（第2版）[M]．姚梅林，张厚粲，等，译．北京：机械工业出版社，2012.

[2]邱皓政，林碧芳．结构方程模型的原理与应用[M]．北京：中国轻工业出版社，2009.

[3]胡谊，吴庆麟．专家型学习的特征及其培养[J]．北京师范大学学报（社会科学版），2004（5）：50-54.

[4]秦娟．初中生自主学习能力结构及发展特点研究[D]．桂林：广西师范大学，2006.

[5]中华人民共和国教育部．义务教育语文课程标准（2011年版）[S]．北京师范大学出版社，2012.

以上[1][2]是著作类参考文献，[3]是期刊类参考文献，[4]是硕博士论文类参考文献，[5]是国家政策与标准类参考文献。大家可以发现，无论是哪一类型的参考文献，均包括作者、文献名称、文献来源三部分，而且这三部分之间的分割用“.”而不是“,”。文献名称也不加书名号，且文献名后面用“[ ]”注明文献的类型，书籍是M，期刊是J，硕博士论文是D，标准是S。后面的文献来源，也有所不同，著作和标准需要写清楚出版社、出版年；期刊需要写清楚杂志名称，出版年，期号以及页码；硕博士论文需要写清楚作者毕业学校，以及论文写作时间。大家可以翻一翻一些核心期刊的参考文献格式，不同期刊的要求略有不同，但大同小异。这三个要素是必须要有的。

十二、对教师教育科研的理解与期待

许多幼儿园老师认为自己最欠缺的，不是教育理念，也不是课堂教学方法，而是教育科研素养。从清晰地界定问题到采用科学的方法收集研究资料再到客观地表达出研究结果，都取决于长期系统的科研训练，但在国内目前师范院校的课程设置与培养体系下，大学本科生和大专生很难有机会接触真正的教育科研。因此，很多老师的专业结构存在着先天的科研短板。走上教师工作岗位后，在懵懵懂懂的科研之路上，一边做科研，一边学习如何做科研，其交互效应显著，痛苦指数也比较高。

尽管如此，有些老师还是慢慢尝到了科研的甜头，他们的成长步伐越来越快。有的幼儿园把科研思维运用在日常工作中，短短几年内幼儿园面貌就发生了明显改观。实际上，我们平时的学习、思考，大多是经验性的，甚至是碎片化的，如果能把这些碎片化和个性化的经验运用科研的思维梳理成结构化的理性认识，进而建构起独特的管理或教学风格，并能寻求某种理论加以解释，那么教师的专业成长速度一定超过常人。要达到这个高度，教育科研必定是通向这个顶峰的捷径。而教师们在坚持科研的过程中，就会慢慢形成一系列深度思维方式和思维模型，无论对工作还是生活，都大有裨益。

附录　幼儿园常用的表格

附表 1　幼儿入园调查表

（小、中、大）（　　）班 姓名________乳名________

家长您好！为了能够了解幼儿入园基本情况，以便我们能够根据每位幼儿特点有针对性地开展教育，促进幼儿全面和谐健康发展，特做此项调查。请家长如实填写，谢谢您的合作！

1. 食欲：（1）旺盛　（2）一般　（3）厌食
2. 爱吃的食物：____________________
3. 不爱吃的食物：________________________
4. 有无过敏食物、药物：________________
5. 是否要在大人的提醒下才能入睡：（1）是　（2）不是
6. 平均每天睡眠总时间：______________
7. 会不会自己穿、脱衣服：（1）会　（2）不会
8. 最喜欢谁：______________
9. 是否愿意与小朋友一块玩：（1）愿意　（2）不愿意
10. 是否会说简单的礼貌用语：（1）会　（2）不会
11. 喜欢玩什么：________________
12. 是否敢于在集体面前讲话、表演：（1）敢　（2）不敢
13. 性格：______________
14. 需要哪些特殊照顾：__________________
15. 您对幼儿园的期望：____________________
16. 您对老师的期望：___________________
17. 家里有无老人照料：___________
18. 幼儿主要由何人接送：__________
19. 你更侧重于哪种交流方式：________________
20. 你能为幼儿园的教育提供哪些配合：____________

家长工作单位及电话：____________________________________

家庭地址：____________________________________

谢谢您的配合！

附表 2　幼儿争执事件记录表

儿童	年龄	性别	争执持续时间	发生背景	行为性质	做什么说什么	结果	影响

注：争执事件一发生，便用秒表计时，并按事先拟定好的观察记录内容填写观察记录表。

观察记录表的主要内容：

1. 争执者的姓名、年龄、性别；

2. 争执持续时间；

3. 争执发生的背景、起因；

4. 争执什么（玩具、领导权等）；

5. 争执者所扮演的角色（侵犯者、报复者、反抗者、被动接受者等）；

6. 争执时的特殊语言或动作；

7. 结局如何（被迫让步、自愿让步、和解、由其他儿童干预解决、由教师干预解决等）；

8. 后果与影响（高兴、愤恨、不满等）。

附表3　幼儿园家长来访登记表

会议主题：__________　　　　　　　　　　　　　　　　　　　　　　　　________班

幼儿姓名	家长签名	备　注	幼儿姓名	家长签名	备　注

附表 4　幼儿园家长开放日活动反馈表

(　　　　)班　　活动时间　______年____月____日

半日活动	游戏活动：				执教教师：			
本次活动中教师的指导情况及教师与幼儿之间的互动情况评价								
教师教育教学情况				幼儿发展情况				
	满意	较满意	不满意		优	良	中	差
1. 教师活动前准备充分，教具学具充分且实用，操作性强				1. 幼儿参加活动情绪高，兴趣浓厚				
2. 教师教态亲切				2. 幼儿在活动中体现出良好的行为习惯				
3. 教师能为幼儿提供恰当的动手动脑的时间和机会				3. 幼儿在活动中能体现出良好的生活习惯、卫生习惯				
4. 教师能关注每位幼儿，照顾幼儿的个性差异性				4. 在活动中，幼儿能够仔细观察，大胆创造，积极地思考				
5. 教师能当好幼儿活动的引导者、合作者、支持者等角色				5. 在活动中，幼儿能大胆地表述自己观点，体现良好的语言表达能力				
6. 教师与幼儿在活动中互动的气氛好				6. 幼儿整体发展情况				
7. 教育活动效果好，达到教学目的								
家长建议								

附表 5　儿童行为观察记录表

（　　）班　　观察者：________　　观察日期：______年____月____日

观察对象		性别		年龄	
观察时间		观察地点		活动内容	
观 察 记 录				解 释 与 评 价	

附表6　幼儿园幼儿在园表现记录表

幼儿姓名：　　　　　　　　　　　　　　　　　　　　　班级：

项目	内容
教学活动表现情况	老师提问：（　）积极　（　）较积极　（　）很少发言 听　　课：（　）认真　（　）较认真　（　）爱讲话 （　）偶尔讲话　（　）上课爱做小动作 （　）上课偶尔做小动作 参与游戏：（　）积极主动　（　）情绪不高　（　）不愿参与 （　）与小朋友争抢
小朋友间协作	（　）能与小朋友友好相处 （　）基本能与小朋友友好相处 （　）不能和小朋友友好相处 （　）有其他不明行为
生活自理情况	吃饭情况：（　）能独立吃饭　（　）吃饭时有小动作 睡觉情况：（　）上床能很快睡着　（　）偶尔有睡不着情况 （　）经常睡不着
孩子整体表现	生活自理：（　）上升　（　）稳定　（　）退步 生活习惯：（　）优秀　（　）良好　（　）一般　（　）较为薄弱 性格表现：（　）积极乐观　（　）胆小退缩

附表 7　个别幼儿观察表

观察者		观察日期			
幼儿姓名		出生年月		性别	
幼儿特殊表现					
原因分析					
采取措施					
效果					

附表 8　幼儿园新生家访记录表

<table>
<tr><td colspan="6">一、幼儿家庭基本情况</td></tr>
<tr><td colspan="2">姓名：</td><td colspan="2">乳名：</td><td>性别：</td><td>出生日期：</td></tr>
<tr><td colspan="2">户口所在地</td><td colspan="2"></td><td>身份证号码</td><td></td></tr>
<tr><td colspan="2">家庭住址</td><td colspan="2"></td><td>家庭电话</td><td></td></tr>
<tr><td>监护人</td><td>姓名</td><td>年龄</td><td>职业</td><td>联系电话</td><td>身份证号码</td></tr>
<tr><td>父亲</td><td></td><td></td><td></td><td></td><td></td></tr>
<tr><td>母亲</td><td></td><td></td><td></td><td></td><td></td></tr>
<tr><td colspan="2">幼儿体质如何</td><td colspan="2">□弱　□一般
□良好</td><td>有无家庭传染病史</td><td>□有　　□无
病史：</td></tr>
<tr><td colspan="2">有无过敏症</td><td colspan="2">□有_____　□无
过敏源：</td><td>有无需要幼儿园特殊照顾的地方（如突发性疾病等）</td><td>□有　　□无
详述：</td></tr>
<tr><td colspan="6">二、幼儿生活习惯情况</td></tr>
<tr><td colspan="2">能否独立进餐</td><td colspan="2">□是　　□否</td><td>能否独立整理物品、玩具等</td><td>□是　　□否</td></tr>
<tr><td colspan="2">能否自己穿脱衣服</td><td colspan="2">□是　　□否
达到何种程度：</td><td>大小便能否自理</td><td>□是　　□否
特殊表现：</td></tr>
<tr><td colspan="2">每晚睡觉时间是否规律</td><td colspan="2">□是　　□否
大约几点：</td><td>是否有午睡习惯</td><td>□是　　□否
大约几点：</td></tr>
<tr><td colspan="2">入睡习惯</td><td colspan="2">□独立入睡
□大人哄睡
□大人陪睡</td><td>生活方面需要经常提醒注意的是</td><td>□吃饭　　□喝水
□大小便　□午睡
□其他</td></tr>
<tr><td colspan="6">三、幼儿个性特点及兴趣爱好</td></tr>
<tr><td colspan="2">主要性格表现</td><td colspan="2">□活泼开朗
□比较内向</td><td>不满时的表现</td><td>□不高兴，但经说服能说通
□闷闷不乐，不理人
□哭闹不止
□发脾气（摔东西，打人）</td></tr>
</table>

附表 9　幼儿园会议记录表

时间	地点	主持人	
参加人			
会议内容			
会议纪录			